만들면서 배우는

Git+GitHub 입문

지은이 윤웅식 https://github.com/ungsik-yun

자칭 해결사. 진지하게, 뻔뻔하게 원하는 대로 살 방법을 다방면으로 모색하고 있다. 좋아하는 건 하츠네 미쿠, 싫어하는 건 반복 작업이다. 최근의 입버릇은 "그럴 수도 있지!"다. 언제나 배우려는 자세를 잃지 않으려고 노력 중이며 Swift 한글 번역 프로젝트 등의 한글 번역 작업을 통해 Git과 GitHub의 매력을 느껴 이 책을 집필했다.

만들면서 배우는 Git+GitHub 입문

세상의 모든 개발 코드를 공유하고 관리하는 소셜 코딩

초판 1쇄 발행 2015년 8월 20일
초판 4쇄 발행 2019년 6월 25일

지은이 윤웅식 / **펴낸이** 김태헌
펴낸곳 한빛미디어(주) / **주소** 서울시 서대문구 연희로2길 62 한빛미디어(주) IT출판사업부
전화 02-325-5544 / **팩스** 02-336-7124
등록 1999년 6월 24일 제25100-2017-000058호 / **ISBN** 978-89-6848-202-1 93000

총괄 전태호 / **책임편집** 이상복 / **기획·편집** 이중민 / **진행** 박지영
디자인 표지 천승훈 내지 김연정
영업 김형진, 김진불, 조유미 / **마케팅** 송경석, 김나예, 이행은 / **제작** 박성우, 김정우

이 책에 대한 의견이나 오탈자 및 잘못된 내용에 대한 수정 정보는 한빛미디어(주)의 홈페이지나 아래 이메일로
알려주십시오. 잘못된 책은 구입하신 서점에서 교환해 드립니다. 책값은 뒤표지에 표시되어 있습니다.
한빛미디어 홈페이지 www.hanbit.co.kr / **이메일** ask@hanbit.co.kr

지금 하지 않으면 할 수 없는 일이 있습니다.
책으로 펴내고 싶은 아이디어나 원고를 메일(writer@hanbit.co.kr)로 보내주세요.
한빛미디어(주)는 여러분의 소중한 경험과 지식을 기다리고 있습니다.

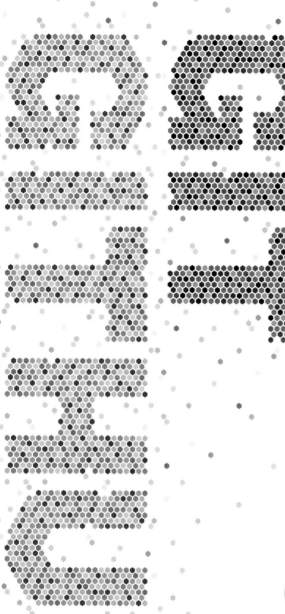

만들면서 배우는 **Git GitHub 입문**

윤웅식 지음

한빛미디어
Hanbit Media, Inc.

지은이의 말

여러 개발자에게 버전 관리는 그렇게 어려운 것은 아닙니다. 하지만 본격적으로 개념을 접하고 사용하게 되는 건 실무를 접하고 나서라는 꽤 늦은 시기가 아닌가 싶습니다. 생각보다 자주 듣는 이야기 중의 하나가 'Git을 사용할 줄만 알아도 직원으로 뽑을 텐데'라는 것임을 생각해보면 버전 관리 시스템을 사용할 줄 아는 것을 기본 소양처럼 여긴다는 것이 느껴집니다. 하지만 버전 관리 시스템의 중요성에 비해 제대로 배우는 사람은 적다는 현실도 동시에 느낍니다.

그리고 이런 중요성에 비해 버전 관리를 알려주는 책은 꽤 부족한 편입니다. 물론 요즘은 인터넷으로 다양한 지식을 배울 수 있는 시대지만, 처음부터 끝까지 완결된 콘텐츠라는 책의 중요성은 무시할 수 없습니다. 다른 책들이 이미 있다고 해도 초보자를 위한 책은 다다익선입니다. 다양한 방법으로 Git을 배울 수 있다면 더 좋은 게 아닐까라는 생각으로 이 책을 집필했습니다.

버전 관리를 처음 접하는 사람이 인터넷으로 배우려 하면 너무나 많은 정보가 있어 오히려 힘들 때가 있습니다. 수많은 사람이 갖가지 방법으로 알려주지만 오히려 그 다양함에 압도되는 것이죠. 게다가 Git 그 자체를 다루는 법은 많지만 여타 IDE와 통합해서 다루는 법은 의외로 찾기가 힘든 정보이기도 합니다. 대부분 Git을 이미 알고 있다고 전제하기에 당연히 IDE에서 Git을 쉽게 다룰 것으로 생각하는 거죠. 그런 의미에서 이 책은 현재 개발 환경에서 많이 사용하는 다섯 가지의 IDE에서의 Git 사용법을 함께 다룬 첫 책입니다. 이 책을 통해 모두 쉽게 Git에 접근할 수 있으면 좋겠습니다.

이번 집필을 통해 하나의 완성된 콘텐츠가 세상에 나온다는 것이 힘든 것임을 절감했습니다. 머리로는 알고 있었지만 직접 해보니 상상 이상으로 시간과 노력이 많이 들어가는 작업이네요. 하지만 시작이 반이라고 했던가, 다음에는 더 잘할 수 있을 거 같은 생각이 듭니다.

끝으로 이 책을 집필하는 데 도움을 준 많은 분께 감사드립니다. 특히 언제나 부족한 저를 믿고 격려해주시는 가족 모두, 집필할 수 있도록 기회를 열어준 윤인성 님과 스터디 여러분, 그리고 기획 과정부터 출간까지 꼼꼼하게 챙겨준 한빛미디어 관계자 여러분께 감사드립니다.

2015년 7월 윤웅식

누가 이 책을 읽어야 할까?

이 책은 개발 프로젝트를 위한 버전 관리 시스템인 Git과 소셜 코딩과 협업을 위한 Git 기반의 버전 관리 원격 저장소 사이트인 GitHub를 다루는 책입니다. 다음 소개하는 모든 분이 대상 독자입니다.

- 개발자
- UX, UI를 고려하는 웹 디자이너
- 파일 관리가 필요한 모든 사람

개발자라면 매번 코드가 조금씩 수정될 때마다 사본을 만들고, 버그가 생기면 사본을 하나씩 비교하면서 버그를 수정하는 작업을 할 경우가 많습니다. 혹은 협업하면서 어떤 코드를 누가 작성했는지 메일을 보내면서 확인해야 하거나 새로운 기능을 추가하고 싶은데 기존 코드에는 영향을 주지 않아야 할 경우도 있을 겁니다. 이러한 상황이라면 여러분은 Git을 배워야 합니다.

웹 디자이너의 정의는 아직 명확하지 않지만, 이 책에서는 페이지의 생김새, 그에 기반을 두는 사용자 인터페이스와 사용자 경험을 디자인하는 사람이라고 하겠습니다. 간단히 UI, UX, 이를 뒷받침하는 구체적인 디자인까지 하는 사람이라고 하면 되겠네요.

이러한 웹 디자이너의 작업 산출물은 사용하는 도구에 따라 다르겠지만, 대부분 목업^{mock up} 도구에서 제공하는 파일이거나 PSD, AI 파일 등이 될 것입니다. 이런 경우 매일매일 그림을 그리고 그걸 '다른 이름으로 저장'해서 매번 새 복사본을 만들어두는 성격인지도 모릅니다.

```
최종 시안 final ver 0.1.psd
최종 시안 final ver 0.2.psd
최종 시안 final ver 1.psd
최종 시안 final ver 1.1.psd
최종 시안 final 임시.psd
최종 시안 finalllllll.psd
```

그런데 대부분 클라이언트나 기획자의 요구 사항, 혹은 기술적인 제한에 따라 매주, 아니 2~3일에 한 번씩은 디자인이 크든 작든 바뀌게 되는 경우가 많을 겁니다. 혹은 매번 디자인이 바뀔 때마다 프로젝트의 하위 폴더는 늘어만 가고, 예전에 작업했던 것을 찾아야 한다면—특정 버튼이라든가 아이콘 등—지옥도가 따로 없을 것입니다. 대체 언제 작업했는지 기억나지 않거나, 두 명 이상이 협업해서 디자인한다면 누가 했는지조차 불분명한 작업 산출물이 만들어지기 마련이니까요. 매번 이러한 상황에 처했다면 Git을 배울 차례입니다.

또한 누구든 파일 관리가 필요한 법입니다. 예를 들어 매번 파일을 수정할 때마다 아래처럼 날짜를 바꾸면서 '제일 최근 날짜가 최신 버전!', '제일 숫자가 큰 게 최신 버전!'이라는 규칙으로 파일을 관리할지도 모릅니다!

```
이력서 141211.docx
이력서 141212.docx
이력서 141213.docx
이력서 141213-1.docx
이력서 141220.docx
```

그렇다면 이제 Git을 배울 차례입니다.

이 책의 구성

이 책은 커맨드 라인 중심의 Git 명령어는 물론 현재 개발 환경에서 많이 사용하는 IDE에 통합된 Git 사용법까지 함께 배울 수 있도록 구성했습니다. 자신이 주로 사용하는 IDE를 가지고 손쉽게 바로 Git을 사용해볼 수 있습니다.

하지만 Git은 본래 명령어를 중심으로 다루는 만큼, 명령어를 다루는 부분은 직접 실습하지 않아도 꼭 읽어볼 것을 권합니다. IDE에 통합된 Git GUI도 사실 커맨드 라인 기반의 명령어를 실행하기 때문입니다. 게다가 IDE에 통합된 Git 도구만으로 작업하기에는 충분하지 않은 부분도 있습니다. 가능하면 IDE의 Git 도구와 함께 커맨드 라인 중심의 명령어도 함께 배우면 좋다고 권하고 싶습니다.

이 책은 크게 세 부분으로 나눌 수 있습니다.

1부는 버전 관리 시스템이 무엇인지와 이 책에서 다루는 Git 기본, GitHub 원격 저장소에 대한 개념을 익힙니다.

- 1장은 버전 관리 시스템이 무엇인지와 버전 관리 시스템의 종류를 소개합니다. 그리고 이 책의 중심인 Git을 왜 배워야 하는지 설명합니다.

- 2장은 각 운영체제에서 Git을 설치하는 방법을 설명합니다.

- 3장은 로컬 저장소를 중심으로 Git의 기본 명령어를 배웁니다. 로컬 저장소를 설정하고, 파일을 수정한 후 커밋하고, 새로운 브랜치에서 파일을 수정해보고 병합하는 과정 등을 살펴봅니다. 또한 불필요한 파일이나 폴더를 버전 관리에서 제외하는 방법과, 서로 다른 파일 수정 내역 때문에 충돌이 발생했을 경우 수정하는 방법도 살펴봅니다.

- 4장은 원격 저장소의 개념과 Git 기반의 대표적인 원격 저장소인 GitHub의 기본 개념에 대해서 살펴봅니다. 또한 GitHub에 가입하고 새로운 원격 저장소를 생성하는 방법, 다른 사람의 원격 저장소를 내 원격 저장소에 가져오는 방법 등을 살펴봅니다.

- 5장은 원격 저장소와 로컬 저장소 사이에서 작업하는 방법을 배웁니다. 원격 저장소를 로컬 머신으로 가져오는 클론, 현재 작업 중인 로컬 저장소와 연결하고 작업 내역을 업로드하는 리모트와 푸시, 서로 다른 작업 내역을 비교해 확인하고 병합하는 페치와 풀 등을 살펴봅니다.

2부는 현재 개발 환경에서 가장 많이 사용하는 이클립스, Visual Studio, IntelliJ IDEA, Xcode의 Git 사용 방법을 살펴봅니다. 3장과 5장의 Git 기본 명령어가 실제 IDE에서는 어떻게 사용되는지를 확인할 수 있습니다.

- 6장은 이클립스의 Git 사용법을 살펴봅니다. 주로 자바 기반의 프로젝트를 수행하는 개발자라면 꼭 살펴보기 바랍니다.

- 7장은 Visual Studio의 Git 사용법을 살펴봅니다. 윈도우 애플리케이션 개발이나 웹 애플리케이션 개발자라면 꼭 살펴보기 바랍니다.

- 8장은 IntelliJ IDEA의 Git 사용법을 살펴봅니다. 안드로이드 앱 개발자나 웹 애플리케이션 개발자가 살펴보면 좋습니다.

- 9장은 Xcode의 Git 사용법을 살펴봅니다. 아이폰 앱, OS X 개발자라면 꼭 살펴보기 바랍니다.

3부는 Git 기반의 버전 관리에 필요한 다양한 지식을 배웁니다. 문제가 발생하거나 협업에 필요한 Git 고급 명령어와 GUI 기반의 SourceTree를 이용한 Git GUI를 다루는 방법을 살펴봅니다. 또한 Git과 GitHub 기반의 협업 흐름을 살펴보면서 Git과 GitHub를 이용한 버전 관리의 종합적인 개념을 익힙니다.

- 10장은 Git 고급 명령을 배웁니다. 커밋 내역을 되돌리거나, 커밋 내역을 작업 흐름에 맞게 정리하는 방법 등을 살펴봅니다.
- 11장은 Git GUI가 무엇인지 살펴봅니다. SourceTree라는 Git GUI 도구의 사용법을 배웁니다.
- 12장은 GitHub를 이용한 협업 흐름을 살펴봅니다. 협업과 소셜 코딩을 위한 GitHub의 기능을 살펴보고, git-flow, github-flow, gitlab-flow 등 실제 프로젝트 협업에 필요한 작업 흐름을 익힙니다.

부록에서는 Git의 주요 명령어, 마크다운 작성법, 강력한 텍스트 편집기인 서브라임 텍스트에서의 Git 사용법 등을 살펴봅니다.

로드맵

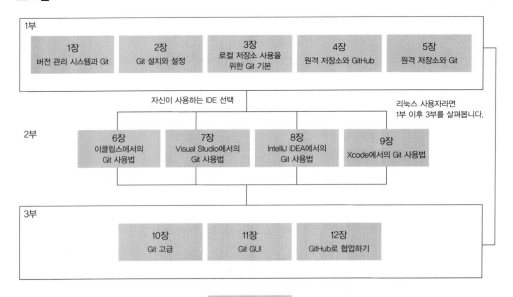

이 책의 실습 환경

이 책의 실습 환경은 다음과 같습니다.

표 0-1 이 책의 실습 환경

실습 환경	설명
운영체제	윈도우 8, 우분투 리눅스 14, OS X 10.10
IDE	이클립스 루나, Visual Studio 2013, IntelliJ IDEA 14, Xcode 6, 서브라임 텍스트 2
Git	1.9.5(윈도우), 1.9.1(우분투), 2.4.0(OS X)

하지만 Git의 기본 기능을 위주로 다루었으므로, 현재 버전과 심하게 차이나지 않는다면 무리 없이 실습할 수 있습니다.

이 책의 실습에 필요한 자료는 한빛미디어 웹 사이트 www.hanbit.co.kr/exam/2202와 https://github.com/Quarte1/에서 모두 다운로드할 수 있습니다. 책을 살펴보는 동안 책의 오류, 예제 코드 문제점이 있으면 한빛미디어 웹 사이트에 오탈자를 등록해주세요.

CONTENTS

CHAPTER 3 로컬 저장소 사용을 위한 Git 기본

CHAPTER 4 원격 저장소와 GitHub

CHAPTER 7 Visual Studio에서의 Git 사용법

CHAPTER 8 IntelliJ IDEA에서의 Git 사용법

8.9 기록 보기 ········ **258**
8.10 원격 저장소의 내용을 로컬 저장소로 가져오기 ········ **260**
8.11 로컬 저장소와 원격 저장소를 연결하기 ········ **265**
8.12 로컬 작업 내역을 원격 저장소에 올리기 ········ **268**
8.13 원격 저장소와 로컬 저장소의 간격 메꾸기 ········ **271**

CHAPTER 9 Xcode에서의 Git 사용법

9.1 프로젝트와 저장소 생성 ········ **281**
9.2 첫 번째 커밋 ········ **284**
9.3 새로운 브랜치 생성과 이동 ········ **287**
9.4 두 번째 커밋 ········ **288**
9.5 master 브랜치와 병합 ········ **290**
9.6 각 브랜치의 독립성 확인 ········ **294**
9.7 불필요한 파일 및 폴더 무시 ········ **295**
9.8 충돌 해결 ········ **298**
9.9 기록 보기 ········ **303**
9.10 원격 저장소의 내용을 로컬 저장소로 가져오기 ········ **304**
9.11 로컬 저장소와 원격 저장소를 연결하기 ········ **307**
9.12 로컬 작업 내역을 원격 저장소에 올리기 ········ **311**
9.13 원격 저장소와 로컬 저장소의 간격 메꾸기 ········ **313**

PART III Git의 다양한 활용 방법

CHAPTER 10 Git 고급

CHAPTER 11 Git GUI

부록 E Not Only Development! GitHub의 다양한 활용법

## PART I

Git 기본과 원격 저장소

1부에서는 앞으로 이 책에서 배우게 될 Git과 GitHub가 무엇인지, 그리고 꼭 알아야 할 기본 사용법을 설명합니다. Git과 GitHub를 이해하는 데 기본이 되는 부이므로 집중해서 읽기 바랍니다.

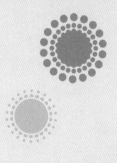

PART |

Git 기본과 원격 저장소

CHAPTER 01

버전 관리 시스템과 Git

버전 관리! 아마 이 책을 처음 펼치는 독자 여러분은 '버전 관리'의 의미가 무엇인지 아주 정확하게 대답할 수는 없어도 대략적인 감을 잡고 있을 겁니다. 위키백과에서는 버전 관리를 다음과 같이 소개합니다.

> 버전 관리(version control, revision control), 소스 관리(source control), 소스 코드 관리(source code management, SCM)란 동일한 정보에 대한 여러 버전을 관리하는 것을 말한다. 공학과 소프트웨어 개발에서 팀 단위로 개발 중인 소스 코드나, 청사진 같은 설계도 등의 디지털 문서를 관리하는 데 사용된다.

어려워 보이기도 하지만 쉽게 말하면 데이터의 과거와 현재 상태를 관리하는 것입니다. 또한 소프트웨어 개발이라는 용어나 팀 단위라는 말이 언급되는 것을 보니 혼자서만 사용하는 것이 아님을 알 수 있습니다.

1장에서는 이러한 버전 관리를 위한 시스템이 무엇인지를 살펴보고 최근 가장 주목받고 있는 버전 관리 시스템인 Git과 Git을 사용해야 하는 이유를 소개합니다.

1.1 버전 관리 이야기

버전 관리 시스템이 무엇인지, Git은 또 무엇인지 설명하기에 앞서, 한 가지 상황을 상상해봅시다. 여러분은 RPG 게임을 즐기는 중이고, (게임 안의) 중요한 결정을 앞두고 있습니다. 예를 들어 모험가들이 던전을 탐험하는 상황을 상상해봅시다.

자, 여러분이 탐험 중인 던전은 매우 위험해서 언제 어디서 몬스터와 만날지 모릅니다. 게다가 매번 전투에서 이긴다고 장담할 수도 없는 상황이죠. 일반적인 플레이어라면 매 전투가 끝난 후마다 게임을 저장해가면서 조심스럽게 진행을 할 겁니다. 혹여 전투에서 파티가 전멸하게 되더라도, 이전 전투 직후의 저장 파일을 불러오면 되니까요. 그리고 같은 결과(전멸)가 되지 않도록 준비를 다르게 해서 던전의 더 깊은 곳으로 향할 것입니다.

그림 1-1 던전에 입장할 때는 세이브 앤 점프!

이 비유가 와 닿지 않는다면 대학 시절 리포트를 작성하던 걸 떠올려 봐도 좋습니다. 누구나 한 번쯤 리포트를 작성하다가 예기치 못한 컴퓨터 오류 때문에 작성했던 리포트를 몽땅 날린 경험이 있을 겁니다. 그런 일을 방지하기 위해 무엇을 했는가를 떠올려봅시다. 아마 모두가 비슷할 겁니다. 머릿속에서 열심히 고민해 떠오른 한 문장 한 문장을 적을 때마다 저장하는 것이죠. 그리고 매일매일 리포트가 조금씩 완성될 때마다 날짜를 붙여서 복사본을 따로 저장해두기도 할 것입니다.

또 다른 상황을 생각해 볼까요? 하루 만에 끝낼 수 없는 일, 예를 들면 태블릿으로 그림을 그리는 상황을 상상해봅시다. 첫날은 스케치, 둘째 날은 자세한 묘사, 셋째 날은 채색한다고 계획을 세웠다면 중간중간 작업이 완료될 때마다 날짜와 시간을 붙여서 사본을 만들어 둘 것입니다. 혹은 완성 후에는 누군가의 조언을 듣고 자세한 묘사나 채색의 일부 또는 전체를 바꾸는 상황도 있을 것입니다.

위에서 든 예는 모두 나름의 방법으로 버전 관리를 하는 예입니다. 게임의 진행 상황, 리포트의 완성도, 그림의 진척 단계 등을 개별 버전으로 간주하고 그걸 관리하는 방법을 간단히 생각해본 것이죠. 하지만 특별한 도구 없이 일반적으로 할 수 있는 버전 관리란 매시간이나 작업 구분마다 파일의 사본을 하나 만드는 것밖에 없는 상황입니다.

1.2 버전 관리 시스템이란

이제 버전 관리 시스템이 무엇인지 대략 감이 잡히시나요. 말 그대로 버전을 관리하는 시스템입니다. 영어로는 Version Control System이라고 하며, VCS라는 용어로도 많이 부릅니다.

버전 관리 시스템은 우리가 손으로 해야 했던 사본 생성, 보존, (필요하면) 복원을 한 번에 해줄 수 있는 도구입니다. 즉, 앞서 예를 들었던 게임의 경우처럼 프로젝트의 진행 상황을 저장할 수 있는 시스템이라고 생각하면 됩니다. 그리고 좀 더 나아가서 다른 사람들과 협업할 때 서로 간에 상태를 똑같게 유지하는 기능까지 갖추고 있다고 보면 큰 그림은 완성되는 것이죠.

그림 1-2 버전 관리 시스템의 구조

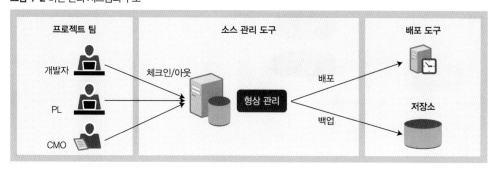

이러한 버전 관리 시스템의 하위분류와 구체적인 도구들은 많습니다. 개발자라면 한 번쯤 들어봤을 SVN, CVS 등도 버전 관리 시스템 중 하나입니다.

1.3 버전 관리 시스템의 종류

버전 관리 시스템은 매우 많은 종류가 있지만 크게 '클라이언트–서버' 모델과 '분산' 모델로 나뉩니다. 여기서는 사람들이 많이 사용하고 널리 알려진, 각 모델에서 유명한 버전 관리 시스템 세 가지를 살펴보도록 하겠습니다. 더 많은 목록을 보고 싶으신 분은 위키백과의 '버전 관리 시스템 목록'[1] 항목을 살펴보세요.

1.3.1 클라이언트–서버 모델

'클라이언트–서버' 모델은 하나의 중앙 저장소를 공유한 후 각각의 클라이언트(개발자)는 저장소의 일부분만 갖는 형태입니다. 다시 말해 자신이 작업하는 부분만 로컬에 임시로 저장한 후 작업하는 형태입니다.

그림 1-3 클라이언트–서버 모델

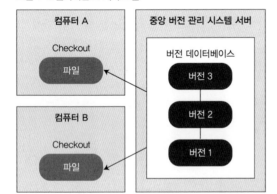

---

1 http://en.wikipedia.org/wiki/List_of_revision_control_software

이 모델은 중앙 저장소에서 프로젝트 관리의 모든 것을 처리합니다. 따라서 클라이언트(로컬)에서 할 수 있는 것이 파일 수정과 서버로의 커밋commit 등 많지 않습니다. 만약 서버가 고장 난다면 불완전한 로컬의 파일 사본들만 남게 되는 것이죠.

클라이언트-서버 모델의 버전 관리 시스템은 무료와 유료의 구분에 따라 다음과 같은 것들이 있습니다.

표 1-1 클라이언트-서버 모델의 버전 관리 시스템

무료/유료	버전 관리 시스템
무료 / 오픈 소스	CVS(1986, 1990 in C), CVSNT(1998), QVCS Enterprise(1998), Subversion(2000)
유료 / 상용	Software Change Manager(1970년대), Panvalet(1970년대), Endevor(1980년대), DSEE (1984), Synergy(1990), ClearCase(1992), CMVC(1994), Visual SourceSafe(1994), Perforce(1995), StarTeam(1995), Integrity(2001), Surround SCM(2002), AccuRev SCM(2002), SourceAnywhere(2003), SourceGear Vault(2003), Team Foundation Server(2005), Rational Team Concert(2008)

1.3.2 분산 모델

'분산' 모델은 프로젝트에 참여하는 모든 클라이언트(개발자)가 전체 저장소에 대한 개별적인 로컬 저장소를 갖고 작업하는 형태입니다. '클라이언트-서버' 모델과 달리, '분산' 모델의 클라이언트는 각자가 온전한 전체 저장소의 사본을 로컬에 가지게 됩니다.

이 모델은 서버뿐만 아니라 프로젝트에 참여하는 모든 컴퓨터 각각에 로컬 저장소가 있으므로 그림 1-4처럼 저장소와 하는 모든 상호작용이 로컬 저장소에도 반영될 수 있습니다.

분산 모델의 버전 관리 시스템 역시 무료와 유료의 구분에 따라 다음과 같은 것들이 있습니다.

표 1-2 분산 모델의 버전 관리 시스템

무료/유료	버전 관리 시스템
무료 / 오픈 소스	GNU arch(2001), Darcs(2002), DCVS(2002), ArX(2003), Monotone(2003), SVK(2003), Codeville(2005), Bazaar(2005), Git(2005), Mercurial(2005), Fossil(2007), Veracity (2010)
유료 / 상용	TeamWare(1990년대), Code Co-op(1997), BitKeeper(1998), Plastic SCM(2006)

그림 1-4 분산 모델

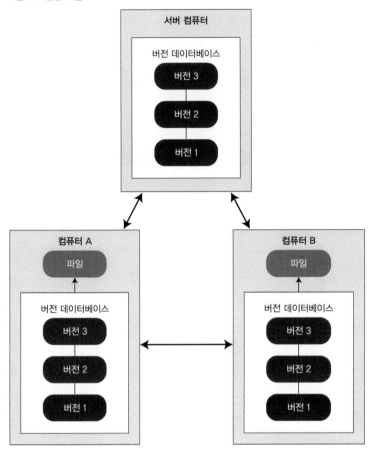

1.3.3 CVS

CVS는 'Concurrent Versions System'을 의미하는 말로 클라이언트–서버 방식의 버전 관리 시스템입니다. 1986년 딕 그룬Dick Grune이 개발했으며 버전 관리 시스템의 대명사이자 가장 오래된 축에 속하기도 합니다. 자세한 정보를 확인할 수 있는 공식 웹 사이트는 http://savannah.nongnu.org/projects/cvs입니다.

그림 1-5 CVS 공식 웹 사이트

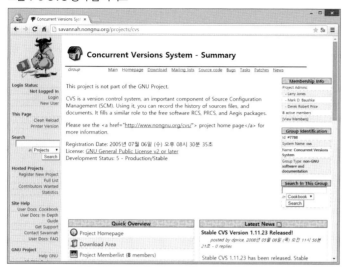

CVS는 서버의 저장소에 프로젝트의 온전한 원본이 있고, 클라이언트 각각은 서버에서 파일을 가져다가Check out 로컬 저장소에서 변경한 뒤 변경된 내역을 서버에 다시 보냅니다.

그림 1-6 CVS의 동작 흐름

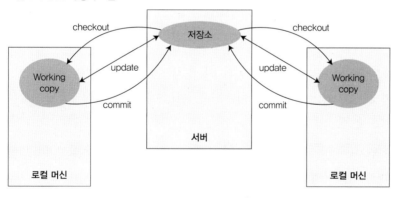

또한 파일 각각의 버전을 관리하고 추적할 수 있습니다. 하지만 파일 이름이 변경되거나 이동되는 것을 자동으로 추적하지 못하는 등 생각보다 많은 한계가 있습니다.

프로젝트의 완전한 버전은 오직 서버에만 존재합니다. 따라서 서버에 사고가 생긴다면 프로젝트를 복구하는 방법이 매우 제한적입니다.

1.3.4 서브버전

CVS의 여러 단점을 개선한 '클라이언트–서버' 모델의 자유 소프트웨어 버전 관리 시스템으로 서브버전Subversion, SVN이 있습니다. 2000년 콜랩넷(http://www.collab.net/)에서 개발했으며 현재는 아파치Apache 최상위 프로젝트가 되어 전 세계 개발자 커뮤니티가 공동 개발·관리하고 있습니다. 더 자세한 정보를 얻을 수 있는 공식 웹 사이트는 http://subversion.apache.org/입니다.

그림 1-7 서브버전 공식 웹 사이트

서브버전은 CVS와 완전하게 호환되는 동시에 더 나은 기능을 제공하는 것을 목표로 합니다. CVS와 비교하면 각각의 커밋이 원자적atomic이며 파일 이름 변경, 복사, 이동, 삭제 등의 작업 내역을 유지하는 히스토리를 만든다는 장점이 있습니다.

또한 CVS가 만드는 브랜치branch[2]와 비교하면 서브버전에서의 브랜칭은 더욱 가벼운 작업이 되었습니다. 브랜치 강화의 연장선상에서 브랜칭의 병합 내역을 추적할 수 있습니다.

---

2 버전 관리 시스템에서 서로 영향을 받지 않는 작업 단위를 지칭한다고 생각하면 이해하기 쉽습니다. 각각의 클라이언트가 작업하는 하나의 브랜치는 병합하기 전까지 다른 브랜치의 영향을 받지 않습니다.

그림 1-8 서브버전의 브랜칭 개념도[3]

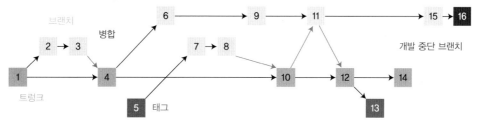

물론 브랜치 각각에 이루어지는 태깅 기능이 원활하게 연동되지 않는다는 단점도 있습니다. 하지만 많은 사람이 이용하던 CVS와 호환되며 단점이 있다곤 해도 여전히 강력한 기능이 많으므로 서브버전은 지금도 많이 사용되는 버전 관리 시스템 중 하나입니다.

1.3.5 머큐리얼

머큐리얼Mercurial은 2005년 매트 맥컬Matt Mackall이 개발한 발표된 분산 모델의 버전 관리 시스템입니다. 현재는 구글에서 이 시스템의 관리를 지원하고 있기도 합니다.

각각의 클라이언트가 전체 저장소를 갖는 분산 모델이므로 Git과 기본 개념에서는 크게 다르지 않지만 머큐리얼이 버전 관리 시스템에 필요한 모든 기능을 한 번에 통합을 제공한다면 Git은 필요한 기능을 골라서 사용한다는 차이가 있습니다. 그리고 파이썬으로 개발되었다는 특징도 있죠. 또한 명령어 대부분이 서브버전과 공통으로 사용하는 부분이 많아서(단, 머큐리얼의 모든 명령어에는 수은을 의미하는 hg라는 접두어가 붙습니다) 기존 서브버전 시스템에서 분산 모델 버전 관리 시스템에 적응하기 쉽다는 장점이 있습니다.

---

3 http://en.wikipedia.org/wiki/File:Subversion_project_visualization.svg

그림 1-9 머큐리얼의 동작 흐름

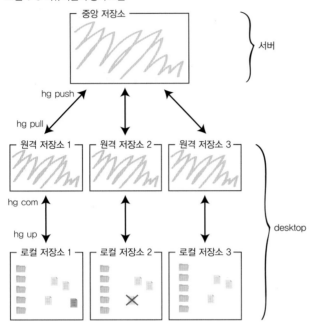

더 자세한 정보를 얻을 수 있는 공식 사이트는 https://mercurial.selenic.com/wiki/입니다(한국어 사이트는 https://mercurial.selenic.com/wiki/KoreanTutorial입니다).

그림 1-10 머큐리얼 공식 사이트

그림 1-11 머큐리얼 한국어 사이트

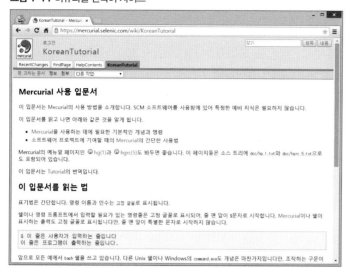

또한 앞으로 설명할 Git과는 다르게 프로젝트의 커밋 내역은 변경 불가능한 사항으로 다룹니다. 그리고 태그tag나 브랜치 등을 다루는 방식이 Git과 다르지만 큰 관점에서는 대동소이합니다.

1.4 Git

이제 이 책에서 주로 다룰 Git을 소개할 차례입니다. Git은 앞에서 소개한 분산 버전 관리 시스템 중 하나입니다. 2005년 탄생했으며 개발자는 전 세계 오픈 소스 개발자 중에서 아마 가장 유명할 것으로 필자가 어느 정도 자신할 수 있는 리눅스 커널 개발자인 리누스 토르발스입니다.

그림 1-12 Git 로고

1.4.1 Git의 장점

Git이 개발된 일화는 굉장히 유명합니다. 2002년, 원래 리눅스 커널은 버전을 관리하기 위해 BitKeeper라고 불리는 분산 버전 관리 시스템을 도입했습니다. 하지만 2005년, BitKeeper가 무료 사용에 난색을 보이면서 리눅스 커뮤니티와 틀어지게 됩니다. 이에 분노한 리누스 토르발스는 불과 2주 만에 리눅스 커널 버전을 관리하기 위해 Git을 만들게 된 것입니다.[4]

Git은 완벽한 분산 환경에서 빠르고 단순하게 수백 수천 개의 동시 다발적인 브랜치 작업을 수행하는 것을 목표로 하는 버전 관리 시스템입니다. 그리고 Git을 만든 토르발스의 의도와 같이 리눅스 커널 같은 대형 프로젝트의 버전 관리를 가능하게 하는 것 또한 목표입니다.

실제로 Git은 만들기 시작한 지 3일 만에 Git 자체의 버전을 관리하기 시작했습니다. 그리고 2주가 지났을 무렵, 처음으로 복수의 브랜치를 한 번에 병합하기 시작하면서 완성되었습니다. 이 시점에서 Git은 토르발스가 의도했던 모든 기능이 개발된 셈입니다. 그 이후로 Git은 본질적인 기능상으로는 큰 변화 없이 계속 이어지고 있습니다.

무엇보다도 Git의 큰 장점이라 한다면 다음 사항을 들 수 있습니다.

- 전 세계의 수많은 사용자가 사용 중
- git을 사용한 저장소를 공유 사이트인 GitHub 웹 사이트의 존재
- 사용자 수에서 나오는 어마어마한 숫자의 튜토리얼과 프로젝트가 존재

이러한 대중성과 검증된 안정성 때문에 수많은 기업에서도 버전 관리 시스템으로 Git을 채택하고 있습니다.

1.4.2 Git의 특징

Git은 크게 보아 master 저장소 서버와 master 저장소의 완전한 사본을 가지는 클라이언트 저장소로 구성되어 있습니다. 즉, 서버든 클라이언트든 완전한 저장소를 가지고 있는 셈입니다(저장소를 하나의 프로젝트라고 보면 이해하기가 편할 것입니다).

그리고 다음의 기능을 지원합니다. 여기서는 프로젝트를 수행하는 데 있어 일반적인 기능을 소개합니다(물론 Git은 여기에서 소개한 것을 포함해 더 강력한 기능들이 있습니다).

---

4 여담이지만 리누스 토르발스는 Git을 만드는 게 가장 쉬웠다는 인터뷰를 했다고 합니다.

- 로컬 및 원격 저장소 생성
- 로컬 저장소에 파일 생성 및 추가
- 수정 내역을 로컬 저장소에 제출
- 파일 수정 내역 추적
- 원격 저장소에 제출된 수정 내역을 로컬 저장소에 적용
- master에 영향을 끼치지 않는 브랜치 생성
- 브랜치 사이의 병합(Merge)
- 브랜치를 병합하는 도중의 충돌 감지

지금까지 설명한 특징만 봐도 Git을 배워야겠단 생각이 들지 않나요?

1.5 Git으로 협업해야 할 이유

대학교의 팀 프로젝트라고 해도 보통은 3~4명이 한 팀을 이루게 됩니다. 즉, 개인 프로젝트가 아닌 이상 최소한 2명 이상 협업한다는 뜻입니다. 그리고 각자 팀원이 맡은 역할에 따라 자신이 맡은 부분을 만들어 나가게 되곤 합니다.

하지만 협업할 때 모두가 동일한 버전의 프로젝트 리소스를 사용하기는 매우 힘듭니다. 누구를 기준으로 '최신' 버전을 맞출 것인지, 파일 주고받기는 어떻게 해야 할지 등은 고민이죠. 게다가 어느 누군가 작업하고 있던 컴퓨터가 통째로 고장 나는 운 나쁜 일이 발생하기라도 한다면 해당 팀원이 담당하고 있던 부분은 아예 백지가 되어버릴 수도 있습니다. 혹은 정말로 엄청나게 운이 나빠 모든 팀원의 작업 상황이 동시에 없어질 수도 있습니다.

다음과 같이 작업할 부분을 나누다 보니 2명 이상 같은 파일에 작업하게 되는 상황을 생각해볼까요? 처음에는 각자가 맡은 기능을 착실히 구현해 나가고 있었지만, 어느 날 공통 부분 혹은 다른 사람이 작업한 부분을 자신이 수정해야 하는 때가 생깁니다. 그리고 작업한 부분을 서로 '최신' 버전으로 맞추기 위해 대조하는 순간 모든 것이 꼬이기 시작합니다.

좀 더 다른 상황을 생각해볼 수도 있습니다. 겉으로 보기에는 프로젝트의 모든 것이 정상인 것처럼 보입니다. 하지만 어느 순간 누가 담당했는지 모를 코드들이 하나둘 생깁니다. 그 누구도 자신이 이 코드를 생산했다고 이야기하지 않고(아마 십중팔구는 까먹었기에 이야기하지 못했을 겁니다),

코드들이 어떤 역할을 하는지 정확하게 파악할 수 없는 지경에 이릅니다. 물론 아무런 문제 없이 프로젝트의 모든 것이 순조롭게 흘러갈 수도 있습니다. 하지만 그런데도 여전히 언제 누가 무엇을 했느냐를 기록하는 것은 숙제로 남습니다. 매일 매일 이슈 트래커에 진행 사항을 기록할 수도 있고 메일을 보내서 리더가 취합할 수도 있습니다. 그래도 여전히 완성도에 따른 일정 관리는 꽤 불분명한 채로 남게 됩니다.

지금까지 나열한 문제점들은 전부 Git을 이용해 협업하면 해결할 수 있는 것들입니다. 협업하는 데 있어 중요한 팀원 사이의 버전 맞춤, 할당된 작업의 결과물 관리, 특정 결과물이 누구의 것인지 추적하는 것이 Git을 이용함으로써 가능해집니다.

1.6 왜 Git인가?

이 절의 제목은 더 정확히 설명하자면 왜 버전 관리 시스템을 배워야 하느냐라는 질문에 더 가까울 겁니다. 사실 학생 시절에는 딱히 버전 관리의 필요성을 느끼지 못할 겁니다. 길어야 한 학기에서 두 학기 정도만 할 뿐인 프로젝트가 대부분이고, 그 정도면 매번 코딩할 때마다 파일의 사본을 만들어두는 것도 그다지 큰일이 아니니까요. 버전 관리 시스템을 도입해야 할 정도로 규모 있는 프로젝트를 겪을 일이 없다는 겁니다.

따라서 대부분 필요하다면 프로젝트 디렉터리를 통째로 복사해서 매일매일 변화가 생길 때마다 날짜를 붙여가면서 버전 관리를 하는 정도로만 그치죠. 더군다나 변경된 파일에 일관되게 월, 일, 시간을 붙여가면서 번호를 부여하면 다행입니다. 조금만 신경 쓰지 않으면 어느새인가 파일 이름들이 '~Final.docx', '~Final의 최종.docx', '~ 제출용 마무리 완료.docx' 등 이름으로는 너도나도 최종 결과물이고, 결국엔 열기 전까진 무엇이 제대로 된 완성물인지 알 수 없는 사태가 발생하죠.

이 이야기는 코딩하는 개발자뿐만 아니라 그림을 그리는 디자이너, 조금 긴 리포트를 썼던 다른 학생들에게도 적용되는 이야기입니다. 물론 학생은 그래도 됩니다. 돈이 걸린 문제가 아니니까요. 그렇다고 학생이 Git을 비롯한 버전 관리를 배울 필요가 없다는 이야기는 절대 아닙니다. 오히려 반드시 배우라고 하고 싶을 정도죠.

자, 이제 학생의 이야기는 그만둡시다. 돈이 걸린, 프로로서 일하는 디자이너, 개발자, 혹은 개발자와 협업하는 그 외 모든 직군을 생각해보겠습니다.

사실 개발자가 가장 심하게 느낍니다. 어느 정도 경험이 쌓였을 때부터 버전 관리의 필요성을 절감하게 되죠. 프로젝트에 관련된 리소스 중 제일 빈번하게 생성, 삭제, 수정되는 것은 코드니까요. 단한 줄의 코드로 버그가 생기느냐, 성능이 향상되느냐가 갈리니 미세한 차이가 있는 버전들이라고해도 그냥 넘어가지 않습니다. 수많은 버전 관리 시스템들도 그 필요성을 절감하기 때문에 등장한것입니다. 물론 개발직군이 아닌 직군들이 버전 관리의 필요성을 못 느낀다는 이야기는 아닙니다만 그 필요함의 정도가 개발직군과 비교했을 때 상대적으로 덜하다는 것뿐입니다. 게다가 대부분의 경우 코드 변경처럼 치명적인 부분도 아닙니다.

하지만 앞서 언급했던 것처럼 다 그게 그거처럼 보이는 수많은 자칭 최종 파일들 사이에서 헤매지않을 수 있는 자동화된 버전 관리 도구가 있다면 어떨까요? 누군가의 컴퓨터가 고장 나서 수많은작업물이 없어지는 사태도 피할 수 있고, 협업자들의 모든 컴퓨터를 백업 시스템으로써 사용할 수도 있다면, 지금도 충분히 작업하기에 나쁘지는 않더라도 더 나아질 수 있는 너무나 명백한 방법과그를 지원하는 도구를 선택할 것입니다.

결국 진부한 결론이지만 더 나은 방향으로 갈 수 있다면 가야 하지 않겠느냐고 말하고 싶습니다. 필자는 개발직군이 아니더라도 버전 관리를 배움으로써 얻을 수 있는 이득이 굉장히 크다고 생각하기에 누구나 버전 관리를 쉽게 배울 수 있는 안내자로 이 책을 생각하면 좋겠습니다.

CHAPTER 02

Git 설치와 설정

이번 장에서는 Git을 설치해보고 기본으로 해야 할 설정 방법을 배워보겠습니다. 라면을 끓이려면 먼저 물부터 넣어야 하듯, Git을 배우기 전에는 설치부터 해야겠죠? Git 다운로드부터 각 운영체제에 맞는 설치와 설정 방법을 세세하게 살펴볼 테니 버전 관리 시스템을 처음 설치하는 분이라도 겁내지 말고 잘 따라오면 어느새인가 Git 초보를 탈출할 수 있습니다!

2.1 Git 다운로드

우선 Git을 배포하는 공식 사이트인 http://git-scm.com/으로 이동합니다. 공식 사이트에는 『Pro Git』이라는 매우 좋은 한국어 번역 문서(http://git-scm.com/book/ko/v2)를 무료로 읽을 수 있으니 Git에 대해서 더 알고 싶다면 읽어보는 걸 추천합니다.

그림 2-1 Git 배포 사이트

첫 화면 왼쪽 아래에 주황색 글씨로 'Downloads'라는 항목을 클릭합니다. 혹은 오른쪽 모니터 그림에 〈Downloads for Windows〉를 클릭하면 바로 다운로드 페이지로 이동할 수 있습니다. 'Windows'는 현재 접속 중인 컴퓨터의 운영체제가 무엇이냐에 따라서 자동으로 〈Downloads for Linux〉, 〈Downloads for Mac〉 등으로 달라지니 다른 운영체제를 사용하더라도 당황하지 마시고 다운로드하면 됩니다. 일단 주황색 글씨의 'Downloads'를 클릭해 세부적인 다운로드 과정을 차근차근 알아보겠습니다.

그림 2-2 Git 다운로드 페이지

꾸준히 오른쪽 모니터에서 무엇을 받아야 하는지 안내를 하는군요. 여기서는 왼쪽에서 자신의 운영체제에 맞는 항목을 클릭하든 〈Downloads for XXX〉 클릭하든 똑같은 최종 다운로드 페이지로 이동합니다. 자신이 현재 사용 중인 운영체제에 알맞게 다운로드하면 됩니다.

NOTE_ Git은 실제 다운로드 페이지에서 표기된 최신 버전보다 더 옛날 버전을 사용합니다. 안정성이 검증되지 않았다는 이유입니다. 따라서 다운로드 페이지의 버전과 다르더라도 당황하지 마세요. 꼭 최신 버전을 사용하고 싶은 사용자는 'https://git-scm.com/book/ko/v2/시작하기-Git-설치'를 참고하기 바랍니다.

2.2 윈도우

설치 프로그램을 실행하면 그림 2-3과 같은 설치 마법사 창이 열립니다. ⟨Next⟩를 클릭해 다음으로 이동합니다.

그림 2-3 Git 설치 화면 실행

다음은 GNU 일반 공중 라이선스에 대한 문서를 보여줍니다. 시간이 급하지 않고, 영어에 능숙하거나 능숙해지려는 분은 라이선스 문서를 읽어보시길 권합니다. ⟨Next⟩를 클릭합니다.

그림 2-4 Git 설치 라이선스 정보

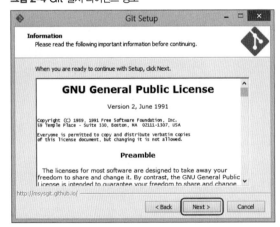

Git을 설치할 경로를 여기서 정해줄 수 있습니다. 기본으로 설정된 경로에 문제가 없다면 별달리 설정할 것은 없으니 〈Next〉를 클릭합니다.

그림 2-5 Git 설치 경로 설정

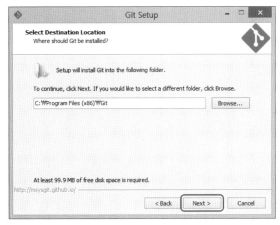

Git에 포함된 컴포넌트 중 무엇을 사용할지 결정하는 설치 옵션 항목입니다. 하나하나 읽어보면 어떤 요소가 있는지 쉽게 알 수 있습니다. 이번에 설치할 때는 추가로 옵션을 설정하지 않고 기본 설정 그대로 둡니다. 〈Next〉를 클릭해서 넘어갑니다.

그림 2-6 설치할 Git 컴포넌트 옵션 선택

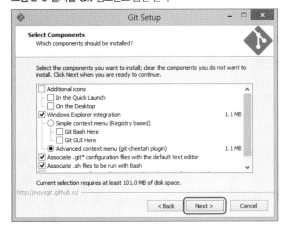

시작 메뉴에 어떤 폴더 이름으로 Git을 추가할 것인지 결정하는 옵션입니다. 〈Next〉를 클릭합니다.

그림 2-7 Git 시작 메뉴 폴더 이름 설정

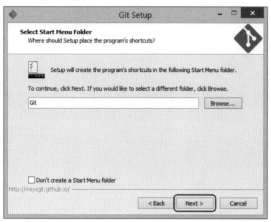

윈도우에 설정된 환경 변수에 Git과 부수적인 도구를 추가할지를 설정하는 옵션을 선택합니다. 기본으로 설정된 맨 위의 〈Use Git from Git Bash only〉를 선택하면 환경 변수를 변경하지 않으므로 가장 안전합니다. 기본 설정대로 놔두고 〈Next〉를 클릭합니다.

그림 2-8 Git 환경 변수 설정 옵션

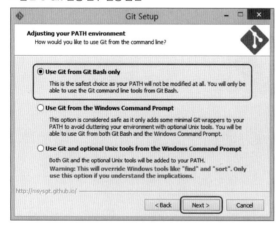

'Configuring the line ending conversions' 창은 Git에서 커밋commit할 때 작성하는 라인 끝을 어떻게 처리할지 결정합니다. 기본으로 선택된 첫 번째 옵션으로 두고 〈Next〉를 클릭합니다.

그림 2-9 라인 엔딩 옵션

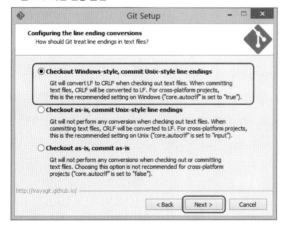

이제 Git을 설치합니다. 설치가 끝날 때까지 기다립니다.

그림 2-10 Git 설치 중

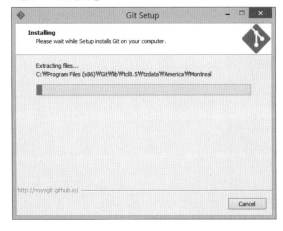

Git 설치가 끝났습니다! 릴리즈 노트를 보고 싶다면 'View RealeaseNotes.rtf'를 체크하고 〈Finish〉를 클릭하면 됩니다. 〈Finish〉를 클릭하여 설치를 마칩니다.

그림 2-11 Git 설치 완료

설치가 끝났으니 기본 설정 한 가지를 하겠습니다. 이 책의 대부분은 Git을 설치했을 때의 기본 설정을 사용해도 무방하지만, 사용자 이름과 이메일은 꼭 설정해주어야 하기 때문입니다.

먼저 시작 메뉴를 확인하면 Git이 추가되어 있을 겁니다. 여기서 'Git Bash'를 실행해줍니다.

그림 2-12 Git 설치 후 시작 메뉴

UNIX 명령어를 실행할 수 있는 Git Bash가 실행됩니다.

그림 2-13 Git bash 실행 화면

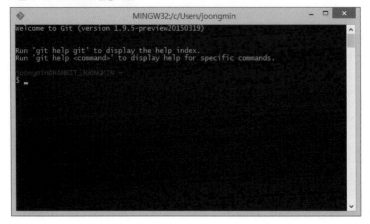

사용자 이름과 이메일을 입력하려면 다음 명령을 커맨드 라인에 입력하고 실행합니다. Git에서 커밋할 때마다 기록하는 사용자 이름과 메일 주소를 설정하는 명령입니다.

```
git config --global user.name "사용자이름"
git config --global user.email "이메일"
```

그림 2-14 Git 이름과 메일 설정

명령을 실행해도 특별한 메시지가 출력되지는 않습니다. 하지만 이제 Git을 사용할 준비가 되었습니다.

2.3 우분투

2.1절의 그림 2-1에서 〈Downloads for Linux〉나 〈Downloads for UNIX〉, 혹은 그림 2-2에서 'Linux' 항목을 클릭하면 그림 2-15와 같은 웹 페이지가 열립니다.

그림 2-15 리눅스 & UNIX Git 다운로드 페이지

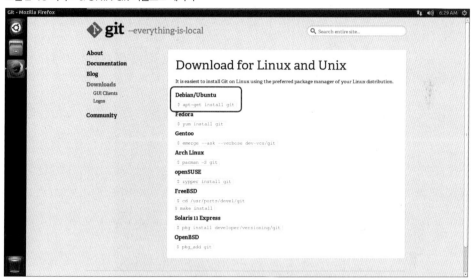

사실 Git은 리눅스 기반에서 사용하도록 만들어진 프로그램이라 윈도우에서 설치하는 일은 많이 번거로운 편입니다. 하지만 원래 Git이 쓰이던 리눅스 환경에서는 그림 2-15에 표시한 명령 한 줄로 설치가 끝납니다.

그럼 설치를 시작하겠습니다. 우분투라면 [Ctrl] + [Alt] + [T]를 눌러 터미널을 열 수 있습니다. 그리고 'Debian/Ubuntu' 아래 적힌 명령을 실행해봅시다. 단, 다운로드 페이지의 설치 명령은 apt-get install git이지만 실제로는 apt-get 명령어 앞에 sudo 명령어를 입력해야 설치된다는 것을 기억하세요. 또한 중간에 메시지가 나오면 [Y] 키를 누릅니다.

```
sudo apt-get install git
```

그림 2-16 우분투 git 설치

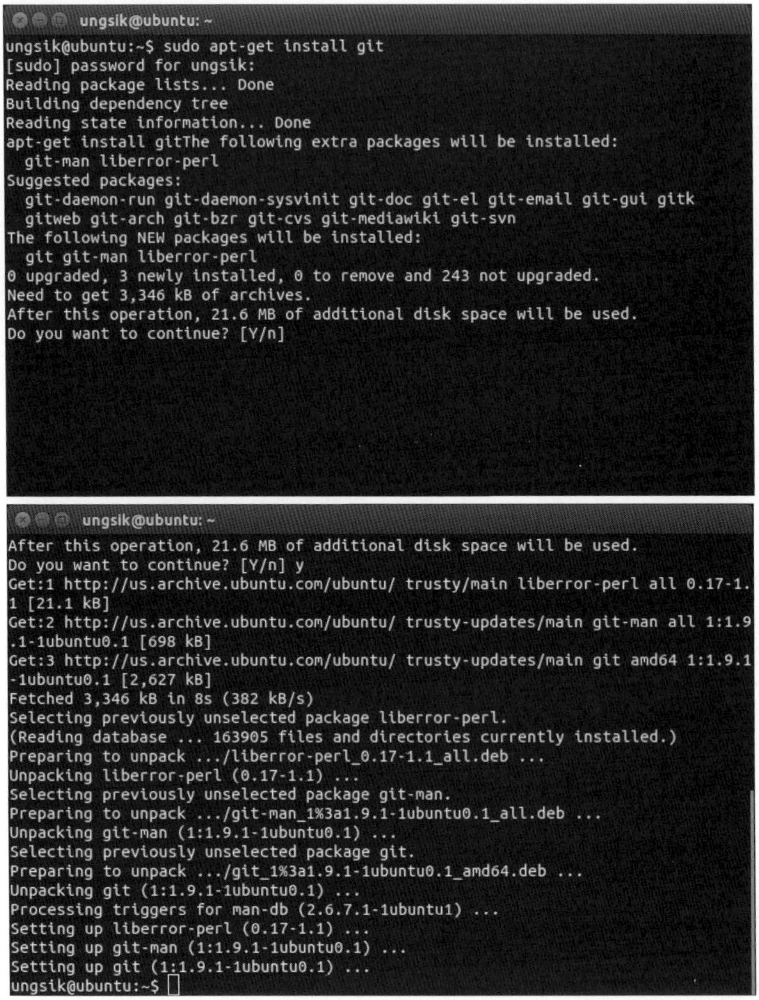

```
ungsik@ubuntu: ~
ungsik@ubuntu:~$ sudo apt-get install git
[sudo] password for ungsik:
Reading package lists... Done
Building dependency tree
Reading state information... Done
apt-get install gitThe following extra packages will be installed:
  git-man liberror-perl
Suggested packages:
  git-daemon-run git-daemon-sysvinit git-doc git-el git-email git-gui gitk
  gitweb git-arch git-bzr git-cvs git-mediawiki git-svn
The following NEW packages will be installed:
  git git-man liberror-perl
0 upgraded, 3 newly installed, 0 to remove and 243 not upgraded.
Need to get 3,346 kB of archives.
After this operation, 21.6 MB of additional disk space will be used.
Do you want to continue? [Y/n]
```

```
ungsik@ubuntu: ~
After this operation, 21.6 MB of additional disk space will be used.
Do you want to continue? [Y/n] y
Get:1 http://us.archive.ubuntu.com/ubuntu/ trusty/main liberror-perl all 0.17-1.
1 [21.1 kB]
Get:2 http://us.archive.ubuntu.com/ubuntu/ trusty-updates/main git-man all 1:1.9
.1-1ubuntu0.1 [698 kB]
Get:3 http://us.archive.ubuntu.com/ubuntu/ trusty-updates/main git amd64 1:1.9.1
-1ubuntu0.1 [2,627 kB]
Fetched 3,346 kB in 8s (382 kB/s)
Selecting previously unselected package liberror-perl.
(Reading database ... 163905 files and directories currently installed.)
Preparing to unpack .../liberror-perl_0.17-1.1_all.deb ...
Unpacking liberror-perl (0.17-1.1) ...
Selecting previously unselected package git-man.
Preparing to unpack .../git-man_1%3a1.9.1-1ubuntu0.1_all.deb ...
Unpacking git-man (1:1.9.1-1ubuntu0.1) ...
Selecting previously unselected package git.
Preparing to unpack .../git_1%3a1.9.1-1ubuntu0.1_amd64.deb ...
Unpacking git (1:1.9.1-1ubuntu0.1) ...
Processing triggers for man-db (2.6.7.1-1ubuntu1) ...
Setting up liberror-perl (0.17-1.1) ...
Setting up git-man (1:1.9.1-1ubuntu0.1) ...
Setting up git (1:1.9.1-1ubuntu0.1) ...
ungsik@ubuntu:~$
```

간단히 설치가 끝났습니다. 윈도우에 익숙한 사용자라면 너무 간단해서 '정말 이걸로 끝난 걸까'하
는 불안감이 들 수도 있겠지만 원래 이렇습니다. 생각지도 못한 묘한 곳에서 간단하게 작업이 끝나
는 게 우분투의 매력입니다.

다음으로는 기본 설정을 하겠습니다. 2.2절에서도 언급했던 것처럼 사용자 이름과 이메일을 설정
해주어야 합니다. 아래 명령을 터미널에서 실행하면 됩니다.

```
git config --global user.name "사용자이름"
git config --global user.email "이메일"
```

그림 2-17 우분투 Git 이름과 이메일 설정

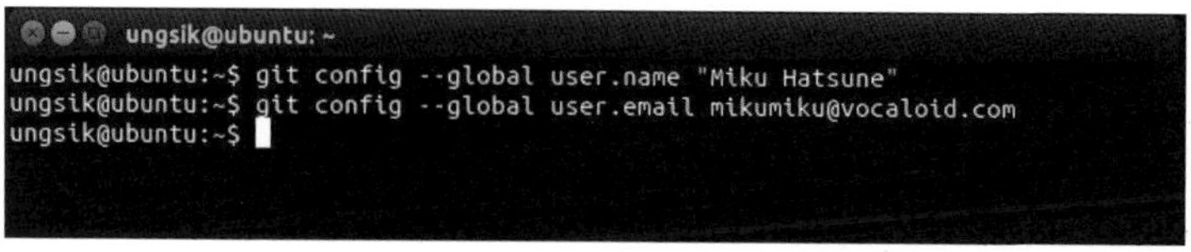

Git을 사용하는 사용자의 이름과 이메일을 설정해 주어야 로컬 저장소에서 일어나는 커밋에 이름과 이메일이 포함됩니다. 입력하지 않는다면 커밋에 들어가는 이름과 이메일에 아무것도 쓰여있지 않게 됩니다. 물론 잘못 입력하더라도 언제든 다시 설정할 수 있으니 걱정 마세요.

2.4 Mac OS X

이 책에서는 커맨드 라인과 Xcode를 이용해 실습합니다.

기본적으로 Xcode 4 이상을 설치하면 Git까지 함께 설치됩니다. 그래서 커맨드 라인에서만 Git을 이용하려면 따로 설치해야겠다는 생각을 하실지도 모르겠습니다. 하지만 현재(2015년 7월) Mac OS X의 새 버전인 엘 캐피탄이 출시될 상황이고, 자잘한 버그가 있는 상태에서 별도로 Git만 설치하는 편리한 방법은 없습니다. 소스 코드를 컴파일하여 설치하는 것이 가장 확실한 방법이지만, 이 책에서 다루기는 조금 어려운 내용이 아닐까 생각합니다. 따라서 커맨드 라인으로 Git을 이용하더라도 Xcode를 설치할 것을 권장합니다.

하지만 Git을 언제나 Xcode와 함께 설치할 수는 없는 법이므로 여기에서는 커맨드 라인용 Git 설치를 알아보도록 하겠습니다.

역시 2.1절의 그림 2-1에서 〈Download for Mac〉을 클릭하거나, 그림 2-2에서 'Mac OS X'를 클릭합니다. Max OS에서는 dmg 파일을 다운로드하며 받은 파일을 더블 클릭하여 열면 그림 2-18과 같은 창이 나타납니다.

그림 2-18 Git 설치 패키지 열기

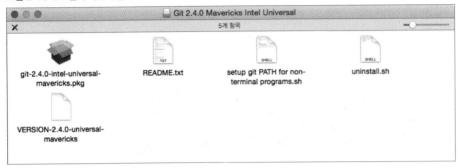

README.txt 파일을 읽어보면 root 권한으로 설치해야 한다고 설명합니다. 일단 git-X.X.X-intel-universal-mavericks.pkg 파일을 더블 클릭하여 설치해봅니다. 하지만 앱 스토어에서 인증되지 않은 pkg 파일이므로 그림 2-19와 같은 대화 상자가 나타나면서 설치가 진행되지 않습니다. 게다가 root 권한으로 설치해야 하는데 지금 로그인한 계정이 root 계정이 아니라면 제대로 설치가 되지 않을 수 있습니다.

그림 2-19 root 권한이 필요

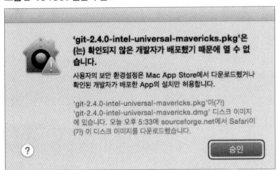

제대로 설치하기 위해서는 터미널을 이용해야 합니다. Finder에서 **[이동] → [응용 프로그램]**을 선택한 후 응용 프로그램 창에서 '유틸리티' 폴더를 열고 터미널을 실행합니다. 그런 다음 sudo installer -pkg 명령을 실행한 후에 git-X.X.X-intel-universal-mavericks.pkg 파일을 끌어놓아 터미널에 드래그 & 드롭하면 자동으로 경로를 입력해줍니다. 경로를 입력한 후에는 끝에 -target /을 추가로 입력한 후 [Enter] 키를 누르면 설치가 시작됩니다. 마지막으로 sudo 명령어를 실행하는 데 필요한 비밀번호를 입력하면 root 권한으로 설치됩니다.

그림 2-20 root 권한으로 pkg 설치

```
● ● ●                    🏠 wizplan — bash — 80×24
Last login: Sun May 31 18:07:55 on ttys000
Lyleui-MacBook-Pro:~ wizplan$ sudo installer -pkg /Volumes/Git\ 2.4.0\ Mavericks
\ Intel\ Universal/git-2.4.0-intel-universal-mavericks.pkg -target /█
```

이제 README.txt에서 제시하는 대로 혹시 있을지 모를 더미 파일을 정리해보겠습니다. 다음 명령을 터미널에 입력한 후 실행합니다.

```
sudo mv /usr/bin/git /usr/bin/git-system
```

실행 뒤에는 exit 명령어를 실행해 터미널을 완전히 종료하고 창을 닫았다가 다시 실행합니다.

그림 2-21 더미 파일 정리

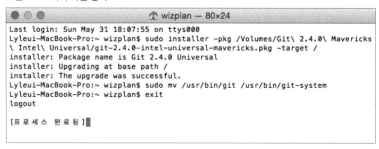

```
● ● ●                         🏠 wizplan — 80×24
Last login: Sun May 31 18:07:55 on ttys000
Lyleui-MacBook-Pro:~ wizplan$ sudo installer -pkg /Volumes/Git\ 2.4.0\ Mavericks
\ Intel\ Universal/git-2.4.0-intel-universal-mavericks.pkg -target /
installer: Package name is Git 2.4.0 Universal
installer: Upgrading at base path /
installer: The upgrade was successful.
Lyleui-MacBook-Pro:~ wizplan$ sudo mv /usr/bin/git /usr/bin/git-system
Lyleui-MacBook-Pro:~ wizplan$ exit
logout

[프로세스 완료됨]█
```

제대로 설치가 되었는지 git --version을 입력해서 Git 버전이 나오는지 확인합니다. 이것으로 Mac OS X에 Git 설치가 끝났습니다.

그림 2-22 Git 버전

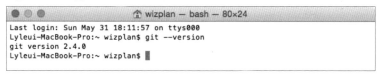

```
● ● ●                    🏠 wizplan — bash — 80×24
Last login: Sun May 31 18:11:57 on ttys000
Lyleui-MacBook-Pro:~ wizplan$ git --version
git version 2.4.0
Lyleui-MacBook-Pro:~ wizplan$ █
```

이제 사용자 설정을 해주면 됩니다. 아래 명령을 터미널에서 실행하면 됩니다.

```
git config --global user.name "사용자이름"
git config --global user.email "이메일"
```

CHAPTER 03

로컬 저장소 사용을 위한 Git 기본

이제 Git을 사용하는 데 꼭 필요한 기본 설정을 하고 우선 로컬 환경에서 혼자 Git을 사용한다는 가정 아래 Git의 각종 명령어를 배워보겠습니다. 물론 앞서 언급한 협업 기능은 추후에 다룰 테니 걱정하지 마세요. 한 번에 하나씩, 차근차근 배워보도록 하겠습니다.

하지만 그전에 앞서 Git의 어떤 명령어들을 알아볼지 소개해보겠습니다.

3.1 기본 명령어

1장에서 Git이 할 수 있는 일을 몇 가지 소개했습니다. 하지만 지금 당장은 다른 사람과의 협업이라든가, 원격 저장소를 생각하지 않기로 하죠. 로컬 저장소에서만 할 수 있는 Git의 핵심 기능만을 먼저 살펴보겠습니다. 혼자서 할 수 있는 것을 배워야 비로소 협업에서 제 몫을 할 수 있게 되는 거니까요.

이 책에서는 다음 기능을 한 번씩 사용할 수 있는 가상의 시나리오에 맞춰 설명하겠습니다.

- 로컬에 저장소 생성
- 저장소에 파일 생성 및 추가
- 추가된 파일의 수정
- 기본(master) 브랜치에 영향을 끼치지 않는 브랜치 생성

- 브랜치 병합
- 충돌 해결
- 저장소 기록 보기

목표는 'Hello World'를 출력하는 프로그램을 만든 다음 해당 프로그램을 수정할 일이 생기는 상황에서 기존에 있던 코드에 영향이 가지 않게 작업하는 겁니다. 저장소 생성은 최초의 한 번만 수행하면 되고 그 이후에는 그림 3-1처럼 이루어집니다.

그림 3-1 기본 작업 과정

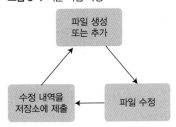

이 과정에서 알아야 할 명령어와 명령어 설명은 표 3-1과 같습니다.

표 3-1 저장소 사용에 필요한 Git 기본 명령어

목표	명령어	설명
저장소 생성	`git init`	실행한 위치를 Git 저장소로 초기화합니다.
저장소에 파일 추가	`git add 파일이름`	해당 파일을 Git이 추적할 수 있게 저장소에 추가합니다.
저장소에 수정 내역 제출	`git commit`	변경된 파일을 저장소에 제출합니다.
저장소 상태 확인	`git status`	현재 저장소의 상태를 출력합니다.

표 3-1의 명령어만으로도 하나의 브랜치에서 작업할 수 있습니다. 하지만 안정화된 프로젝트에 실험적으로 기능을 추가하거나 기능을 수정해야 할 때가 있을 겁니다. 그때 사용하는 것이 branch 명령어입니다.

표 3-2 저장소 사용을 위한 branch 명령어

목표	명령어	설명
저장소에 브랜치 추가	`git branch 이름`	'이름'의 브랜치를 만듭니다.
작업 중인 브랜치 변경	`git checkout 브랜치이름`	현재 작업 중인 '브랜치이름'을 변경합니다.
브랜치 병합하기	`git merge 브랜치이름`	현재 작업 중인 브랜치에 '브랜치이름'의 브랜치를 끌어와 병합합니다.

표 3-2에서 언급한 branch 명령어를 이용하면 현재 프로젝트를 통째로 복사하고 붙여 넣기 할 필요 없이 브랜치만 옮기는 것으로 완전히 다른 작업 흐름을 가져가도록 할 수 있습니다. 물론 다른 브랜치에서 작업하다가 다시 원래 브랜치로 돌아가면 모든 작업 내역은 그대로 복원됩니다. 따라서 원래 브랜치의 파일이나 작업 흐름에 전혀 영향을 주지 않으면서 새로운 작업 흐름을 만들 수 있습니다.

이제 Git을 이용한 작업 흐름은 조금 달라질 겁니다. 바로 이렇게 말이죠.

그림 3-2 브랜치 이동을 통해 변경된 작업 흐름

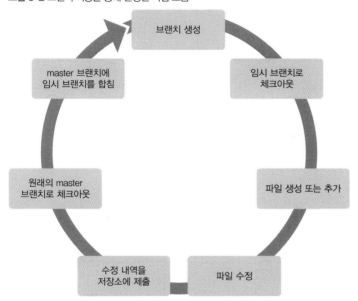

NOTE_ 체크아웃(checkout)에는 책을 대출한다는 뜻도 있습니다. 현재 작업 공간으로 해당 브랜치를 가져온다고 생각하시면 Git 명령어의 뉘앙스를 이해하기 쉬울 겁니다.

이번에는 브랜치를 이용한 전체 작업 흐름을 표현하는 그림 3-3을 살펴봅니다. 여기서 C_0, C_1 … 은 각각 한 번의 커밋을 의미합니다.

그림 3-3 Git 전체 작업 흐름

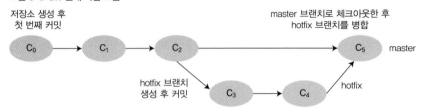

마지막에 master 브랜치에 hotfix 브랜치를 병합^{merge}했으므로, 최종적으로 master 브랜치는 hotfix에서의 수정 내역도 전부 갖게 됩니다.

물론 그림 3-3은 실제로 Git이 각 브랜치를 다루는 방법과 많이 다릅니다. 각각의 브랜치가 하나의 작업 흐름임을 표시하는 것뿐입니다. 즉, Git이 브랜치를 다루는 모습을 표현한 게 아니라 사용자가 브랜치를 어떻게 대하는지를 표현한 것입니다. 당연히 실제 프로젝트에서는 아무리 간단하다고 해도 그림 3-3보다는 훨씬 복잡한 모습을 보일 겁니다.

조금은 이른 것 같지만 Git에서 브랜치들이 어떻게 이용되는지를 설명하는 좋은 그림을 소개합니다.

그림 3-4 'Guake' GitHub의 브랜치 그래프[1]

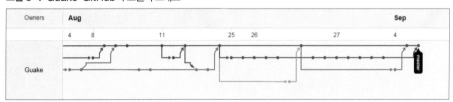

이 그림은 맨 위의 선이 master 브랜치의 선이고, 그 밑의 선들은 이런저런 패치를 개발한 브랜치일 것입니다. 이렇듯 Git의 브랜치를 이용하면 기존 프로젝트에 별다른 수고를 들이지 않고 수정하거나 새로운 기능을 추가해볼 수 있습니다.

> **NOTE_** 브랜치와 병합에 대한 더 자세한 정보는 'http://git-scm.com/book/ko/Git-브랜치-브랜치와-Merge의-기초'를 참조하세요.

----

1 https://github.com/Guake/guake/network

다음부터는 Git을 직접 실습해볼 수 있는 부분입니다. 이미 수많은 IDE가 Git을 IDE 일부분으로 통합하고 있으며, 그렇지 않은 IDE라고 해도 플러그인이나 외부 Git GUI 프로그램 등을 이용해서 작업할 수 있습니다.

하지만 아무리 GUI가 있더라도 결국 핵심은 Git 커맨드 라인 명령어입니다. 따라서 이 책에서는 가장 먼저 커맨드 라인을 이용한 Git 사용 방법부터 살펴볼 것입니다. 그 후에 자신이 사용하는 IDE를 찾아서 읽으면 됩니다.

실습은 다음과 같은 순서로 진행해보겠습니다. 커맨드 라인 혹은 어떤 IDE든 간에 순서는 같을 테니 걱정하지 마세요.

1 저장소 생성

2 저장소에 Hello World를 출력하는 프로그램 작성 및 추가

3 커밋

4 hotfix 브랜치 생성 및 이동

5 프로그램 수정

6 커밋

7 master 브랜치에 병합

8 master 브랜치에 변경점 하나 추가

9 커밋

10 hotfix 브랜치에 변경점 하나 추가

11 커밋

12 master와 hotfix 브랜치 사이에 영향이 없음을 확인

13 불필요한 프로젝트 파일을 관리 대상에서 제외하기

14 충돌 해결하기

15 기록 보기

NOTE_ 커밋은 어떤 상황에서 해야 할까요?

커밋은 프로젝트에서 의미가 있는 최소한의 단위입니다. 물론 사람마다 커밋하는 시기에 대해서는 의견이 분분할 수 있겠지만, 필자는 '의미'를 가질 수 있게 되는 시기라면 언제든 커밋을 하는 것을 권장합니다.

예를 들어 일정 시간이 지난 경우도 커밋할 때가 될 수 있습니다. 매일매일 정해진 시간에 커밋한다는 규칙을 가질 수 있죠. 또 다른 예로는 프로그래밍의 최소한 실행 단위인 함수 단위나 그에 준하는 다른 덩어리들을 완성했을 때입니다. 위에서 언급한 '프로젝트에서 의미가 있는 최소한의 단위'에 더할 나위 없이 부합하는 예시인 셈입니다.

3.2 git init: 저장소 생성

윈도우에서 실습하는 분이면 [시작] → [Git] → [Git bash]를 선택해 실행해줍니다. 우분투나 맥이라면 터미널을 열면 됩니다. 여기에서는 윈도우의 Git bash를 기준으로 설명하겠습니다. 하지만 Git bash에서 쓰이는 명령어나, 타 운영체제에서 쓰이는 명령어나 똑같으니 걱정하지 마시고 실습하면 됩니다.

NOTE_ 커맨드 라인은 명령어의 조합으로 동작합니다. 표 3-3을 통해 이 책을 실습하는 데 필요한 간단한 UNIX 명령어 몇 개를 소개하겠습니다.

표 3-3 필수 UNIX 명령어

목적	명령	효과
디렉터리 생성	mkdir 디렉터리이름	'디렉터리이름'을 이름으로 갖는 디렉터리를 생성합니다.
파일 내용 출력	cat 파일이름	'파일이름'의 파일 내용을 화면에 출력합니다.
디렉터리 내용물 출력	ls	현재 디렉터리의 내용을 출력합니다.
디렉터리 이동	cd 디렉터리이름	현재 위치에서 접근할 수 있는 '디렉터리이름' 디렉터리로 이동합니다.

NOTE_ 실습을 시작하기 전 알아두어야 할 사항

이번 실습에서 사용하는 파일은 파이썬 프로그램 파일입니다. 따라서 실습을 시작하기 전 https://www.python.org/downloads/에서 운영체제에 맞는 2.X.X 혹은 3.X.X의 파이썬 프로그램을 다운로드해 설치하기 바랍니다.

일단 Git 저장소로 사용할 디렉터리를 하나 만들어봅시다. 여러분이 원하는 위치에 디렉터리를 하나 만듭니다.

```
mkdir git_tutorial
```

필자의 경우는 Git Bash의 기본 경로(C:₩사용자₩사용자이름)의 아래 git_tutorial이라는 디렉터리를 만들었습니다(접근 권한이 있는 디렉터리라면 어느 위치에 디렉터리를 만들어도 관계없습니다).

이제 새로 만든 프로젝트 디렉터리로 이동한 뒤 Git 저장소를 초기화하기 위해 다음 명령을 실행합니다.

```
cd git_tutorial
git init
```

그림 3-5와 같은 메시지와 함께 저장소를 초기화했다고 알려줍니다.

그림 3-5 git init 실행

두 번째 디렉터리 경로를 보면 아까는 없었던 '(master)'가 표시되는 걸 볼 수 있습니다. 현재 저장소에서 작업 중인 브랜치가 master 브랜치라는 표시입니다.

3.3 git add와 git commit: 첫 번째 커밋

이제 'Hello World'를 출력하는 프로그램을 하나 작성해서 프로젝트 디렉터리(master 브랜치)에 넣어두겠습니다.

NOTE_ vim의 기본 사용법

vim은 리눅스나 UNIX에서 사용할 수 있는 텍스트 편집기입니다. 현재 우리가 사용하는 GUI 기반의 편집기와 비교하면 배워야 할 게 많지만 알아두면 굉장히 있어 보이는 편집기죠. 아무튼 당장 vim을 써야 하는 데 사용법을 잘 모르신다면 간단히 다음의 명령어를 참조해봅시다. 사실 vim 편집기를 제대로 다루려면 책 한 권을 쓸 수도 있으므로, 여기에서는 간단히 커밋 메시지를 작성할 수 있을 정도로만 설명하죠.

- vim에서 작성을 시작하려면 [I] 키를 누르면 됩니다. 그러면 일반 모드에서 입력 모드로 전환이 되고, 커서가 바뀌면서 작성할 수 있는 상태라는 걸 알려줍니다.
- 작성 후에 [Esc] 키를 누르면 일반 모드로 돌아옵니다.
- :을 입력하면 명령어를 입력할 수 있는 명령 모드로 전환됩니다.
- wq를 입력하면 저장(w) 후 종료(q)됩니다.

이러한 모드 전환을 그림으로 표현하면 그림 3-6과 같습니다.

그림 3-6 vim 모드 전환 흐름과 연관 명령어

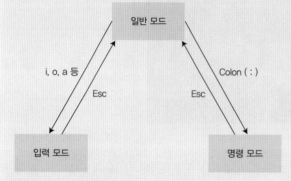

표 3-4는 vim에서 사용하는 주요 명령어를 보여줍니다.

표 3-4 vim에서 사용하는 주요 명령어[2]

목적	현재 모드	키
입력 모드 전환(현재 위치부터 쓰기)	일반	i
입력 모드 전환(다음 줄부터 쓰기)	일반	o
입력 모드 전환(한 칸 뒤부터 쓰기)	일반	a
일반 모드 전환(입력 또는 명령 모드에서)	입력, 명령	Esc
명령 모드 전환	일반	(일반 모드에서) :
저장	명령	w
종료	명령	q

---

2 http://folioscope.hatenablog.jp/entry/vimcheatsheet, https://rumorscity.com/2014/08/16/5-best-vim-cheat-sheet/

우선 다음 명령을 실행합니다.

```
vim hello.py
```

그림 3-7 vim 편집기 실행

이제 편집기 화면에서 코드를 입력하겠습니다. 우선 [I] 키를 누릅니다. 그리고 맨 첫 줄에 print("Hello world")라는 코드를 작성합니다. 그리고 저장과 종료를 동시에 하기 위해 [Esc] 키를 누르고, :wq를 입력한 다음 [Enter] 키를 누릅니다.

그림 3-8 코드 입력 및 저장

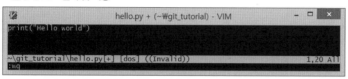

명령 프롬프트로 돌아가면 파일 내용과 코드가 정상인지 확인하기 위해 다음 명령을 실행합니다.

```
cat hello.py
python hello.py
```

최종적으로 Hello world를 출력합니다.

그림 3-9 프로그램 파일 생성

이 책에서는 주로 파이썬을 사용합니다만 어떤 프로그래밍 언어를 사용해도 상관없습니다. 굳이 무언가를 출력할 필요도 없죠. 그냥 아무 내용을 써둔 텍스트 파일이라도 괜찮습니다. 하지만 가능하면 실제 프로젝트의 간략화된 모델로서 이 실습이 의미가 있으면 좋겠기에 파이썬을 사용해 보았습니다.

> **NOTE_** 이 과정에서는 모든 작업을 터미널에서 처리합니다. 터미널에 익숙하지 않은 분은 미리 텍스트 편집기에서 hello.py라는 파일과 파일 내용을 입력한 후 python hello.py 명령만 실행해 확인해도 됩니다. 다른 커맨드 라인 작업 역시 마찬가지입니다.

커밋하기 전 먼저 저장소 상태를 확인하기 위해 다음 명령을 실행합니다.

```
git status
```

그림 3-10과 같은 메시지를 볼 수 있습니다.

그림 3-10 git status 명령 실행

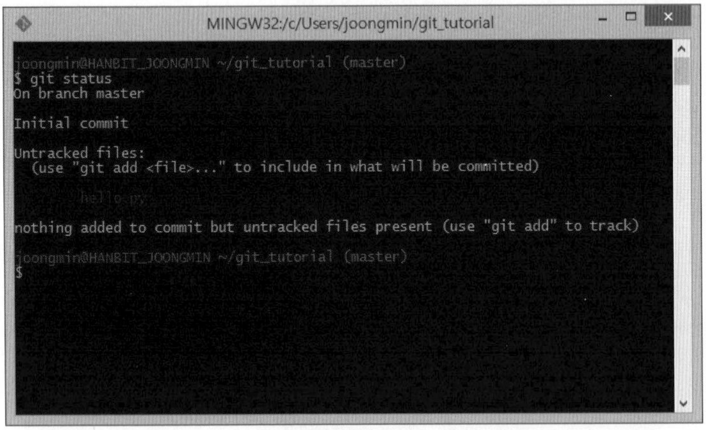

메시지는 아직 Git에서 추적하지 않는 hello.py 파일이 저장소에 있다고 알려줍니다. 그리고 이 파일을 추적하려면 어떤 명령(git add)을 사용해야 하는지도 친절하게 알려줍니다.

그러면 이제 파일 기록을 추적하도록 추가해봅시다. 다음 명령을 실행합니다.

```
git add hello.py
```

아무런 메시지가 없으면 성공적으로 Git이 추적을 시작할 수 있게 저장소에 추가된 겁니다. 제대로 추가되었는지를 확인하려면 git status 명령을 실행합니다. 커밋해야 할 수정 내역이 있다고 알려줍니다.

그림 3-11 git add 명령 실행 후 상태 확인

파일도 추가했고 현재 Git 저장소의 상태도 확인했으니 첫 번째 커밋을 위한 준비는 끝난 셈입니다. 다음 명령을 실행해 커밋을 시도합니다.

```
git commit
```

커밋 메시지를 작성하는 화면이 나옵니다.

그림 3-12 git commit 명령 실행

별다른 설정이 없다면 기본 커밋 메시지 편집기로 vim을 사용하게 됩니다.

그림 3-13 커밋 메시지 작성

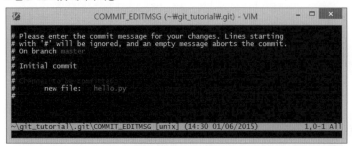

이제 [I] 키를 누릅니다. 그리고 맨 첫 줄에 'create "hello world" program'이라는 커밋 메시지를 작성합니다(메시지는 해당 커밋을 설명할 수 있는 다른 메시지여도 괜찮습니다). vim에서 저장과 종료를 동시에 하기 위해 [Esc] 키를 누르고, :wq를 입력한 다음 [Enter] 키를 누릅니다. 커밋이 완료됩니다.

그림 3-14 커밋 메시지 작성 완료

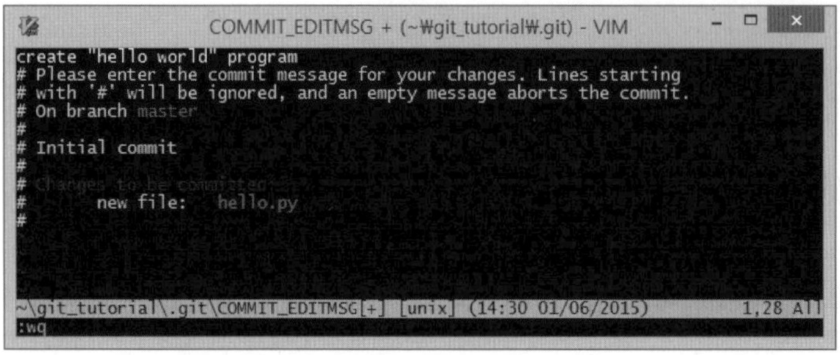

그러면 그림 3-15와 같이 커밋이 완료되었고 어떤 파일이 어떻게 바뀌었는지를 간략하게 알려주는 메시지가 출력됩니다.

그림 3-15 첫 번째 커밋 완료

3.4 git branch와 git checkout: 새로운 브랜치 생성과 이동

기본적으로 Git을 사용할 때는 위와 같이 파일을 추가하고, 수정하고, 커밋하면서 계속 프로젝트를 진행하면 됩니다. 이제 기존 프로젝트에 영향이 가지 않는 새로운 실험적 기능을 추가해야 하거나, 기존 기능을 변경해야 하는 상황을 고려할 때가 왔습니다.

버전 관리를 모르던 상황이면 복사와 붙여 넣기로 실험을 해야 했었을 것입니다. 하지만 Git은 그럴 필요가 없게 해주는 매우 강력한 기능이 있습니다. 바로 앞서 설명한 브랜치죠.

먼저 그림 3-16처럼 명령을 실행해보죠.

```
git branch
```

현재 어떤 브랜치가 있는지 볼 수 있습니다. 그리고 git branch 브랜치이름 명령을 실행하면 '브랜치이름'의 브랜치가 만들어집니다. 여기서는 hotfix라는 이름의 브랜치를 만들기 위해 다음 명령을 실행합니다.

```
git branch hotfix
```

브랜치를 만든 후에 다시 git branch 명령을 실행하면 master와 hotfix라는 두 개의 브랜치가 있는 것을 확인할 수 있습니다.

그림 3-16 git branch 명령 실행

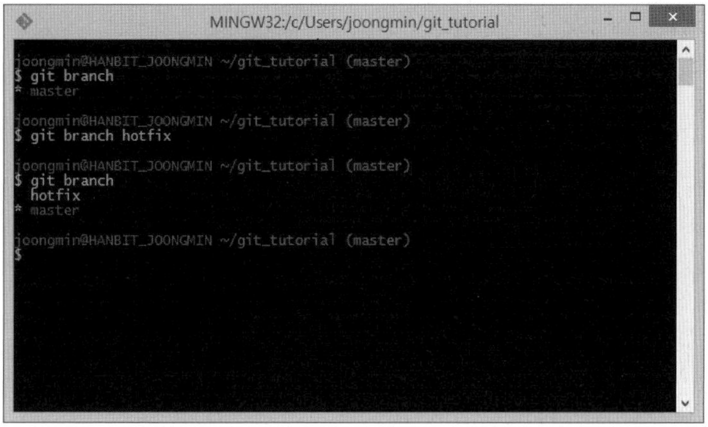

그림 3-16을 자세히 살펴보면 master라는 단어 앞에 *라는 글자가 있는데, 이는 지금 작업 중인 브랜치를 표시합니다. 즉, 지금 우리는 master 브랜치에서 작업 중이며 여기까지는 브랜치를 만든 것뿐입니다. 위에서도 설명했듯 작업 중인 브랜치는 여전히 master 브랜치죠.

그럼 이제 hotfix 브랜치에서 작업을 시작해봅시다. 실행해야 할 명령은 git checkout 브랜치이름이므로 다음과 같습니다.

```
git checkout hotfix
```

그림 3-17을 확인해보면 hotfix 브랜치로 이동했으며 그에 따라 hotfix 브랜치로 변경했다는 메시지가 나타납니다. 그리고 디렉터리 경로 맨 마지막에 (hotfix)라고 표시도 바뀝니다.

그림 3-17 git checkout 명령 실행

참고로 git branch 명령과 git checkout 명령을 한 번에 실행하는 방법도 있습니다.

```
git checkout -b 브랜치이름
```

위 명령을 실행하면 브랜치를 만들면서 바로 체크아웃할 수 있습니다.

지금부터 하는 작업은 오직 hotfix 브랜치에만 영향을 끼치게 됩니다. 파일을 수정하든, 삭제하든, 추가하든 말이죠. 마음껏 하고 싶은 대로 한 다음에, 커밋을 하고, 다시 master 브랜치로 체크아웃하면 hotfix에서 작업했던 모든 것을 해당 브랜치의 최종 커밋 상태로 보존한 후, master 브랜치의 최종 커밋 상태로 파일들이 변경됩니다.

그럼 이제 hotfix 브랜치에서 3.3절의 작업에 이어서 hello.py 파일의 출력 코드를 추가해보겠습니다. 물론 지금 드는 예 말고도 다른 작업을 해도 상관없습니다. 본질은 수정 사항을 하나 만드는 것입니다.

먼저 ls 명령어를 실행해 hello.py 파일이 있는지 확인합니다. 그리고 다음 명령을 실행합니다.

```
vim hello.py
```

그림 3-18 파일 존재 여부 확인 후 vim 명령 실행

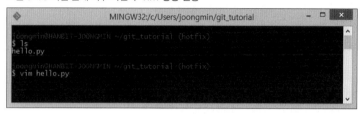

편집기에서 [I] 키를 누릅니다. 그리고 print("Hello world") 코드 아래 행에 print("Tell Your World")라는 코드를 작성합니다. 그리고 저장과 종료를 동시에 하기 위해 [Esc] 키를 누르고, :wq를 입력한 다음 [Enter] 키를 누릅니다.

그림 3-19 추가 코드 입력

```
print("Hello world")
print("Tell Your World")




~\git_tutorial\hello.py[+] [dos] (12:17 09/07/2015)          2,24 All
:wq
```

명령 프롬프트로 돌아가면 다음 명령을 실행해 파일 내용과 코드가 정상인지 확인합니다.

```
cat hello.py
python hello.py
```

두 개 문장이 정상적으로 출력된다면 변경 사항이 생긴 것입니다.

그림 3-20 hotfix 브랜치에서의 작업

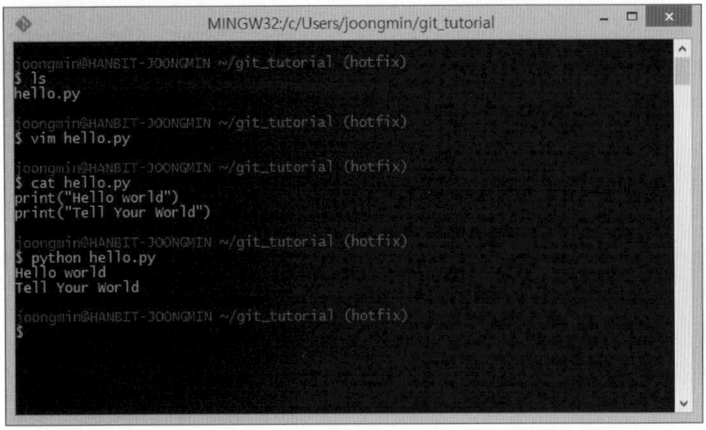

3.5 git commit –a: 두 번째 커밋

이제 git status 명령을 실행해보면 그림 3-21과 같은 메시지가 나타납니다. 변경된 내역이 커밋될 준비가 되지 않았다는 내용이네요. 이런 경우에는 git add 파일이름 명령을 실행한 후 git commit 명령을 실행하거나, git commit 명령에 변경된 저장소 파일 모두를 커밋하는 옵션인 -a 를 덧붙여 실행하면 됩니다.

그림 3-21 브랜치 작업 후 git status 명령 실행

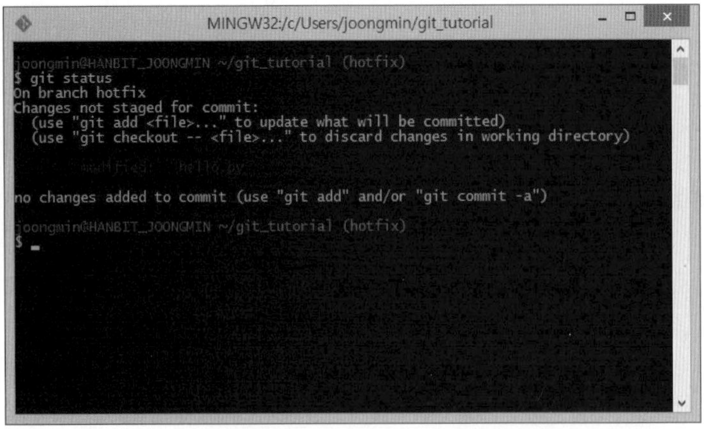

여기에서는 git commit -a 명령을 실행해서 커밋합니다.

그림 3-22 git commit -a 명령 실행

[I] 키를 눌러 입력 모드로 바꾼 후 added output "Tell Your World"라는 커밋 메시지를 작성하고 [Esc] 키를 누릅니다. 그리고 :wq를 입력해 커밋을 완료합니다.

그림 3-23 git commit -a 커밋 메시지 작성

그럼 그림 3-24와 같이 커밋 성공 메시지가 나타납니다. git status를 실행하여 저장소 상태를 보니 hotfix 브랜치에서 커밋할 게 없다는 메시지를 확인할 수 있습니다.

그림 3-24 git commit -a 완료

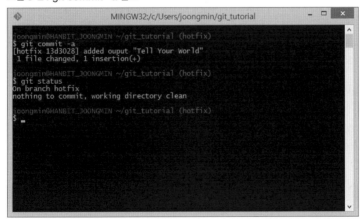

3.6 git merge: master 브랜치와 병합

그럼 이제 다시 master 브랜치로 변경해봅시다. hotfix 브랜치에서 작업한 내역을 master 브랜치로 합쳐봐야죠. 먼저 브랜치로 변경하기 위한 명령을 실행합니다.

```
git checkout master
```

그리고 master 브랜치로 변경되었는지와 현재 커밋 상태를 확인하기 위해 git status 명령을 실행하고 hello.py 파일이 잘 있는지, 현재 브랜치에 있는 hello.py 파일의 내용이 무엇인지 확인하기 위해 ls, cat hello.py, python hello.py 명령을 차례로 실행합니다.

그림 3-25 master 브랜치 확인

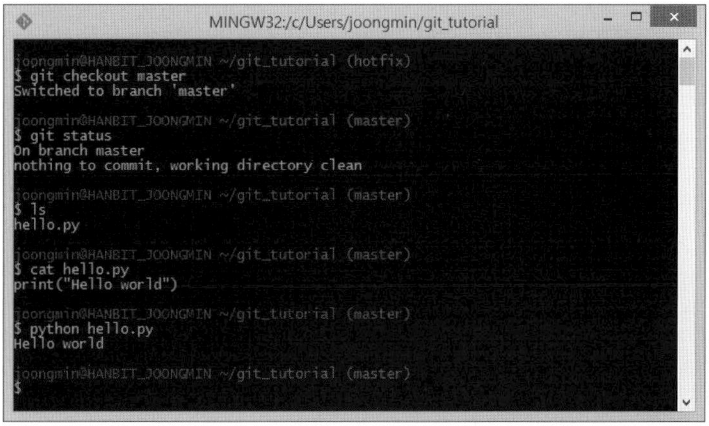

master 브랜치로 체크아웃하고, 저장소 상태를 한번 보고, 작업한 내역이 master 브랜치의 최종 커밋 상태인지 확인하는 것입니다. 틀림없이 조금 전까지 작업했던 master 브랜치임을 알 수 있습니다.

이제 브랜치를 병합합니다. 다음 명령을 실행합니다.

```
git merge hotfix
```

git merge 브랜치이름을 통해 현재 작업 중인 브랜치에 '브랜치이름'의 브랜치를 가져와서 병합하게 됩니다.

그림 3-26 git merge 명령 실행

master 브랜치에 hotfix 브랜치를 가져다 병합한 후 결과가 표시됩니다. hello.py 파일에 1행이 추가되었다는 내용입니다.

마지막으로 제대로 병합되었는지 확인해봅시다. ls, cat hello.py, python hello.py 명령을 실행해보면 확실하게 hotfix 브랜치의 내용이 병합되었음을 알 수 있습니다.

그림 3-27 git merge 결과 확인

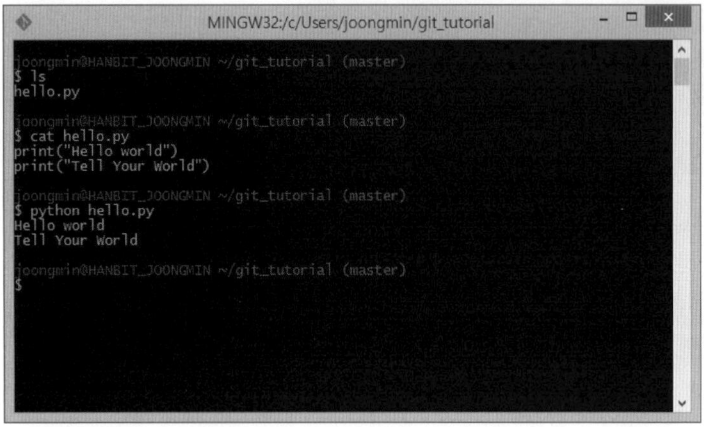

NOTE_ hotfix 브랜치에 위치한 상황에서 git merge master라는 명령을 실행해도 병합됩니다. 단, hotfix 브랜치에 위치한 파일 기준으로 모든 내용을 병합합니다. 즉, master 브랜치는 변경되지 않고 hotfix 브랜치에 master 브랜치 내용이 합쳐지게 되죠. 의도하는 것은 master 브랜치가 hotfix 브랜치를 병합하는 것입니다. 때문에 기준이 되는 브랜치에서 병합하고 있는지 확인해야 합니다.

3.7 각 브랜치의 독립성 확인

마지막으로 병합 전에 각 브랜치를 계속 독립적으로 관리할 수 있는지 확인해보겠습니다. 우선 master 브랜치에 있는 hello.py 파일을 vim hello.py 명령을 실행해 수정해보겠습니다. 추가할 코드는 print("Tell his world")입니다. python hello.py 명령을 실행하면 내용이 추가되었음을 확인할 수 있습니다.

그림 3-28 master 브랜치의 hello.py를 다시 수정 1

그림 3-29 master 브랜치의 hello.py를 다시 수정 2

이제 세 번째 커밋을 할 차례입니다. 이번 상황에서 그냥 `git commit` 명령을 실행하면 커밋이 제대로 실행되지 않습니다. 커밋할 대상이 지정되지 않았기 때문입니다. 따라서 `git commit -a` 명령으로 실행합니다.

그림 3-30 세 번째 커밋

이번에는 커밋 메시지에 added output "Tell his world"라는 문장을 입력한 후 vim 편집기를 종료합니다. 커밋이 완료되면서 master 브랜치의 hello.py 파일 내용이 변경되었습니다.

그림 3-31 세 번째 커밋 메시지 입력

```
COMMIT_EDITMSG + (~\git_tutorial\.git) - VIM          –  □  ×
added output "Tell his world"
# Please enter the commit message for your changes. Lines starting
# with '#' will be ignored, and an empty message aborts the commit.
# On branch master
#
#       modified:   hello.py
#

~\git_tutorial\.git\COMMIT_EDITMSG[+] [unix] (13:37 02/06/2015)        1,29 All
:wq
```

master 브랜치에서의 커밋을 완료했으면 이제 다시 git checkout hotfix 명령을 실행해 hotfix 브랜치로 이동합니다. 그리고 vim hello.py 명령을 실행해 hello.py 파일에 print("Tell her world")라는 코드를 추가합니다. 그리고 git commit -a를 실행해 네 번째 커밋을 실행해보겠습니다.

그림 3-32 hotfix 브랜치의 hello.py를 다시 수정 1

```
hello.py + (~\git_tutorial) - VIM          –  □  ×
print("Hello world")
print("Tell Your World")
print("Tell her world")



~\git_tutorial\hello.py[+] [dos] (12:30 09/07/2015)        3,23 All
:wq
```

그림 3-33 hotfix 브랜치의 hello.py를 다시 수정 2

```
MINGW32:/c/Users/joongmin/git_tutorial          –  □  ×
joongmin@HANBIT-JOONGMIN ~/git_tutorial (master)
$ git checkout hotfix
Switched to branch 'hotfix'

joongmin@HANBIT-JOONGMIN ~/git_tutorial (hotfix)
$ vim hello.py

joongmin@HANBIT-JOONGMIN ~/git_tutorial (hotfix)
$ cat hello.py
print("Hello world")
print("Tell Your World")
print("Tell her world")

joongmin@HANBIT-JOONGMIN ~/git_tutorial (hotfix)
$ git commit -a
```

이번에는 커밋 메시지에 added output "Tell her world"라는 문장을 입력한 후 vim 편집기를 종료합니다. 커밋이 완료되면서 hotfix 브랜치의 hello.py 파일 내용이 변경되었습니다.

그림 3-34 네 번째 커밋 메시지 입력

cat hello.py 명령을 실행해보면 hotfix 브랜치 hello.py 파일의 내용을 독립적으로 수정할 수 있다는 사실을 확인할 수 있습니다.

그림 3-35 변경된 hotfix 브랜치의 hello.py 파일 내용

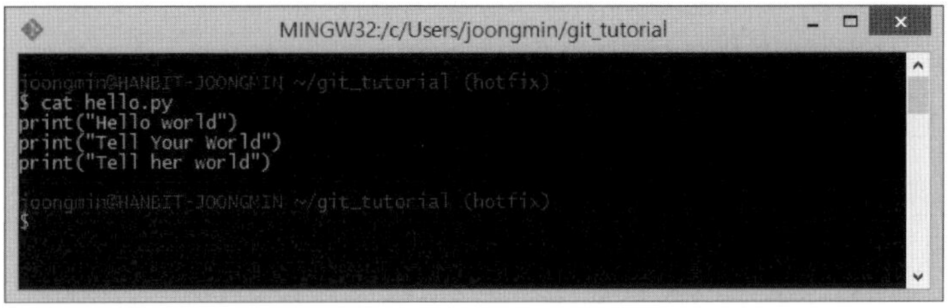

3.8 실제 프로젝트에서 발생하는 상황들

지금까지 배운 것은 정말 Git의 기본 사용법입니다. 그런데 이것만으로 완벽하다고 할 수는 없죠. 이제 한 걸음 더 나아갈 차례입니다. Git을 좀 더 긱geek하게 이용하는 방법들을 설명하겠습니다. 크게 보면 파일을 무시하는 법, 병합할 때 발생하는 충돌을 해결하는 법, 커밋한 내역을 살펴보는 법 세 가지입니다. 각각을 짧게 설명한 후에 실습해보겠습니다.

프로젝트를 진행하다 보면 부수적으로 다양한 파일이 만들어집니다. 굳이 추적해야 할 필요가 없는 파일들이죠. 보통은 입·출력용 데이터나 각종 로그 파일들입니다. 혹은 사용하는 IDE에 따라 프로젝트 자체를 관리하는 파일들인 경우도 있죠. 이런 파일들은 프로젝트의 일부지만 Git을 이용해 굳이 추적할 필요가 없습니다.

이렇게 저장할 필요 없는 파일들을 적절하게 무시하기 위해 Git은 .gitignore라는 파일을 이용합니다. 물론 무시할 파일을 관리하는 방법은 이외에도 더 있습니다만, .gitignore 파일을 이용하는 것이 대표적인 방법이기도 하고, 이 한 가지만 알아도 충분합니다.

또한 이전의 실습을 진행하면서 뭔가 다루지 않은 부분이 있었다고 느꼈을지도 모릅니다. 충돌이라는 부분입니다. 이전에는 master와 hotfix 두 개의 브랜치만을 사용했기에 어느 브랜치에서 무엇을 수정했는지 딱히 비교해보지 않아도 금방 알 수 있었습니다. 하지만 한 번에 서너 개 혹은 그 이상의 브랜치를 사용하는 개인 프로젝트라면 어떨까요? 버그가 발생한 코드 부분마다 브랜치를 하나씩 따로 생성해서 조금씩 버그를 고쳐나가다 보면, 언젠가 각 브랜치가 하나의 파일을 동시에 수정하는 경우가 생길 겁니다. 그리고 나중에 master 브랜치로 병합하면 두 브랜치에서 동시에 같은 파일을 수정했다고 충돌이 일어날 것입니다. 이 책에서는 일부러 충돌을 만들어서 이러한 충돌을 해결하는 방법을 알아볼 겁니다.

마지막으로는 이런 모든 작업을 마치고 난 뒤 커밋 로그를 보는 방법을 살펴볼 겁니다. 지금까지 무엇이 어떻게 진행되었고, 어떤 브랜치에 어떤 브랜치가 병합되었었는지 등을 알 수 있습니다.

3.9 .gitignore: 불필요한 파일 및 폴더 무시

가장 먼저 커맨드 라인에서 touch 명령어를 이용해서 .gitignore 파일을 만들어보겠습니다. 우선 Git 저장소로 이동한 후 저장소 최상위 폴더에서 다음 명령을 차례로 실행해봅니다.

```
touch .gitignore
ls
ls -al
```

touch .gitignore 명령은 아무것도 없는 빈 파일을 하나 만듭니다. ls 명령어가 아닌 ls -a 명령을 실행하는 이유는 그림 3-36과 같습니다. 파일 이름의 맨 앞이 '.'으로 시작하면 기본 ls 명령어를 실행해서는 출력되지 않기 때문입니다.

그림 3-36 .gitignore 파일 생성 및 확인

이제 .gitignore 파일 안의 내용을 채울 차례입니다. .gitignore 파일은 일련의 파일 목록과 파일을 구분할 수 있는 패턴의 모음으로 라인 하나가 패턴 하나를 가리킵니다. 더 자세한 내용은 http://git-scm.com/docs/gitignore를 참고하세요.

물론 이 책에서는 어렵게 접근하지 않습니다. 이미 수많은 사람이 사용하는 Git이기에 .gitignore 파일을 운영체제나 IDE에 맞춰서 자동으로 생성해주는 웹 앱을 사용할 것입니다. 바로 gitignore.io(https://www.gitignore.io/)입니다.

그림 3-37 gitignore.io 공식 웹 사이트

이 웹 사이트의 이용법은 매우 직관적입니다. 가운데 커다란 검색 창에 현재 사용 중인 운영체제, IDE, 프로그래밍 언어 이름 등을 입력하고 오른쪽의 〈Generate〉를 클릭하면 입력한 조건에 알맞은 .gitignore 파일을 생성해줍니다.

지금은 아무 IDE도 사용하지 않으니 검색 창에 운영체제 이름만 입력하고 〈Generate〉를 클릭해 봅시다. 운영체제가 윈도우니 'Windows'입니다. 그럼 그림 3-38과 같이 자동 완성 항목이 나타납니다. 자신이 사용하는 운영체제와 프로그래밍 언어를 입력하면 그것에 맞게 추천해주니 클릭하여 선택하고 〈Generate〉를 클릭하면 됩니다.

그림 3-38 파일 생성 환경 입력

커맨드 라인 실습은 윈도우와 파이썬을 이용하므로 윈도우와 파이썬을 선택해 생성했습니다. 그럼 그림 3-39와 같이 윈도우와 파이썬에 알맞은 .gitignore 파일을 생성해줍니다. 이 내용을 아까 생성한 .gitignore 파일 안에 복사한 후 저장합니다.

그림 3-39 .gitignore 파일 생성 결과

아니면 이 파일을 다운로드한 후 현재 저장소에 파일 그대로 복사해도 됩니다. 〈Generate〉의 오른쪽에 있는 작은 삼각형 버튼(▾)을 클릭하면 'Download File'을 선택해서 .gitignore 파일을 다운로드할 수 있습니다.

어느 방법을 택하든 .gitignore 파일의 내용은 같습니다. 하지만 윈도우에서는 운영체제에서 설정한 제약 때문에 '.'으로 시작하는 파일을 만들 수 없으니 touch .gitignore 명령[3]을 실행해 파일을 만든 후 파일 안에 내용을 복사하길 권장합니다. 또한 .gitignore 파일은 한 번 만들면 일반 메모장으로도 편집할 수 있습니다. 따라서 vi나 vim 편집기보다 윈도우의 텍스트 편집기를 사용하는 것이 좋습니다.

작업을 완료했다면 .gitignore 파일을 저장소에 커밋합니다. 다음 명령을 실행합니다(필자의 경우 커밋 메시지를 added '.gitignore' file라고 입력했습니다)

```
git add .gitignore
git commit -m "added '.gitignore' file"
```

그림 3-40 .gitignore 커밋

이제 윈도우 커맨드 라인으로 파이썬 프로젝트를 작업할 때 불필요한 파일이 Git 저장소에 추가되는 것을 방지할 수 있습니다.

---

3 빈 파일을 하나 만드는 명령어입니다. 원래는 파일을 열지 않고 수정한 날짜를 바꾸기 위한 명령어입니다.

3.10 충돌 해결

다음으로 충돌conflict을 해결할 차례입니다. 두 개의 브랜치에서 동시에 같은 파일의 같은 곳을 수정하고, 그걸 병합하면서 생기는 충돌을 해결하는 것입니다. 여기에서는 3.7절에 이어서 진행하겠습니다. 하지만 3.2절을 참고 해서 새로 저장소를 만든 후 같은 파일에 두 개의 브랜치를 만들어도 진행해도 괜찮습니다. 전제 조건은 프로그램 파일의 같은 행에 서로 다른 변경 사항이 있으면 된다는 것입니다.

3.7절까지 완료했고 3.9절 다음에 이 과정을 실행한다면 master 브랜치로 체크아웃한 후 master 브랜치에서 병합을 시도합니다. 다음 명령을 차례로 실행합니다.

```
git checkout master
git merge hotfix
cat hello.py
```

그림 3-41 병합 시 충돌

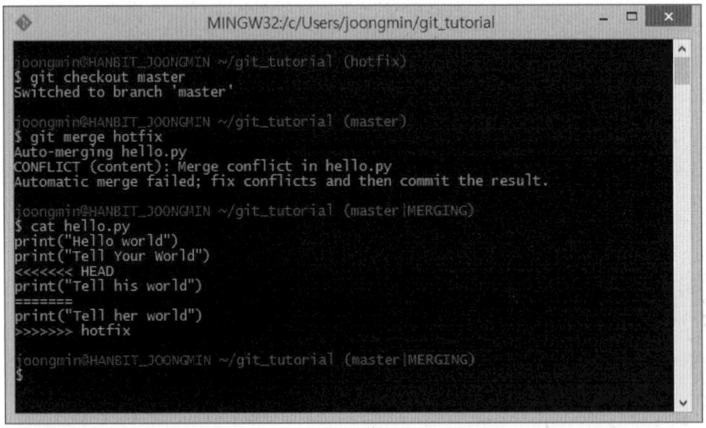

그림 3-41을 보면 "CONFLICT (content) : Merge conflict in hello.py. Automatic merge failed; fix conflicts and then commit the result", 즉 충돌이 발생했으며 결과와 함께 무엇을 해야 할지 알려줍니다.

그리고 경로를 표시하는 부분을 보면 마지막의 브랜치 표시 부분이 바뀐 것을 알 수 있습니다. '(master|MERGING)'이라고 바뀌었습니다. 즉, 지금 이 브랜치는 병합하는 도중 충돌이 발생해 그것을 해결하는 도중이라는 명시적인 표시입니다.

이번에는 병합이 실패한 hello.py의 내용을 살펴보겠습니다. 충돌이 발생한 부분의 시작을 '〈〈〈〈〈〈HEAD'로 표시하고, 충돌 난 부분의 끝을 '〉〉〉〉〉〉hotfix'로 표시해주었습니다. 중간에 '======'으로 어디까지가 어디에 속해 있는지 경계를 표시해줍니다.

그림 3-42 충돌이 발생한 파일

Git은 해당 행이 어떤 의미를 지니고 있는지 알 수 없으므로 어떤 수정 사항을 선택할 것인지 사용자에게 일임합니다. 이런 경우 충돌 난 두 브랜치 중 하나의 내용을 선택하거나, 두 수정 내역을 합치는 등 수동으로 충돌을 해결해야 합니다. 즉, 충돌을 해결하기 위해서는 충돌 난 부분이 어떤 의미인지 이해하고 있어야 해결할 수 있다는 이야기입니다.

여기에서는 두 수정 내역을 합해보겠습니다. 먼저 편집기를 열고 다음과 같이 수정한 후 저장합니다(vi나 vim을 사용해도 되고, 윈도우용 편집기를 열어서 수정해도 괜찮습니다).

```
print("Hello world")
print("Tell Your World")
print("Tell his world")
print("Tell her world")
```

충돌을 직접 해결했으니 Git이 지시한 대로 다시 커밋해보겠습니다. 다음 명령을 실행합니다.

```
git commit -a -m "conflict resolved"
```

그림 3-43 충돌 해결

커밋하고 나니 '(master|MERGING)' 상태가 다시 '(master)'로 돌아왔습니다. 지금까지의 과정이 충돌을 해결하는 가장 일반적인 방법입니다.

3.11 git log: 기록 보기

다음은 지금까지 Git 작업 흐름을 이해했다면 꼭 필요하다고 생각해서 다루는 명령입니다. 지금까지 다양한 작업을 해왔습니다. 그런데 앞으로 이러한 작업을 계속하다 보면 언제 어떤 작업 후에 커밋했는지가 헷갈리기 시작할 겁니다. 혹은 여러 사람이 저장소에 접근해서 커밋한다면 더 그럴 수 있죠. 따라서 커밋 내역을 확인할 수 있는 기능이 필요합니다.

바로 git log라는 명령입니다. 주로 사용하는 옵션은 다음과 같습니다.

표 3-5 git log 명령의 옵션

옵션	설명
git log -p	각 커밋에 적용된 실제 변경 내용을 보여줍니다.
git log --word-diff	diff 명령의 실행 결과를 단어 단위로 보여줍니다.
git log --stat	각 커밋에서 수정된 파일의 통계 정보를 보여줍니다.
git log --name-only	커밋 정보 중에서 수정된 파일의 목록만 보여줍니다.
git log --relative-date	정확한 시간을 보여주는 것이 아니라 1일 전, 1주 전처럼 상대적인 시간을 비교하는 형식으로 보여줍니다.
git log --graph	브랜치 분기와 병합 내역을 아스키 그래프로 보여줍니다.

실제로 자주 유용하게 사용하는 옵션 중 하나는 --graph입니다. git log --graph 명령을 실행하면 그림 3-44와 같은 결과를 확인할 수 있습니다.

그림 3-44 git log --graph 명령 실행

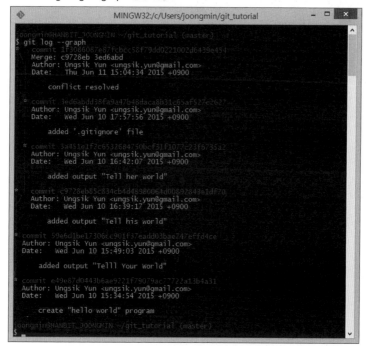

기본적으로 40글자의 SHA-1 체크섬 값, 커밋한 사용자, 커밋 시각, 커밋 메시지 등의 커밋 내역을 확인할 수 있습니다. 그런데 맨 왼쪽을 살펴보면 녹색과 빨간색 세로 점선이 나누어진 것을 볼 수 있습니다. 이는 브랜치의 분기 내역을 보여주는 것입니다.

git log --stat 명령을 실행하면 다음과 같은 결과를 볼 수 있습니다.

그림 3-45 git log --stat 실행

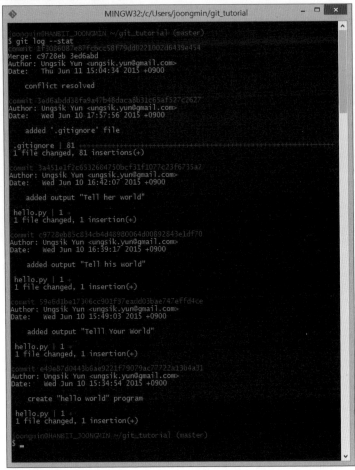

지금까지 로컬 저장소를 통한 기본적인 Git의 기능을 이용해 보았습니다. 명령어와 저장소, 브랜치 개념만 정확하게 파악한다면 사실 어려운 작업이 아닙니다. 또한 -a 옵션 등을 통해서 여러 개 파일도 손쉽게 커밋하고 병합할 수 있습니다.

또한 충돌 해결 과정도 살펴봤습니다. 이러한 과정을 숙지했다면 앞으로 다양한 방법으로 응용해서 사용해보고 명확하게 이해하면 좋겠습니다.

CHAPTER 04

원격 저장소와 GitHub

지금까지 소개했던 Git의 기능을 잘 숙지했다면 혼자 Git을 사용하는 데는 아무런 문제가 없는 수준이 될 것입니다. 하지만 Git은 혼자만 사용하려고 배우는 게 아닙니다. 물론 개인 프로젝트에도 Git과 같은 버전 관리 시스템을 활용하는 의미가 있지만, Git은 무엇보다도 다른 사람들과 협업을 하기 위한 도구로서의 의미가 더 큽니다.

앞에서 배운 Git과 관련한 여러 가지 기능이 있었지만 협업 도구로서 Git의 가장 큰 유용함은 원격 저장소Remote Repository입니다. 이번 장부터는 원격 저장소를 기반에 둔 Git의 활용 방안을 알아볼 겁니다. 그리고 첫 단추로 대표적인 Git 기반의 원격 저장소인 GitHub가 무엇인지를 살펴보겠습니다.[1]

4.1 원격 저장소와 GitHub

앞에서 GitHub란 것이 있다는 식으로 잠깐 언급하고 지나갔지만 무엇보다도 협업할 때 중요한 개념이 Git의 원격 저장소 부분입니다. 물론 로컬 환경에서만 Git을 사용해 개인 프로젝트를 관리하는 것도 Git의 훌륭한 사용 방법 중 한 가지입니다. 하지만 Git이 무엇보다 좋은 이유는 원격 저장소 때문입니다. Git의 핵심이라고 이야기해도 될 겁니다.

---

[1] https://guides.github.com/에서 GitHub가 제공하는 가이드를 살펴볼 수 있습니다. 각 가이드는 짧은 편이니 한번 살펴볼 것을 추천합니다.

이러한 Git 원격 저장소를 제공하는 대표적인 서비스가 GitHub입니다. GitHub는 단순히 원격 저장소만을 제공하는 것이 아니라, 여러 가지 프로젝트 진행을 원활하게 하는 도구를 함께 제공합니다. 따라서 Git을 이용한 프로젝트 종합 관리 서비스에 더 가깝다고 생각하면 알맞을 겁니다.

또한 GitHub는 다음과 같은 이점도 있습니다.

- 전 세계에서 진행되는 오픈 소스 프로젝트가 많이 모여 있어 이에 참여하고 오픈 소스에 기여할 수 있는 기회가 있습니다.
- 개발자는 GitHub를 이용해 자신이 작성했던 코드 그 자체를 곧바로 제공할 수 있습니다.
- IT 개발과 관련이 많은 디자이너도 여태껏 그려왔던 작품을 포트폴리오로 준비해 이를 공개할 수 있습니다.
- 기획자 역시 자신이 준비했었던 기획 문서를 공개할 수 있습니다.

그림 4-1 GitHub의 이점

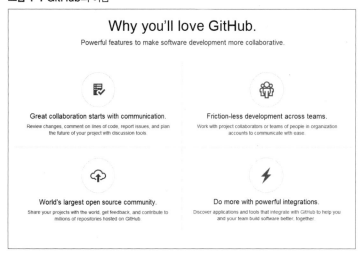

지금 이 순간에도 수많은 오픈 소스 프로젝트들이 GitHub에서 생겨나고, 진행되고 있으며 앞으로도 그럴 것입니다. 오픈 소스가 존재하는 이상 GitHub 역시 계속해서 존재할 것이라고 봐도 무방할 정도입니다(물론 더 좋은 다른 버전 관리 시스템이 나오면 이야기가 달라질 수는 있겠지만요).

또한 해외 IT 관련 회사들은 직원을 채용할 때 다른 무엇보다 GitHub 활동 내역과 GitHub에서 기여한 코드나 포트폴리오를 중요하게 생각하고 살펴봅니다. 지원한 사람의 실력을 직접 가늠할 수 있는 중요한 열쇠가 되기 때문입니다.

그리고 개발자 또는 개발자와 같이 협업하는 사람으로서 자신의 실력을 키우고 싶다면 GitHub를 활용하는 것이 좋습니다. 흔히 글을 잘 쓰고 싶다면 다독, 다작, 다상량을 하라고 합니다. 즉 많이 읽고, 많이 쓰고, 많이 생각하기라는 딱 세 가지만 하면 된다는 것이죠. 그야말로 왕도를 걷는 방법입니다.

개발에서도 마찬가지로 더 좋은 코드를 작성하고 싶다면 다른 사람의 코드를 읽어보고, 코드를 많이 작성해보고, 내 코드와 다른 사람의 코드로 말미암아 많은 생각을 해보는 것 세 가지만 잘하면 됩니다. 그 세 가지를 할 수 기회를 펼칠 곳이 바로 GitHub입니다. 이와 같이 GitHub는 많은 장점이 있는 훌륭한 공간입니다.

이제 GitHub에서 활동하는 데 필요한 여러 가지를 같이 해볼 겁니다. Github에 가입하고, GitHub에 있는 프로젝트에 참가해본다던가, GitHub에 프로젝트를 개설해볼 것입니다. 또는 GitHub에 개설한 프로젝트와 로컬의 Git 저장소 사이를 연동해서 할 수 있는 것들을 알아보고, 문제가 생겼을 때 해결하는 방법까지 알아볼 것입니다. 차근차근 따라해보면 금방 할 수 있을 겁니다.

4.2 GitHub에서 할 수 있는 것

그렇다면 사람들이 모여서 무엇을 같이 할까요. GitHub 메인 상단의 'Explore'를 클릭해봅시다. 그럼 다음과 같은 수많은 대분류를 볼 수 있습니다.

그림 4-2 GitHub Showcase

이 분류들도 GitHub에서 크게 나눠 놓은 것일 뿐이니, 실제로 사람들이 협업하는 분야는 더 많다고 볼 수 있겠습니다. 단순히 프로그래밍에 관련된 것뿐만 아니라 글쓰기 그 자체에 대한 묶음도 있고, 디자인이나 음악에 관련된 프로젝트도 있습니다. 그리고 STL 파일들의 3D 모델링 미리 보기도 지원하기에, 모델링을 공유하며 협업할 수도 있습니다.

위에서 볼 수 있는 것처럼 GitHub는 개발자들만의 공간이 아니라, 다양한 분야의 사람들이 모여서 협업할 수 있는 공간의 대명사라고 볼 수 있습니다. 말로만 협업의 공간이라고 하는 것이 아닙니다.

대표적이고 단번에 알 수 있을 만한 예를 하나 들어 보겠습니다. 미국 백악관에서 운영하는 'The WhiteHouse(https://github.com/WhiteHouse)'입니다.

그림 4-3 GitHub 백악관

우리가 알고 있는 그 White House, 그러니까 백악관이 맞습니다. 미국 정부는 이처럼 백악관 계정을 만들어서 사람들과 소통하는 창구로 이용하고 있습니다.

최근에는 이처럼 한 해의 예산안을 가공하기 쉬운 형태로 공개해서, 다른 사람들이 이용하기 쉽게 저장소(https://github.com/WhiteHouse/2016-budget-data)를 만들기도 했습니다.

그림 4-4 GitHub 백악관 2016년 예산안 저장소

이처럼 GitHub는 개발뿐만이 아니라 일반적인 여러 활동에도 사용할 수 있는 협업 플랫폼이라고 볼 수 있습니다. 즉, '협업'이 GitHub를 관통하는 키워드입니다. 이런 GitHub를 개인 프로젝트에만 사용하는 것은 GitHub의 가능성을 절반도 사용하지 않는 것으로 볼 수 있습니다.

예를 들어 프로젝트에 참여할 방법과 장소를 공개적으로 제공하는 GitHub에서 마음에 드는 오픈 소스 프로젝트를 하나 골라봅시다. 그리고 프로젝트 코드에 대한 기술적인 기여가 아니더라도 주석의 오타 수정이나, 코드와 주석이 서로 맞도록 고치거나, 표현을 교정해보세요. 이러한 것도 충분히 GitHub를 GitHub답게 사용하는 것입니다.

4.3 GitHub 가입하기

그럼 본격적으로 GitHub에 대해서 알아보겠습니다. 시작은 GitHub에 가입하는 것입니다.

GitHub의 주소는 https://github.com입니다. 접속하면 다음과 같은 웹 페이지를 볼 수 있습니다.

그림 4-5 GitHub 메인 화면

오른쪽에 ⟨Sign up for GitHub⟩라는 커다란 녹색 버튼이 보이시죠? GitHub에 가입할 때는 최근 추세에 맞게 가입에 필요한 사용자 아이디(Username), 이메일(Email), 비밀번호(Password) 딱 세 가지 정보만 요구합니다. 세 가지 정보를 입력한 후 녹색 버튼을 누르면 가입이 끝납니다.

가입한 후에는 그림 4-6처럼 GitHub의 계정 유형(플랜)을 선택하는 화면이 나타납니다.

그림 4-6 계정 유형 선택

지불하는 비용에 따라서 비공개 저장소를 얼마나 사용할 수 있는지가 정해집니다. 무료로 이용한다면 GitHub에서 생성하는 모든 저장소는 공개 저장소가 됩니다.

이 책을 위해 비용을 지불할 필요는 없습니다. 맨 아래 기본으로 선택된 'Free' 항목으로 그대로 두고, ⟨Finish sign up⟩를 클릭해 다음 단계를 진행해 보겠습니다.

> **NOTE_** 참고로 녹색 버튼 위에 있는 'Help me set up an organization next' 체크 박스는 많은 사람이 협업할 때 팀을 만들어서 활동하도록 설정하겠다는 의미입니다. 당장은 필요가 없으니 체크 표시를 꺼서 설정하지 않겠습니다.

'Email' 항목이 등장합니다. 일단은 이 페이지를 그대로 둡니다. 그리고 회원 가입할 때 입력했던 이메일을 확인합니다.

그림 4-7 Email 확인 페이지

가입한 계정이 맞는지 확인하는 메일이 발송되어 있을 겁니다. 메일 안에 첨부된 링크는 GitHub에 가입했다는 것을 인증하는 하이퍼링크입니다. 클릭해서 가입한 계정을 인증합니다.

그림 4-8 가입 계정 확인 메일

NOTE_ 이메일 주소를 인증하지 않아도 GitHub를 사용하는데 문제는 없습니다. 하지만 GitHub에서 권장하는 대로 인증하는 것이 좋습니다. 계정 관련 알림이나, 결제 영수증 등을 메일로 보내기 때문입니다. 또한 GitHub 웹 페이지 상에서 실행하는 Git 명령들도 입력한 메일을 이용하게 됩니다. 그리고 무엇보다도 이메일 인증을 하지 않으면 비밀번호 복구를 할 수가 없게 됩니다.

가입한 계정을 인증하는 웹 브라우저 화면이 실행됩니다. 자신이 가입할 때 입력한 이메일 주소가 맞는지를 확인하고 〈Confirm〉을 클릭합니다.

그림 4-9 가입 계정 인증

다음과 같은 GitHub 대시보드가 나타납니다! 이제 GitHub를 활용할 기본 준비는 끝난 것입니다.

그림 4-10 GitHub 대시보드

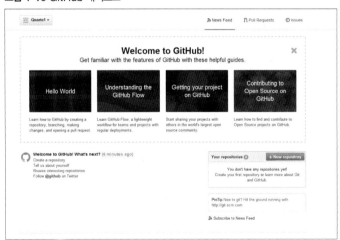

4.4 원격 저장소 생성

원격 저장소Remote Repository는 단어 의미 그대로 외부에서 접속해 사용하는 저장소를 뜻합니다. 조금 더 구체적으로 설명하면 로컬에서 작업한 Git 프로젝트 저장소가 외부에 있는 것입니다.

GitHub는 개인 사용자들에게 이러한 원격 저장소를 제공한 후 여러 가지 기능을 사용할 수 있게 합니다. 다음과 같은 기능이 있습니다.

- **포크**Fork : 다른 사람의 저장소를 복사하는 기능
- **풀 리퀘스트**Pull Request : 포크한 저장소를 수정해 다시 원본 저장소에 병합해달라는 요청을 보내 사용자 사이의 상호 작용을 일으키게 하는 기능
- **이슈**Issues : 저장소 안에서 사용자들 사이의 문제를 논의하는 기능
- **위키**Wiki : 저장소와 관련된 체계적인 기록을 남기는 기능

그리고 개인 사용자들은 서로의 원격 저장소를 읽거나 쓸 수 있습니다. GitHub에서 오픈 소스 프로젝트가 활발하게 이뤄지는 이유는 바로 이 원격 저장소의 활용과 공유가 편리하기 때문입니다.

그럼 이러한 원격 저장소를 생성해보겠습니다.

왼쪽 위에 위치한 로고 아이콘(☺)을 클릭하면 가입 직후 보았던 대시보드가 열립니다. 이제 막 가입한 직후라면 왼쪽 아래 'Welcome to GitHub! What's next?'의 리스트에 있는 'Create a repository'를 클릭하거나 오른쪽 아래에 있는 〈New repository〉를 클릭해 새 원격 저장소를 생성할 수 있습니다. 사실 둘 중에 어떤 걸 눌러도 똑같습니다.

그림 4-12 새로운 원격 저장소 생성 1

원격 저장소 생성 화면입니다. 원격 저장소 생성에 필요한 최소한의 입력 항목만을 두고 있습니다. 다음 항목을 참고해 빈칸을 채우면 됩니다.

그림 4-13 저장소 생성 화면

- **Owner**: 사용자 아이디가 표시됩니다. 협업 환경에서는 다른 사용자의 아이디를 지정할 수도 있습니다.
- **Repository name**: 새로 생성할 원격 저장소의 이름을 입력합니다. 가능하면 로컬 환경에서 작업할 Git 프로젝트 디렉터리 이름과 같게 하는 게 좋습니다. 같지 않아도 상관은 없지만 사람이 실수할 가능성이 너무나 커지므로 같은 이름을 사용해주세요.
- **Description**: 꼭 작성할 필요는 없는 항목이지만 생성한 원격 저장소가 어떤 역할을 하는지를 간단하게 적어두면 원격 저장소가 많아졌을 때 구분하는 데 도움이 됩니다.
- **Public/Private**: 원격 저장소의 공개 여부를 선택하는 옵션입니다. 무료 사용자는 Public만 선택할 수 있습니다. Private을 선택하면 바로 계정 유형을 유료로 바꾸기 위한 결제창이 나타납니다.
- **Initialize this repository with a README**: 기본적으로는 체크 표시를 해줍니다. 체크해주면 GitHub에서 생성한 원격 저장소를 바로 로컬 저장소에 복사해서 가져올 수 있습니다. 또한 '저장소 이름'과 'Description' 항목의 내용을 담은 README.md 파일을 생성합니다.
- **Add .gitgnore**: 원격 저장소에 포함하지 않을 파일들의 목록을 만들 때 사용합니다. 지금 당장은 사용할 필요가 없으니 'none' 설정 그대로 둡니다.
- **Add a license**: 원격 저장소에 저장할 프로젝트가 어떤 라이선스에 속할지를 선택합니다. 역시 지금 당장은 사용할 필요가 없으니 'none' 설정 그대로 둡니다.

> **NOTE_** Initialize this repository with a README의 기능은 지금 당장은 사용하지 않지만, 추후에 실습할 때 사용할 것이므로 체크 표시를 해두는 것입니다.

그림 4-14를 참고해 직접 입력해도 좋습니다.

그림 4-14 저장소 생성 항목 입력 예

마지막으로 〈Create repository〉를 클릭하면 원격 저장소가 생성됩니다. 생성되면 그림 4-15와 같은 웹 페이지가 나타납니다.

그림 4-15 새로 생성된 저장소

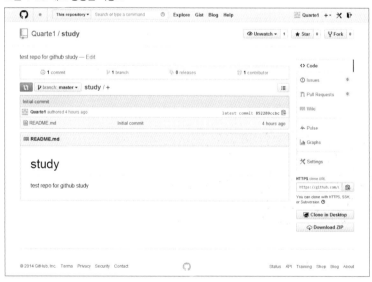

4.5 포크

GitHub는 4.3절처럼 원격 저장소를 직접 생성하는 방법도 있지만 원격 저장소를 만드는 방법을 하나 더 제공합니다. 다른 사람의 원격 저장소를 내 계정으로 복사하는 방법이죠. GitHub에서 이렇게 원격 저장소 생성하는 걸 '포크Fork'한다고 말합니다. 아마 개발자라면 포크라는 단어를 한 번쯤 접해보셨을 겁니다. 현재 프로세스를 나눠서 새로운 프로세스를 만드는 걸 포크라고 하니까요.

만약 포크하지 않는다면 내 것이 아닌 저장소, 즉 쓰기 권한이 없는 원격 저장소를 사용하는 것이므로 자유롭게 파일을 생성하거나 수정하여 원격 저장소에 반영하는 게 불가능해집니다. 따라서 다른 사람의 계정에서 내 계정으로 원격 저장소를 복사하는 것이죠. 그걸 GitHub에서 포크라고 부른다고 생각하면 편합니다.

그럼 저장소를 만드는 다른 방법인 포크를 지금부터 해보겠습니다.

일단 어느 정도 유명한 오픈 소스 프로젝트인 jQuery를 선택해보겠습니다. 왼쪽 위에 위치한 로고 아이콘(⌗)을 클릭한 후, 검색 바에 'jQuery'를 입력한 후 검색하면 맨 위에 jquery/jquery라는 이름의 저장소를 찾을 수 있습니다. 클릭합니다.

그림 4-16 jQuery 원격 저장소 검색

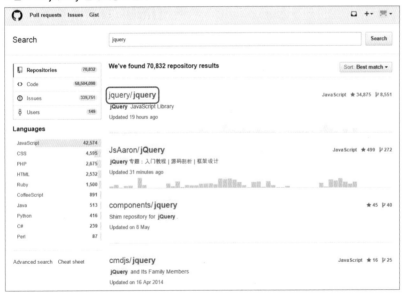

jQuery의 내용을 볼 수 있습니다. 오른쪽 위의 'Fork'라는 항목이 보이시나요? 그 옆의 숫자는 얼마나 많은 사람이 이 원격 저장소를 포크했는지 알려주는 숫자입니다.

우리가 할 건 포크니까 오른쪽 위 〈Fork〉를 클릭합니다.

그림 4-17 jQuery 저장소 내역

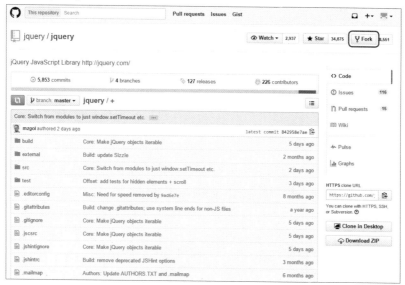

GitHub의 센스가 보이는 화면이 등장합니다. 정말로 포크를 꽂아넣은 그림을 보여줄 줄은 생각도 못 했을 겁니다. 저장소의 크기에 따라 포크에 걸리는 시간에는 조금 차이가 있지만 그렇게 오래 걸리진 않습니다.

잠시 기다리면 포크가 완료됩니다.

그림 4-18 저장소 포크

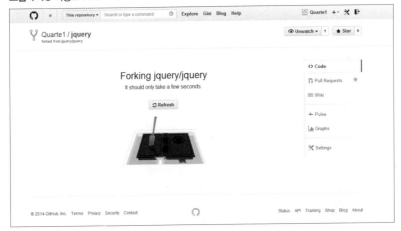

이제 '사용자아이디/jQuery'의 형태로 JQuery의 복사본 저장소를 계정에 가져왔습니다. 저장소 경로에서 알 수 있겠지만, 이제 완전히 읽고 쓸 수 있는 jQuery 저장소를 복사해 가져온 것입니다.

그림 4-19 포크 완료

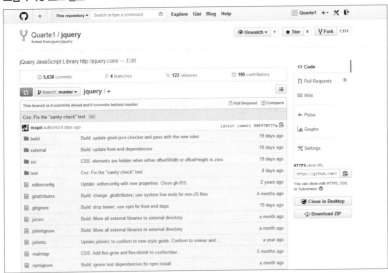

지금 가져온 jQuery 저장소의 원본 저장소는 아무나 사용할 수 없는 원격 저장소입니다. 즉, 아무 나 원래 jQuery 저장소의 파일을 수정할 수 없다는 이야기지요. 하지만 이렇게 포크해서 내 계정 에 저장소를 복사해오면 마음대로 이것저것 시도해볼 수 있습니다.

4.6 GitHub 원격 저장소의 구조

4.4절 혹은 4.5절을 통해서 어떤 원격 저장소를 생성했다면 이제 저장소의 구조를 확인해볼 차례입니다. 원격 저장소 메인 화면을 보면 다양한 정보를 확인할 수 있습니다. 아까 직접 만든 'study' 저장소보다는 무언가 볼 게 있는 편이 설명하기 좋으므로 'jQuery' 저장소를 중심으로 위에서부터 차례로 살펴보겠습니다.

왼쪽 위에는 원격 저장소의 이름이 있습니다. 그런데 포크한 jquery 저장소와 아까 만든 study 저장소의 이름이 조금 다를 겁니다. 어떻게 다른지 그림 4-20을 보면 더욱 확실합니다.

그림 4-20 포크한 저장소와 사용자가 직접 만든 저장소의 차이

무엇이 다른지 한눈에 알 수 있을 겁니다. 일단 제일 눈에 띄는 건 왼쪽에 있는 아이콘입니다. 포크한 저장소는 마치 포크와 같은 모습으로 갈라진 모습을 표현한 아이콘을 보여주며, 직접 만든 저장소는 책 모양의 아이콘으로 표시합니다. 또한 포크한 저장소는 원본 저장소가 어디인지 출처를 보여줍니다.

다음은 오른쪽 위의 메뉴를 살펴보겠습니다.

그림 4-21 Watch, Star, Fork

각 기능은 다음과 같습니다.

- **Watch** : 해당 버튼을 클릭하면 원격 저장소의 활동 내역을 사용자에게 알려줍니다. 댓글이나 이슈 등에서 언급될 때만 알려주는 Not Watching, 모든 활동 내역을 알려주는 Watching, 모든 알림을 무시하는 Ignoring을 선택할 수 있습니다. 오른쪽 숫자는 현재 활동 내역을 보고 있는 사람의 수입니다.
- **Star** : 해당 원격 저장소에 관심이 있을 때 클릭하면 됩니다. 오른쪽 숫자는 관심이 있는 사람의 수를 나타냅니다.
- **Fork** : 해당 버튼을 클릭하면 원격 저장소를 포크합니다. 오른쪽은 포크한 사람의 수를 나타냅니다.

이번에는 파일 목록 위에 있는 정보 창을 살펴보도록 하죠.

그림 4-22 저장소 정보

jQuery JavaScript Library http://jquery.com/ — Edit

⊕ **5,638** commits	⑂ **4** branches	⬧ **122** releases	⊚ **196** contributors

각 기능은 다음과 같습니다.

- **Description**: 원격 저장소를 설명하는 메시지가 나타납니다.
- **Commits**: 원격 저장소의 총 커밋 수를 나타냅니다.
- **Branches**: 원격 저장소의 브랜치 수를 나타냅니다.
- **releases**: 원격 저장소의 태그^{tag} 수를 나타냅니다. 주로 특정 버전에 표식을 주고 싶을 때 사용합니다. 이 표식을 통해서 특정 버전을 다운로드할 수도 있습니다.
- **Contributor**: 원격 저장소에 커밋 혹은 풀 리퀘스트가 받아들여진 사용자 수입니다. 이 저장소가 오픈 소스라면 이 오픈 소스에 공헌한 사람의 수라고 생각해도 됩니다. 유명하고 많은 사람이 참여하는 프로젝트일수록 이 숫자가 클 것입니다.

브랜치를 다루기 위한 메뉴는 그림 4-23과 같습니다. 각 기능에 관한 설명은 다음과 같습니다.

그림 4-23 브랜치 관련 메뉴

- **Compare, review, create a pull request**: 왼쪽 위에 새로고침과 비슷하게 생긴 버튼입니다. 브랜치 사이의 차이를 비교하거나 리뷰할 때 사용합니다. 원하는 브랜치를 선택해서 리뷰할 수 있습니다.
- **Current branch**: Compare, review, create a pull request 옆에 있으며, 원하는 브랜치를 선택하는 기능입니다.
- **path**: Current branch 옆 'Study'라고 적혀 있는 부분입니다. 현재 열려 있는 저장소 화면의 경로입니다. 맨 왼쪽이 최상위 경로입니다. 이 기준으로 경로 이름을 선택하면 해당 경로로 바로 이동할 수 있습니다.
- **Fork this project and create a new file**: '+' 기호로 표시된 링크입니다. 현재 경로에 새로운 파일을 추가할 수 있습니다. 단, GitHub의 특성상 해당 원격 저장소의 관리자가 아니라면 추가하려는 사용자의 원격 저장소로 포크한 후 파일을 추가합니다.

특히 Current branch에서 브랜치를 선택하면 해당 브랜치로 체크아웃해서 GitHub에서 볼 수 있습니다. 아래를 보면 저장소에 어떤 파일들이 있는지를 볼 수 있습니다. 파일 오른쪽에 무언가 적혀있죠? 그게 해당 파일이 수정 · 생성되었을 때 같이 제출한 커밋 메시지입니다. 맨 오른쪽을 보면 언제 커밋되었는지도 알 수 있습니다.

그림 4-24 저장소 파일 목록

📁 build	Build: update grunt-jscs-checker and pass with the new rules	28 days ago
📁 external	Build: update front-end dependencies	28 days ago
📁 src	CSS: elements are hidden when either offsetWidth or offsetHeight is zero	28 days ago
📁 test	Css: Fix the "sanity check" test	17 days ago
📄 .editorconfig	Update .editorconfig with new properties. Close gh-915.	2 years ago
📄 .gitattributes	Build: change .gitattributes; use system line ends for non-JS files	4 months ago
📄 .gitignore	Build: drop bower; use npm for front-end deps	28 days ago
📄 .jscsrc	Build: Move all external libraries to external directory	2 months ago
📄 .jshintignore	Build: Move all external libraries to external directory	2 months ago
📄 .jshintrc	Update jshintrc to conform to new style guide. Conform to onevar and ...	a year ago
📄 .mailmap	CSS: Add flex-grow and flex-shrink to cssNumber	5 months ago
📄 .npmignore	Build: ignore test dependencies for npm install	2 months ago
📄 .travis.yml	Use grunt and bower packages as local dependencies. Close gh-1433.	9 months ago
📄 AUTHORS.txt	Build: update AUTHORS.txt	3 months ago

저장소 오른쪽을 봅시다. 다음과 같은 메뉴들이 보입니다. 이 메뉴는 저장소 설정마다 다르기에, 직접 만든 study 저장소를 중심으로 확인해보겠습니다.

지금은 'Code'가 선택되어있습니다. 다른 메뉴를 클릭하면 해당 기능을 실행하는 웹 페이지로 이동하게 됩니다. 간단히 설명하자면 다음과 같습니다.

그림 4-25 저장소 오른쪽의 메뉴

- **Code**: 해당 원격 저장소의 루트 디렉터리로 이동합니다. 어떤 경로에 있더라도 루트 디렉터리로 이동합니다.

- **Issues**: 해당 원격 저장소의 주요 이슈 사항을 기재한 후 관리합니다. 게시판 형태이며 댓글 형태로 토론이 이뤄지기도 합니다. 이슈로는 무엇이든 다룰 수 있지만 보통은 문제점이나 개선점을 얘기한다고 생각하시면 됩니다.

- **Pull Requests**: 풀 리퀘스트 전체 목록을 모아서 보여줍니다. Issues와 마찬가지로 목록마다 댓글 형태로 토론할 수 있기도 합니다. 보통 왼쪽에 있는 숫자는 현재 요청이 온 풀 리퀘스트를 받아들일 것인지에 대한 논의가 몇 개인지 알려주는 것입니다.

- **Wiki**: 공유할 정보나 개발 문서, 참고 자료 등을 작성하기 위한 기능입니다. 위키백과를 떠올리면 이해하기 쉬울 것입니다. 마크 다운과 위키위키 문법을 사용합니다.

- **Pulse**: 해당 원격 저장소의 최근 변경 내역을 확인할 수 있습니다. 최대 한 달까지의 변경 내역을 확인할 수 있으며 풀 리퀘스트 몇 개중에 몇 개가 받아들여졌나, 이슈는 몇 개가 있고 몇 개가 해결되었나, 해당 풀 리퀘스트와 이슈에 관련된 활동을 볼 수 있습니다.

- **Graphs**: 공헌자의 공헌 내역, 커밋 수 등 해당 저장소의 활동 내역을 그래프화해서 보여줍니다.

- **Setting**: 해당 원격 저장소의 관리자라면 저장소의 각종 설정을 변경할 수 있습니다.
- **HTTPS clone URL**: 원격 저장소를 클론할 때 사용하는 주소 정보를 알려줍니다. 아래에 있는 문장의 링크를 클릭해서 HTTPS 이외에 SSH, 서브버전에 맞는 주소로 변경할 수도 있습니다.
- **Clone Desktop**: GitHub 전용 클라이언트 프로그램을 사용해 클론할 때 클릭하면 됩니다. 전용 클라이언트가 설치되어 있지 않다면 클라이언트 프로그램 다운로드 웹 페이지로 이동합니다.
- **Download ZIP**: 원격 저장소의 전체 파일을 압축 파일 형태로 다운로드할 수 있습니다. 만약 어떤 프레임워크의 전체 파일을 담은 저장소라면 다운로드해서 다양한 곳에 응용해 사용할 수 있습니다.

4.7 GitHub 원격 저장소의 특징

GitHub는 기본적으로 각 사용자가 원격 저장소를 만들고 해당 원격 저장소를 다른 사용자와 공유하는 개념입니다. 따라서 원격 저장소의 관리는 사용자 관리와 밀접한 관련이 있습니다.

이러한 관리를 세분화하기 위해 GitHub는 공개[public] 원격 저장소와 비공개[private] 원격 저장소로 나눕니다.

공개 원격 저장소와 비공개 원격 저장소의 기본 개념과 차이점은 표 4-1과 같습니다.

표 4-1 비공개 원격 저장소와 공개 원격 저장소 특징

원격 저장소	특징
공개 원격 저장소	저장소 관리자, 협업자[Collaborators] 이외에는 쓰기 권한이 없다.
	GitHub 사용자라면 누구나 읽기 권한과 포크 권한이 있다.
	GitHub 사용자 누구에게든 소유권을 이전할 수 있다.
비공개 원격 저장소	관리자가 지정한 협업자만 접근해서 다룰 수 있다.
	지정한 협업자에게만 포크 기능이 열려있다.
	유료 사용자에게만 소유권을 이전할 수 있다.

이러한 개념 아래 GitHub 원격 저장소 사용자의 특징을 간략하게 정리하면 표 4-2와 같습니다.

표 4-2 원격 저장소의 사용자별 권한

사용자 유형	특징
저장소 관리자	원격 저장소 읽기 및 쓰기 가능. 협업자 초대와 소유권 이전 가능
협업자	원격 저장소 읽기 및 쓰기 가능
일반 사용자	원격 저장소 읽기만 가능. 쓰기 권한이 없으므로 포크를 하여 작업해야 함.

참고로 포크하지 않고 다른 사람의 원격 저장소를 클론한 일반 사용자는 저장소 관리자가 협업자로 지정하거나 소유권을 이전하지 않는 한 원격 저장소에 관한 권한이 없습니다. 또한 소유권을 이전하게 되면 소유권을 이전한 원래 원격 저장소 관리자는 공헌자[Contribution]가 됩니다.

GitHub는 자유 방임주의를 표방하는 서비스가 아닙니다. 열려있지만 다른 사람의 저장소를 훼손하라는 것은 아니지요. 5장에서 원격 저장소를 본격적으로 다뤄보고 이 책의 12장에서 원격 저장소의 관리와 협업에 관해 살펴보면 왜 이런 관리 정책을 가져가는지는 이해할 수 있을 것입니다. 지금은 이 정도만 알아두면 됩니다.

지금까지 원격 저장소에 관한 기본 개념을 살펴보았습니다. 그리고 Git 기반의 대표적인 원격 저장소인 GitHub에 관해서도 살펴보았습니다. 원격 저장소는 협업의 기본이 되는 저장소라고 봐도 무방합니다. 4장 이후부터는 이 원격 저장소를 중심으로 Git과 GitHub의 사용 방법을 알아볼 예정이니, 이 장에서 배운 원격 저장소의 개념과 생성 방법, 포크 등을 꼭 기억해두기 바랍니다.

GitHub는 앞에서도 설명했듯이 현재 서비스 중인 거의 모든 Git 원격 저장소의 모범이 되고 있다고 말해도 무리가 없습니다. 그런 이유로 많은 기업에서 최근에는 자체 Git 서버를 구축하는 것보다 GitHub 서비스를 이용하려는 움직임이 있을 정도입니다. 앞으로 개발자로서 일한다면 스택오버플로[Stack Overflow] 서비스(www.stackoverflow.com/)와 함께 자주 찾게 되는 사이트가 될 것이니 이번 장을 통해서 꼭 GitHub에 가입하기를 추천합니다.

CHAPTER 05

원격 저장소와 Git

분산 버전 관리 시스템은 다른 사람과의 협업을 염두에 둔 것입니다. 결국 원격 저장소와 로컬 저장소 사이를 얼마나 효율적으로 관리하느냐가 관건입니다. 관리를 위해 Git에서는 원격 저장소와 소통하기 위한 기능을 제공하고 있습니다. 간략히 설명하면 원격 저장소의 내용을 로컬 저장소로 가져오거나, 로컬 저장소를 원격 저장소와 연결하고 보내거나, 수정된 내역을 확인하고 병합하는 등의 과정을 살펴보게 됩니다.

우선 대표적인 명령어를 살펴보겠습니다. Git은 표 5-1과 같은 명령어를 지원합니다.

표 5-1 5장에서 배울 Git 명령어

명령어	기능
git clone	원격 저장소의 모든 내용을 로컬 저장소로 복사합니다.
git remote	로컬 저장소를 특정 원격 저장소와 연결합니다.
git push	로컬 저장소의 내용을 보내거나 로컬 저장소의 변경 사항을 원격 저장소로 보냅니다.
git fetch	로컬 저장소와 원격 저장소의 변경 사항이 다를 때 이를 비교 대조하고 git merge 명령어와 함께 최신 데이터를 반영하거나 충돌 문제 등을 해결합니다.
git pull	git remote 명령을 통해 서로 연결된 원격 저장소의 최신 내용을 로컬 저장소로 가져오면서 병합합니다. git push와 반대 성격의 명령어입니다.

5장을 살펴본 후라면 이제 Git의 개념을 웬만큼 이해했다고 해도 과언은 아닙니다. 또한 GitHub를 본격적으로 사용하기 전에 필요한 기본 지식도 습득할 수 있습니다. 중요한 장이니 집중에서 살펴보기를 당부합니다.

5.1 git clone: 원격 저장소의 내용을 로컬 저장소로 가져오기

4장에서 GitHub에서 원격 저장소를 만들거나 다른 사람의 원격 저장소를 가져와 보았습니다. 그런데 한 가지 의문이 들 것입니다.

내가 만든 원격 저장소나 다른 사람이 만든 원격 저장소에 있는 프로젝트를 어떻게 내 컴퓨터에 가져오지?

저장소를 생성하고 프로젝트를 담아두는 것은 좋지만 앞서 4장에서 살펴본 웹 환경에서 프로그래밍할 수 있는 프로젝트는 많지 않습니다. 내 컴퓨터에서 프로젝트를 가져와서 작업할 수 없다면 아무런 소용이 없죠. 따라서 GitHub의 원격 저장소와 내 컴퓨터를 연결해 데이터를 복사하는 작업이 필요합니다.

이를 Git에서는 클론Clone이라고 말합니다. GitHub 안에서 원격 저장소를 복사하는 작업을 포크라고 한다면, GitHub에서 로컬 환경으로 복사하는 작업은 클론이라고 말하는 것이죠. 5.1절에서는 커맨드 라인과 IDE에서 이루어지는 클론 작업을 살펴보겠습니다.

시작하기에 앞서 조금 더 구체적으로 클론을 정의하자면 다음과 같습니다.

- 내가 생성한 원격 저장소를 내 컴퓨터와 연결해서 데이터를 복사하는 작업
- 포크한 원격 저장소를 내 컴퓨터와 연결해서 데이터를 복사하는 작업

참고로 다른 사람의 공개 원격 저장소나 비공개 원격 저장소를 포크하지 않은 상태에서 직접 내 컴퓨터와 연결해서 데이터를 복사할 수 있습니다. 이러한 작업도 엄밀한 의미에서는 클론이라고 할 수 있습니다만 4.7절에서 설명한 것처럼 사용하는 데는 제한이 있습니다. 따라서 이 책에서 다루는 원격 저장소의 클론 작업은 자신이 직접 생성한 원격 저장소나 다른 사람의 원격 저장소를 포크한 원격 저장소를 가져오는 것을 기본으로 하겠습니다.

앞에서 설치했던 윈도우용 Git Bash나 우분투 등의 리눅스라면 git clone 명령을 이용해서 클론할 수 있습니다. 이때 네트워크 프로토콜로 SSH나 HTTPS를 이용할 수 있는데, SSH는 작업 과정이 조금 복잡하므로 HTTPS를 이용해보겠습니다.

> **NOTE_** 5.1절의 작업은 3장의 내용과 이어지지는 않지만 원격 저장소와 로컬 저장소와의 연관성을 더 확실하게 이해하는 데 중요한 절입니다. 따라서 부득이하게 맨 앞으로 배치했습니다. 3장에 이어 전체적인 실습 과정이 중요한 분이라면 5.2절부터 실습을 진행한 후 마지막에 5.1절을 진행해도 괜찮습니다.

일단 클론하려는 저장소의 주소를 먼저 알아봅시다. 저장소는 4.4절에서 생성했던 study를 사용해보겠습니다. 저장소 오른쪽에 있는 메뉴 중 'HTTPS clone URL' 항목이 보일 겁니다. 항목 아래에 있는 주소를 복사해둡니다.

그림 5-1 study 저장소 메인 화면

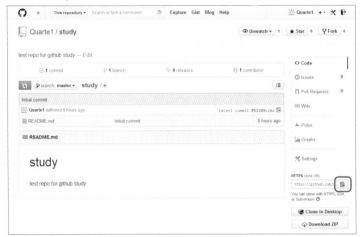

윈도우 사용자라면 Git Bash를 우분투 사용자라면 터미널을 사용해서 프로젝트를 저장할 로컬 디렉터리로 이동합니다. 필자는 다음 명령을 통해 'github_tutorial'이라는 디렉터리를 하나 만든 후 이동했습니다.

```
mkdir github_tutorial
cd github_tutorial
```

그림 5-2 프로젝트를 저장할 로컬 디렉터리로 이동

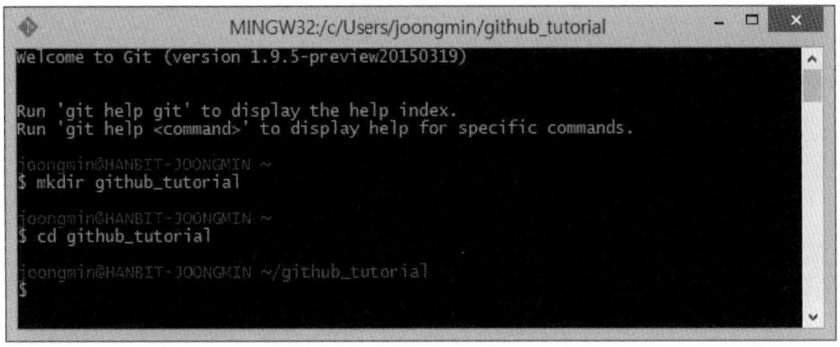

디렉터리로 이동했으면 다음 명령을 실행합니다.

```
git clone https://github.com/사용자이름/study.git
```

그림 5-3 git clone 명령 실행

이제 로컬 디렉터리에 GitHub에 있던 내 저장소가 복사됐습니다. 저장소 이름으로 디렉터리가 생성되는 걸 확인할 수 있죠. 다음 명령으로 해당 디렉터리로 이동한 후 git status 명령을 실행해봅니다.

```
cd study
git status
```

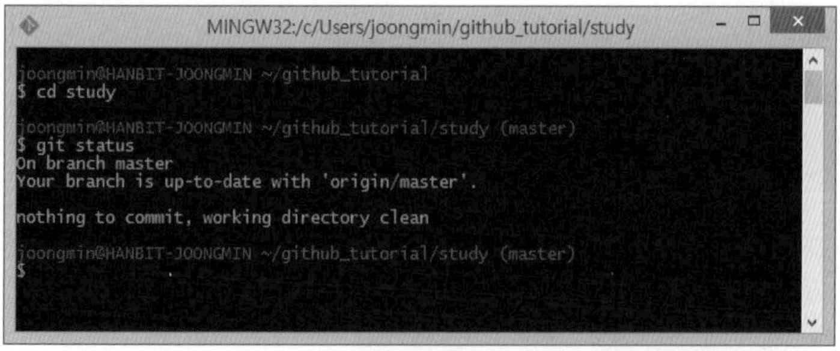

그림 5-4 클론 후 git status 명령 실행

실행 화면을 보면 이 로컬 저장소가 어떤 원격 저장소와 얼마만큼 커밋 차이가 나는지 알려줍니다. 더불어 이 저장소의 원^{origin} 저장소가 어딘지도 얘기해주고 있네요. 이 'origin'은 원격 저장소의 별명입니다. 클론하게 되면 기본적으로 클론한 저장소 이름을 origin으로 짓습니다.

또한 위와 같은 방식으로 포크한 저장소도 옮겨올 수 있습니다.

5.2 git remote: 로컬 저장소와 원격 저장소를 연결하기

4장에서는 원격 저장소를 생성해보았고 5.1절에서는 클론을 통해 생성한 원격 저장소를 로컬 저장소와 연결했습니다. 기본적으로 여러 사람과 협업할 때는 빈 원격 저장소를 만들고 협업을 책임지는 사람이 기본 프로젝트 구조를 만든 후, 이를 관리하고 협업하는 사람 모두가 빈 원격 저장소를 클론해서 본인이 해야 하는 작업을 진행하면 될 것입니다.

그러면 협업을 책임지는 사람이 기존에 이미 작업해놓은 로컬 저장소가 있고 이를 원격 저장소와 연결한다고 생각해보죠. 빈 원격 저장소를 클론하고 기존에 작업하던 파일들을 옮기는 것도 가능하겠지만 번거롭기도 하고 뭔가 이치에도 맞지 않습니다.

그래서 Git에서는 로컬 저장소를 빈 원격 저장소와 연결하는 명령이 있습니다. 바로 git remote 입니다. 이 명령은 원격 저장소와 연결하는 것은 물론 원격 저장소와의 연결 상태를 확인하거나 5.1절에서 다룬 원격 저장소의 긴 주소를 별칭으로 지어 줄여주기까지 합니다. 이번 절에서는 로컬 저장소와 원격 저장소와 연결 작업을 살펴볼 것입니다.

먼저 이 실습은 3.10절에 이어서 진행합니다. 4.4절을 참고해 GitHub 웹 사이트에서 빈 공개 원격 저장소를 만듭니다. 원격 저장소의 이름은 원하는 이름(필자의 경우 'command_hello') 하나를 생성합니다. 주의할 점은 절대 README.md 파일을 생성해서는 안 된다는 것입니다. 이유는 잠시 후 설명하겠습니다.

그림 5-5 빈 원격 저장소 생성

이제 기존의 로컬 저장소와 원격 저장소를 연결하기 위해 `git remote` 명령을 사용할 차례입니다. 먼저 5.1절처럼 GitHub 원격 저장소의 HTTPS clone URL 주소를 복사해둡니다. 그리고 3장의 로컬 저장소(필자의 경우 'git_tutorial')에서 다음 명령을 실행합니다.

```
git remote add 저장소별칭 https://github.com/사용자이름/원격저장소이름.git
```

그림 5-6 로컬 저장소와 원격 저장소 연결

사실 명령을 실행한 후 아무런 반응이 없습니다. 하지만 이렇게 아무런 반응이 없다면 원격 저장소와 성공적으로 연결된 것입니다.

NOTE_ 저장소 별칭은 기본적으로 Git 명령어와 상관없는 어떠한 이름이라도 입력해도 됩니다. 하지만 master 브랜치처럼 가장 원본이 된다는 의미에서 origin이라는 별칭을 사용했습니다. 다른 사용자라면 본인이 원하는 별칭을 사용해도 큰 문제는 없습니다. 하지만 관례로 origin을 사용하니 다른 사람들과 협업할 때는 그 점을 염두에 두고 원격 저장소 이름을 지어주는 것이 좋습니다.

원격 저장소와 연결되었는지 확인하려면 `git remote -v` 명령을 사용해 확인하면 됩니다. 그림 5-7과 같은 메시지가 출력된다면 정상적으로 원격 저장소와 연결된 것입니다.

그림 5-7 원격 저장소와의 연결 확인

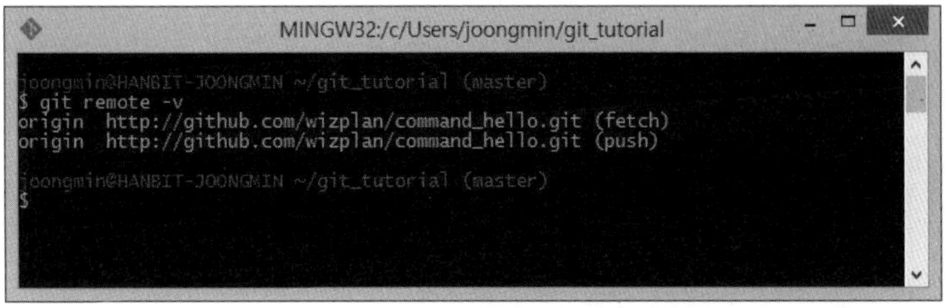
MINGW32:/c/Users/joongmin/git_tutorial
joongmin@HANBIT-JOONGMIN ~/git_tutorial (master)
$ git remote -v
origin http://github.com/wizplan/command_hello.git (fetch)
origin http://github.com/wizplan/command_hello.git (push)
joongmin@HANBIT-JOONGMIN ~/git_tutorial (master)
$

5.3 git push: 로컬 작업 내역을 원격 저장소에 올리기

5.2절을 통해 원격 저장소와 로컬 저장소가 연결된다면 3장에서 배운 내용을 기반으로 로컬 저장소에서 버전 관리와 관련된 여러 가지 작업을 할 겁니다. 자! 그 결과 무언가를 완성했습니다. 그럼 이제 그 결과물을 남들과 공유해야겠죠. 그러려면 원격 저장소에 자신이 작업한 결과물을 업로드할 차례입니다. 이를 위해서 Git은 `git push`라는 명령을 제공합니다.

`git push` 명령은 기본적으로 커밋들을 원격 저장소의 master 브랜치에 업로드하며, 다양한 옵션을 통해서 특정 브랜치의 내용을 업데이트하거나 뒤에서 배울 태그tag를 푸시하는 등의 작업을 합니다.

이제 비어 있는 원격 저장소에 로컬 저장소의 내용을 푸시하기 위해 `git push` 명령을 사용할 차례입니다. 우선은 `git push` 명령을 실행해보겠습니다. 경고 메시지가 등장하는데 중간쯤에는 github.com에 로그인하기 위한 사용자 이름과 비밀번호를 묻습니다. 그런데 로그인해서 진행하더라도 거절당합니다.

어느 원격 저장소로 발행할 것인지, 로컬의 어느 브랜치를 푸시할 것인지 명시하지 않았기 때문입니다.

그림 5-8 git push 명령 실행 실패

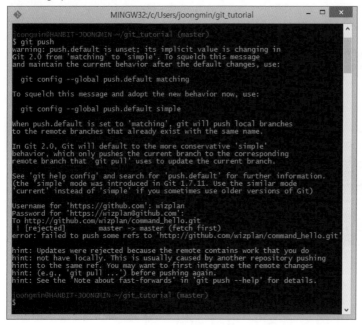

이제 원격 저장소에 푸시할 로컬 저장소의 브랜치를 지정하겠습니다. 다음 명령을 실행합니다.

```
git push origin --all
```

명령을 자세히 살펴봅시다. git push origin --all라고 실행했습니다. 일반화하자면 git push 원격저장소별칭 로컬브랜치이름입니다. 위에서 실행한 --all 옵션은 origin 저장소에 로컬의 모든 브랜치를 푸시하는 겁니다. Git은 원격 저장소에 로컬 저장소의 브랜치와 같은 이름의 브랜치가 있다면 해당 브랜치를 변경하고 없다면 새 브랜치를 원격 저장소에 만듭니다. 단, 주의할 점은 같은 이름의 브랜치가 있는데 서로의 내역이 다르다면 푸시를 거부합니다.

즉, 백지상태인 원격 저장소에 로컬 저장소에서 작업한 것을 푸시해야 하므로 README.md 파일을 생성해서는 안 된다고 했던 것입니다.

git push origin --all을 실행하면 그림 5-8과 동일하게 해당 원격 저장소로 접근 가능한 사용자 이름과 비밀번호를 입력하라는 메시지가 나타납니다. 자신의 GitHub 로그인 정보를 입력하면 됩니다.

그림 5-9 원격 저장소에 로컬 저장소 푸시

이제 GitHub 웹 사이트를 확인해보면 원격 저장소에 로컬 저장소의 프로젝트가 푸시된 것을 확인할 수 있습니다. hotfix 브랜치까지 푸시되었는지 확인해보기 바랍니다.

그림 5-10 GitHub 웹 사이트의 저장소 내용 확인

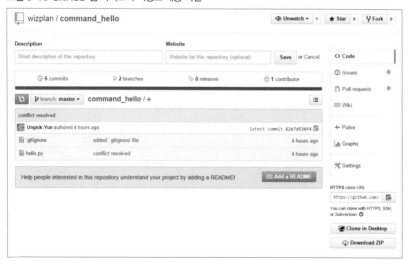

그럼 이제는 원격 저장소에서 파일을 하나 추가한 후 다시 내용을 푸시해보겠습니다. 먼저 로컬에서 변경 내역을 하나 만들고 커밋합니다. 기왕이면 아까 생성하지 않은 README.md 파일을 추가한다면 좋을 것입니다. 다음 명령을 차례로 실행합니다.

```
cat >> README.md
remote repository of git_tutorial
git add README.md
git commit -m "remote repository add a README.md"
```

그림 5-11 변경 내역 만들기

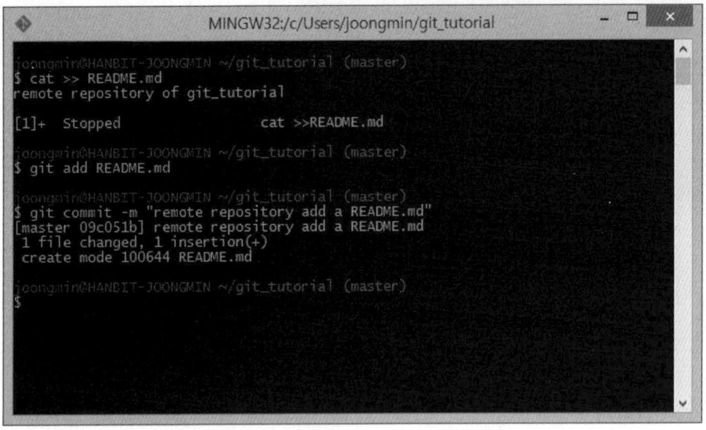

다시 git push 명령을 실행해 변경 내역을 푸시할 차례입니다. 이번에는 다음 명령을 실행합니다.

```
git push origin master
```

앞에서 설명했던 git push 명령의 일반적인 실행인 셈입니다. 다시 GitHub에 사용자 이름과 비밀번호를 입력하면 README.md 파일을 푸시할 것입니다.

그림 5-12 master 브랜치의 변경 내역 푸시

GitHub 웹 사이트에서 정말로 반영이 되었는지 확인해보면 그림 5-13과 같이 README.md 파일이 추가된 것을 확인할 수 있습니다.

그림 5-13 GitHub 원격 저장소 확인

만약 README.md 파일을 hotfix 브랜치에도 추가하고 싶다면 로컬 저장소에서 병합한 다음 git push origin hotfix 명령을 실행하면 됩니다. 혹은 git push origin master 명령을 실행하기 전 먼저 로컬 저장소를 병합한 후 git push origin --all 명령을 실행해도 될 것입니다.

5.4 git fetch와 git pull: 원격 저장소와 로컬 저장소의 간격 메꾸기

5.3절까지의 실습은 혼자서 진행하는 실습이므로 아무런 문제가 없었을 겁니다. 하지만 GitHub 등의 원격 저장소를 이용하다 보면 다른 누군가가 커밋할 경우가 있을 겁니다. 사실 없는 게 더 이상하죠. 예를 들면 내가 로컬 저장소에서 작업하는 도중에 다른 협업자가 원격 저장소를 먼저 변경할 수 있는 것 등이 있습니다.

이런 경우 Git은 푸시를 허용하지 않습니다. 로컬 저장소의 커밋들을 원격 저장소와 맞춰야 하죠. 이럴 때 하는 것이 페치fetch입니다. 페치는 원격 저장소의 커밋들을 로컬 저장소로 가져옵니다. 사용자는 로컬로 가져온 커밋들을 자신이 여태까지 한 로컬 저장소의 작업과 적절히 병합해서 원격 저장소에 제출해야 합니다.

사실 원격 저장소의 커밋들을 로컬 저장소로 가져와 합하는 방법은 지금 설명하는 git fetch와 git pull 크게 두 가지가 있습니다. 이 둘이 무엇이 다른지 벌써 눈치채신 분도 있을 겁니다. git pull 명령은 원격 저장소의 정보를 가져오면 자동으로 로컬 브랜치에 병합까지 수행하는 것입니다. 하지만 풀pull을 이용해서 페치와 병합을 동시에 수행하는 것은 큰 단점이 있습니다. 어떤 내용이 병합되면서 바뀌게 되었는지를 알 수 없는 것이죠. 물론 병합 시 어느 파일이 몇 줄 바뀌고 어떤 충돌이 발생했는지는 표시해주긴 하지만, 프로젝트의 세세한 부분이 어떻게 바뀌었는지는 전혀 파악할 수 없게 됩니다. 때문에 풀을 이용한 원격 저장소의 커밋 가져오기는 추천하지 않습니다. 대신 페치를 이용해서 원격 저장소의 커밋을 가져오고, 로컬 저장소에서 이를 확인한 다음 수동으로 병합하는 방법을 추천합니다.

이번 절에서는 원격 저장소의 변경 내역을 가져오고 로컬 저장소에서 이를 병합하는 작업을 해보겠습니다. 실습의 특성상 컴퓨터가 2대가 필요하다고 생각할 수 있겠습니다만 걱정할 필요 없습니다. GitHub에서도 자체적으로 간단한 파일 수정은 할 수 있으니까요. 그렇게 로컬 저장소와 원격 저장소의 차이를 만들어 낸 뒤, 페치를 할 겁니다.

전체 실습 흐름을 살펴보면 표 5-2와 같을 것입니다.

표 5-2 git fetch 작업 흐름

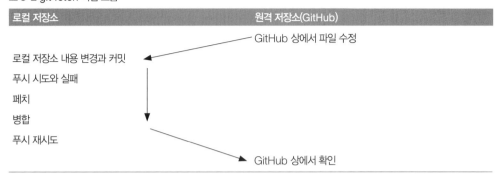

로컬 저장소	원격 저장소(GitHub)
	GitHub 상에서 파일 수정
로컬 저장소 내용 변경과 커밋	
푸시 시도와 실패	
페치	
병합	
푸시 재시도	GitHub 상에서 확인

5.3절에 이어서 기존에 존재하던 GitHub 원격 저장소(command_hello)를 이용할 것입니다. 먼저 GitHub 상에서 저장소를 수정한 후 푸시 실패, 페치, 병합, 푸시 재시도의 순서로 진행하겠습니다.

먼저 현재 로컬 저장소의 상태를 확인해보겠습니다. git remote -v 명령을 실행해 확인합니다.

그림 5-14 로컬 저장소와 원격 저장소의 연결 확인

이제 GitHub의 원격 저장소로 이동해서 바로 파일을 변경하겠습니다. 저장소의 파일 목록에서 변경하려는 파일(이번 예제에서는 hello.py)을 클릭합니다.

그림 5-15 수정할 파일 선택

파일의 내용을 편집하는 화면으로 넘어가게 되면 오른쪽 위에 있는 수정(🖉)을 클릭합니다.

그림 5-16 파일 내용 수정 시작

파일 이름은 물론 내용까지 전부 수정할 수 있습니다. 여기에서는 다음과 같은 주석을 추가해보겠습니다.

```
// For command line git tutorial
// GitHub modification
```

그림 5-17 hello.py 파일 수정

아래에 위치한 'Commit changes' 항목 바로 아래 알맞은 커밋 메시지를 입력(필자의 경우 'hello.py modified on GitHub')한 후 〈Commit changes〉를 클릭합니다.

그림 5-18 파일 수정 후 커밋

NOTE_ Commit changes 항목의 옵션

Commit changes의 설정을 위한 옵션에는 다음과 같은 것이 있습니다.

- **Update 파일이름**: '파일이름'의 수정 내역을 남길 커밋 메시지를 입력합니다. 커맨드 라인에서 커밋 메시지를 입력할 때의 첫 번째 행에 해당합니다.
- **Add an optional extended description**: 자세한 설명을 남겨야 할 경우 추가로 커밋과 관련된 설명을 입력합니다. 커맨드 라인에서 커밋 메시지를 입력할 때의 두 번째 이후 행에 들어가는 내용입니다.
- **Commit directly to the master branch**: master 브랜치에 바로 커밋할 때 선택합니다.
- **Create a new branch for this commit and start a pull request**: 풀 리퀘스트를 위한 새로운 브랜치를 생성할 때 선택합니다.

커밋이 완료되고 수정 내용이 저장됩니다.

그림 5-19 커밋 완료

이제 로컬 저장소의 같은 파일을 수정하고 커밋해볼 차례입니다. `vim hello.py` 명령을 실행하고 3.3절을 참고해서 로컬 저장소의 파일을 수정합니다. 다음과 같은 주석을 넣습니다.

```
// For command line git tutorial
// Local repository modification
```

그림 5-20 로컬 저장소에서 hello.py 수정

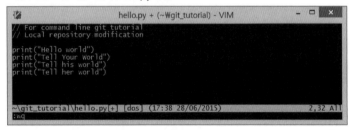

그리고 `git commit -a -m "hello.py modified on Local repository"`를 실행해 커밋합니다. `git status` 명령을 실행해 별 이상이 없는지 확인합니다.

그림 5-21 커밋과 상태 확인

그럼 로컬 저장소의 작업을 푸시해보도록 하겠습니다. `git push origin master` 명령을 실행합니다.

그림 5-22 푸시 거절

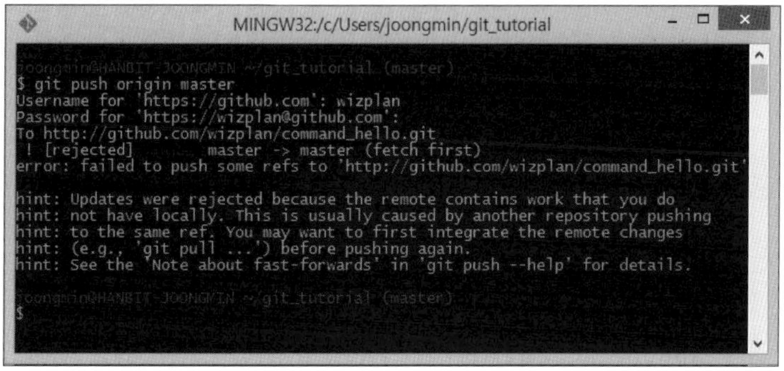

하지만 그림 5-22처럼 '! [rejected]~'라는 메시지가 나타나면서 실패할 겁니다. 원격 저장소와 로컬 저장소의 같은 브랜치가 다른 커밋을 가지고 있기 때문입니다. 힌트에서는 `git pull` 명령을 사용해보라고 알려주지만 여기에서는 페치와 병합을 이용할 겁니다. 먼저 다음 명령을 실행합니다.

```
git fetch
git status
```

먼저 `git fetch` 명령을 실행해 원격 저장소의 커밋 정보를 로컬 저장소에 가져옵니다. `git status` 명령을 실행해 확인하면 아직은 별다른 큰 이상이 나타나지 않습니다.

그림 5-23 git fetch 명령 실행 후

원격 저장소의 master 브랜치와 로컬 저장소의 master 브랜치를 병합한 다음 다시 푸시해야 합니다. git branch -a 명령을 실행해서 현재 어떤 브랜치가 있는지 일단 확인해보도록 하겠습니다. 모든 로컬 저장소와 원격 저장소의 브랜치 정보를 볼 수 있습니다. 그림 5-24를 보면 로컬 저장소의 master 브랜치에 원격 저장소의 origin/master 브랜치를 병합하면 될 것 같습니다.

그림 5-24 git branch -a 명령 실행

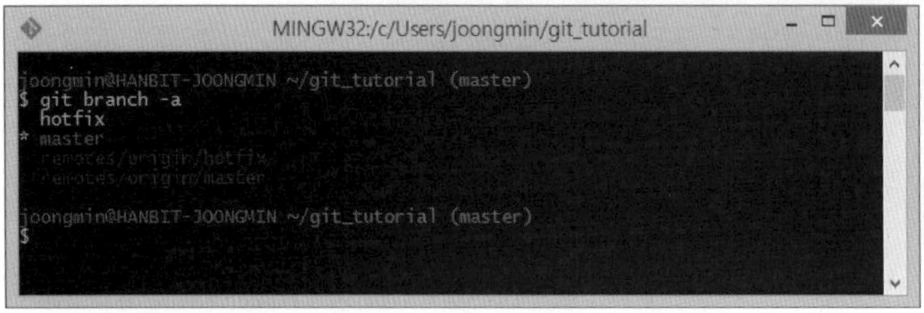

참고로 브랜치를 입력해야 할 때 git merge 명령을 입력하고 [Space Bar] 키를 눌러 한 칸 띄어 쓰기한 후 [Tab] 키를 누르면 어떤 브랜치들이 병합 대상이 될 수 있는지 알 수 있습니다. 그럼 git merge origin/master 명령을 실행하도록 하겠습니다. 이 명령으로 로컬 저장소의 master 브랜치와 원격 저장소의 master 브랜치를 병합할 수 있습니다.

그림 5-25 git merge 명령 실행 전

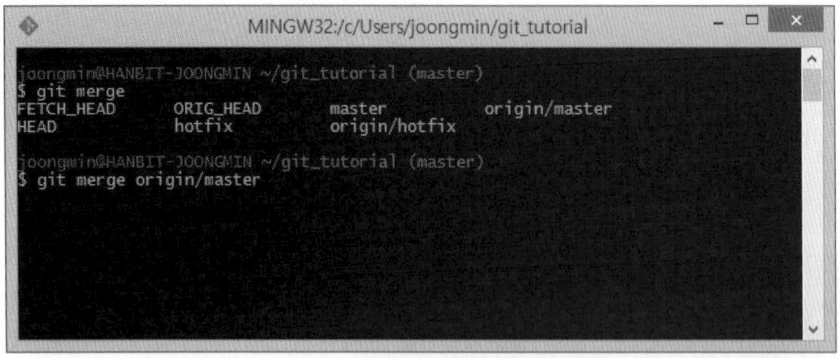

조금 전 원격 저장소와 로컬 저장소에서 변경할 때 같은 부분에서 다른 수정 사항이 있었으므로 서로 충돌이 발생했을 겁니다.

그림 5-26 git merge 명령 실행 후 충돌

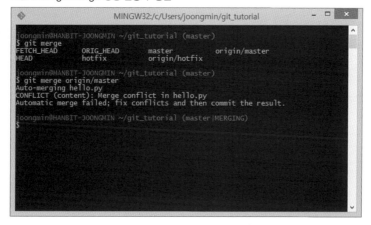

충돌이 발생했으니 수정할 차례입니다. 여기에서는 git diff 브랜치이름 명령을 이용해보겠습니다. git diff 명령은 로컬 저장소의 브랜치와 원격 저장소 브랜치 사이에 어떤 차이점이 있는지 미리 알아보는 명령입니다. 이를 통해서 변경 사항을 정확하게 확인한 후 병합을 실행할 수도 있죠.

만약 git pull 명령을 이용했다면 페치와 병합을 자동으로 수행해버려서 어떤 변경 사항이 있는지 알기가 매우 어려워집니다.

그림 5-27 git diff 명령 실행

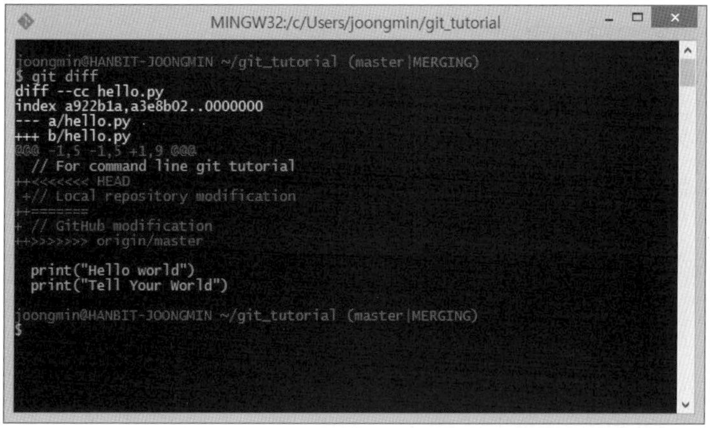

이제 3.10절을 참고해서 원하는 방향으로 수정하고 커밋하면 됩니다. 필자의 경우는 다음과 같이 수정했습니다.

```
// For command line git tutorial
// First: GitHub modification
// Second: Local repository modification
```

그림 5-28 충돌 내역 수정

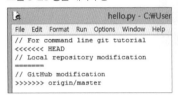 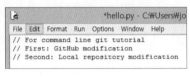

그리고 다음 명령과 같이 커밋합니다(커밋 메시지는 알맞은 메시지를 입력하면 됩니다).

```
git commit -a -m "conflict resolved GitHub"
```

이제 커밋한 로컬 브랜치를 푸시하면 완료입니다. git status로 현재 저장소 상태를 확인하고, git push origin master 명령을 실행해서 푸시를 완료하였습니다.

그림 5-29 git push 명령 실행

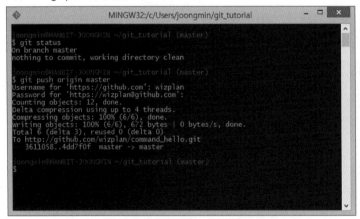

마지막으로 GitHub의 원격 저장소를 확인해 제대로 푸시되었는지 확인합니다.

그림 5-30 GitHub 원격 저장소 확인

원격 저장소의 오른쪽에 있는 **[Graph]** → **[Network]**를 선택해서 살펴보면 그림 8-17과 같이 로컬 저장소에서 작업한 것이 반영되어 현재의 master 브랜치를 만든 것을 확인할 수 있습니다.

그림 5-31 network 항목의 변경 내역 그래프

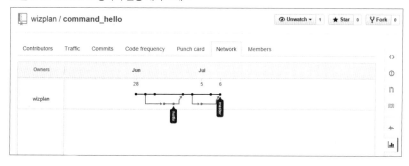

마지막으로 git pull 명령도 간단히 살펴보겠습니다. GitHub의 원격 저장소에서 출력 코드 하나를 추가(필자의 경우 print("Tell my world"))하겠습니다.

그림 5-32 출력 코드 추가

수정이 끝나면 'Commit changes' 창에서 알맞은 커밋 메시지(필자의 경우 'GitHub for git pull')을 입력한 후 〈Commit changes〉를 클릭합니다.

그림 5-33 GitHub 커밋

이제 원격 저장소의 내용을 가져올 차례입니다. 다음의 명령을 실행합니다.

```
git pull origin master
```

명령이 실행되면서 변경 내용을 가져오고 자동으로 병합합니다.

그림 5-34 git pull 명령 실행

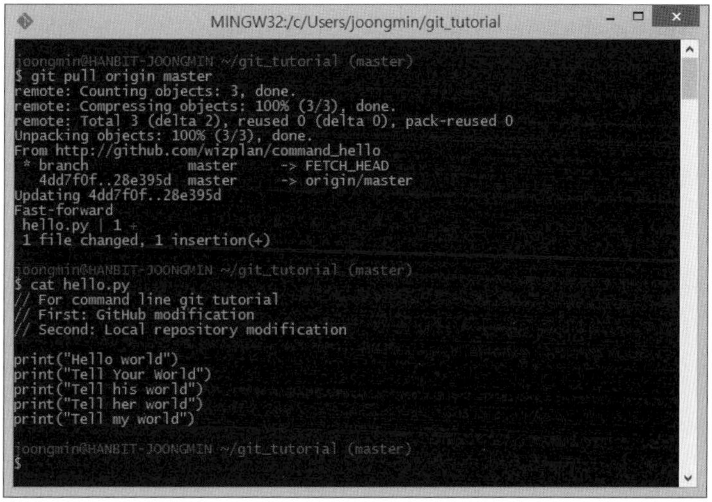

```
                    MINGW32:/c/Users/joongmin/git_tutorial        - □  ×
joongmin@HANBIT-JOONGMIN ~/git_tutorial (master)
$ git pull origin master
remote: Counting objects: 3, done.
remote: Compressing objects: 100% (3/3), done.
remote: Total 3 (delta 2), reused 0 (delta 0), pack-reused 0
Unpacking objects: 100% (3/3), done.
From http://github.com/wizplan/command_hello
 * branch            master      -> FETCH_HEAD
   4dd7f0f..28e395d  master      -> origin/master
Updating 4dd7f0f..28e395d
Fast-forward
 hello.py | 1 +
 1 file changed, 1 insertion(+)

joongmin@HANBIT-JOONGMIN ~/git_tutorial (master)
$ cat hello.py
// For command line git tutorial
// First: GitHub modification
// Second: Local repository modification

print("Hello world")
print("Tell Your World")
print("Tell his world")
print("Tell her world")
print("Tell my world")

joongmin@HANBIT-JOONGMIN ~/git_tutorial (master)
$
```

실제 git commit과 git merge 명령을 실행해도 이미 작업할 것이 없다는 메시지를 확인할 수 있습니다.

그림 5-35 커밋과 병합 실행 결과

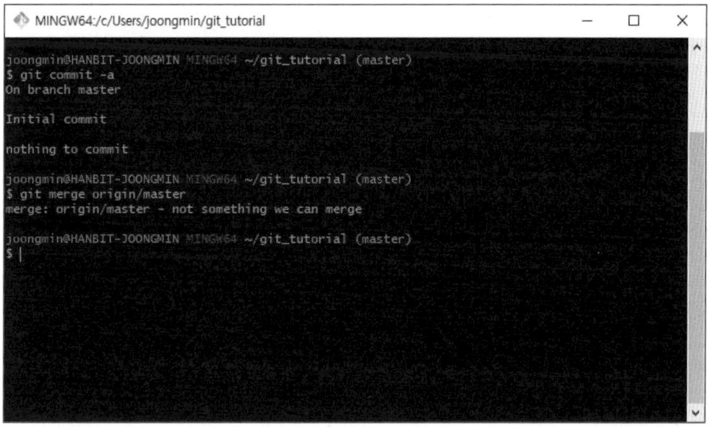

```
  MINGW64:/c/Users/joongmin/git_tutorial              -   □   ×
joongmin@HANBIT-JOONGMIN MINGW64 ~/git_tutorial (master)
$ git commit -a
On branch master

Initial commit

nothing to commit

joongmin@HANBIT-JOONGMIN MINGW64 ~/git_tutorial (master)
$ git merge origin/master
merge: origin/master - not something we can merge

joongmin@HANBIT-JOONGMIN MINGW64 ~/git_tutorial (master)
$ |
```

지금까지 1~5장을 통해서 Git의 기본 개념과 원격 저장소의 개념까지를 차례로 살펴보았습니다. 6~9장은 실무에서 많이 사용할 것으로 생각되는 이클립스, Visual Studio, IntelliJ IDEA, Xcode라는 네 가지 IDE에서 Git을 실제로 활용하는 방법을 배웁니다. 실습을 통해 배울 것인데 3~5장에서 살펴보았던 실습 과정과 동일하게 진행될 것입니다. 즉, 1~5장의 과정은 이어서 배울 IDE별 Git 사용법을 이해하는 기반이 되니 앞으로 책을 읽어가면서 이해가 되지 않는 부분이 생긴다면 다시 참고하길 권장합니다.

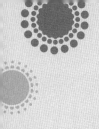

## PART II

네 가지 주요 IDE의 Git 활용법

앞에서는 대표적인 Git 명령어를 사용해보면서 Git의 개념을 살펴보았습니다. 그런데 이런 명령어를 통해서 버전 관리를 할 수도 있겠지만 실제 개발 중에 버전 관리를 한다면 다양한 IDE를 통해서 Git을 사용해야 합니다. 2부에서는 현재 개발자들이 많이 사용할 것으로 생각되는 대표적인 IDE인 이클립스, Visual Studio, IntelliJ IDEA, Xcode에서의 Git 활용법을 살펴보겠습니다.

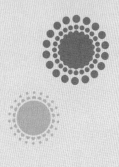

PART 11

네 가지 주요 IDE의 Git 활용법

CHAPTER 06

이클립스에서의 Git 사용법

6장에서는 이클립스에서의 Git 사용법을 살펴볼 것입니다. 여담으로 이 책에서 이클립스를 선택한 이유는 자바 웹 개발, 안드로이드 개발 등에 많이 사용되는 무료 IDE이기 때문입니다. 많은 도움이 되면 좋겠습니다.

이클립스는 Git과 처음부터 통합되어 있지는 않습니다. 하지만 IDE 자체적으로는 지원하지 않는 기능을 보완하기 위한 플러그인 마켓이 굉장히 큽니다. 물론 Git을 지원하는 플러그인도 당연히 있습니다. 이 책에서는 이클립스에서 Git을 지원하는 대표적인 플러그인인 EGit을 중심으로 Git 사용법을 살펴봅니다.

6.1 EGit 설치

가장 먼저 할 일은 당연히 이클립스의 Git 플러그인 설치입니다. [Help]→[Eclipse Marketplace]를 선택해 이클립스 마켓플레이스를 엽니다. 그리고 'Search' 탭 바로 아래에 있는 'Find' 항목에 git을 입력해 검색하면 몇 개의 git 관련 플러그인들이 검색됩니다. 그 중 굉장한 다운로드 수를 자랑하는 플러그인이 하나 보이는데 바로 EGit입니다.

EGit을 설치해줍니다. 2014년에 등장한 이클립스 Luna 버전부터는 EGit 플러그인이 기본으로 포함되어 있습니다. 최신 버전을 설치하려면 〈Update〉를 클릭합니다. 이전 이클립스 버전이라면 〈Install〉로 표시되어있을 것입니다.

그림 6-1 이클립스 마켓플레이스 git 검색

설치할 때는 설치에 필요한 모든 항목을 선택한 후 〈Confirm〉을 클릭합니다. 그리고 라이선스 검
토 항목에서는 'I accept the terms of the license agreement'를 선택한 후 〈Finish〉를 클릭합
니다. 소프트웨어를 업데이트할 것입니다. 마지막에 이클립스를 다시 시작할 것이냐는 메시지 창
이 나타나면 〈Yes〉를 클릭해 이클립스를 다시 시작합니다.

그림 6-2 설치 항목 확인

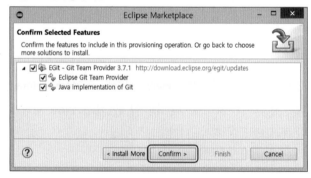

그림 6-3 라이선스 동의

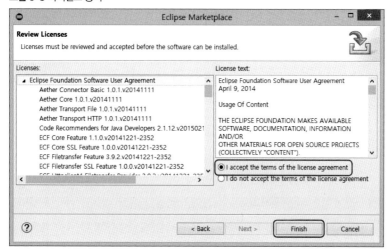

설치 후에 이클립스의 오른쪽 위를 한 번 살펴봅시다. 조그마한 영역에 퍼스펙티브 항목이 보입니다. 현재는 작은 영역을 차지하고 있습니다. 만약 최신 버전을 설치했다면 처음부터 Git 퍼스펙티브가 활성화가 되어있지 않습니다.

Git 퍼스펙티브가 보이지 않는다면 오른쪽의 [아이콘]를 클릭해 Git 퍼스펙티브를 선택한 후 〈OK〉를 눌러 활성화시켜줍니다.

그림 6-4 퍼스펙티브 리스트

그림 6-5 퍼스펙티브 리스트

그러면 그림 6-6과 같이 현재 이클립스에서 이용할 수 있는 Git 퍼스펙티브가 추가되었음을 확인할 수 있습니다.

그림 6-6 Git 퍼스펙티브 리스트 추가

아이콘을 클릭하면 기본 화면이 Git 퍼스펙티브 형태로 변경됩니다.

그림 6-7 Git 퍼스펙티브

6.2 저장소 생성

이제 이클립스에서 Git을 이용할 준비는 끝났습니다. 퍼스펙티브 항목에서 'Java'를 선택하고
Hello World란 이름의 새 Java 프로젝트를 하나 만들어봅시다. 그리고 새로 생성한 프로젝트에
마우스 오른쪽 버튼을 클릭하면 [Team]이라는 메뉴가 있습니다. [Team] → [Share Project]를 클
릭합니다.

그림 6-8 프로젝트의 Git 저장소 만들기

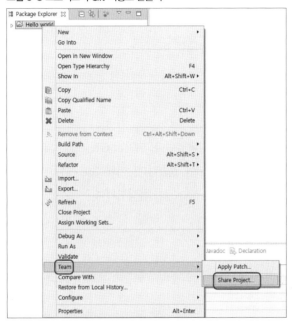

그림 6-9 프로젝트 공유 옵션

'Configure Git Repository' 창이 열리면 오른쪽 중간의 〈Create〉를 클릭합니다.

그림 6-10 Git 저장소 생성

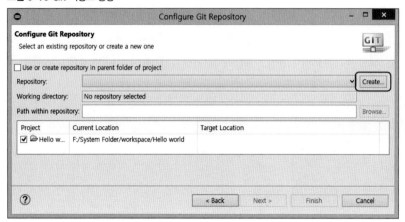

Git 저장소를 지정하는 'Create a Git Repository' 창이 나타납니다. 여기서 Git 저장소의 경로를 지정합니다. 기본 경로는 '사용자₩사용자이름₩git'으로 되어 있습니다. 이때 Git 저장소의 경로가 이클립스의 프로젝트 폴더의 경로와 달라야 합니다. 〈Browse〉를 클릭합니다.

그림 6-11 Git 저장소 위치 지정

해당 폴더 아래 프로젝트 이름과 같은 폴더를 만들어주었습니다. 〈확인〉을 클릭합니다. 그리고 그림 6-11로 돌아오면 경로가 정확히 설정되었는지 확인한 후 〈Finish〉를 클릭합니다.

그림 6-12 Git 저장소 위치 선택

다시 'Configure Git Repository' 창으로 돌아오면 저장소 위치, 작업 위치 등 저장소와 관련된
기본 설정이 다 되어 있습니다. 내용을 확인한 후 〈Finish〉를 누르면 저장소 생성이 완료됩니다.

그림 6-13 Git 저장소 설정 정보 확인

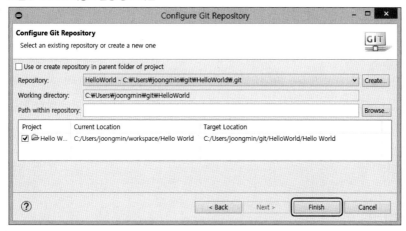

이제 패키지 익스플로러의 프로젝트 루트를 보면 조금 전과 달라진 것이 있습니다. 디렉터리 아이
콘에 물음표 아이콘이 생기고, 프로젝트 이름 옆에 간단한 저장소 정보가 표시됩니다.

그림 6-14 Git 저장소 생성 완료

이제 프로젝트와 Git 저장소가 연결되었습니다. 이제 Git 관련 정보를 확인해봅시다. 다시 오른쪽 위 Git 퍼스펙티브 아이콘을 누르면 Git 저장소 정보를 확인할 수 있습니다. 'Working Directory'를 선택하고 하위 디렉터리를 살펴보면 됩니다.

그림 6-15 Git 저장소 정보

딱히 지금 할 수 있는 것은 없지만, 여기서 Git 저장소의 모든 것을 확인할 수 있다는 것을 기억해 둡시다.

그리고 확인해야 할 것이 있습니다. 'Working Directory'의 하위 디렉터리가 '.git'과 '프로젝트 이름'으로 구성되었는지 입니다. 이렇게 Git 저장소인 '.git' 디렉터리와 이클립스 프로젝트 디렉터리 (.project 파일이 있는 디렉터리)를 분리함으로써 의도하지 않은 사고를 방지하고 여러 장점을 취할 수 있습니다.

6.3 첫 번째 커밋

그럼 본격적으로 프로젝트에서 작업해봅시다. Java 프로젝트니 Java로 "Hello World"를 출력하는 프로그램을 작성해봅니다.

```java
public class HelloWorld {
  public static void main(String[] args) {
    System.out.println("Hello World");
  }
}
```

그림 6-16 HelloWorld.java 파일 수정

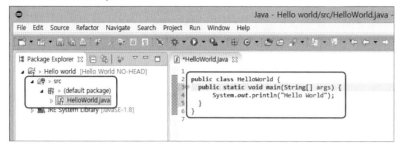

간단하게 콘솔에 'Hello World'를 출력하는 프로그램을 작성했습니다(물론 '.java' 파일 대신 어떤 내용의 평범한 텍스트 파일을 만들어도 괜찮습니다).

코드를 작성하고 보니 패키지 익스플로러에서 'HelloWorld.java' 파일이 속한 트리 구조 전체에 물음표가 생긴 걸 볼 수 있습니다. 물음표는 저 파일들이 추적 중이 아니라는 뜻입니다. 앞에서 살펴본 것처럼 파일을 Git 저장소에 추가해야 합니다. 여기에서는 커밋하면서 동시에 추가하는 방법을 살펴보겠습니다.

패키지 익스플로러의 프로젝트 루트(Hello World [Hello World NO-HEAD])를 마우스 오른쪽 버튼으로 클릭한 후 [**Team**]→[**Commit**]을 선택합니다.

그림 6-17 첫 번째 커밋 1

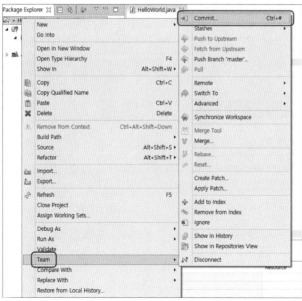

그럼 커밋할 수 있는 'Commit Changes to Git Repository' 창이 열립니다. 'Commit message' 항목에 알맞은 메시지를 작성한 후(필자의 경우 'create project, create hello world'라는 커밋 메시지를 입력했습니다), 방금 만든 프로젝트 파일 전체에 체크를 켭니다. 〈Commit〉을 클릭합니다.

그림 6-18 첫 번째 커밋 2

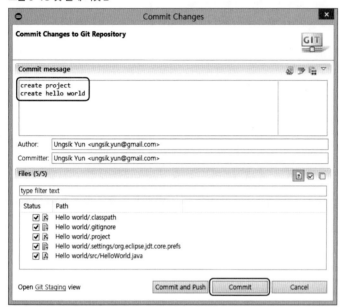

커밋하고 나면 물음표가 사라지고, 저장소가 추적 중이라는 의미로 노란 원통 아이콘이 붙습니다. 이제 파일 추가와 수정 후 커밋까지 완료된 것입니다.

그림 6-20 이클립스 커밋 후 상태

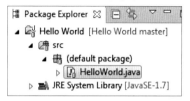

6.4 새로운 브랜치 생성과 이동

이제 브랜치를 다뤄봅시다. 패키지 익스플로러의 프로젝트 루트(Hello World [Hello World NO-HEAD])를 마우스 오른쪽 버튼으로 클릭한 후 **[Team]** → **[Switch To]** → **[New Branch]**를 선택합니다.

그림 6-21 새 브랜치 만들기

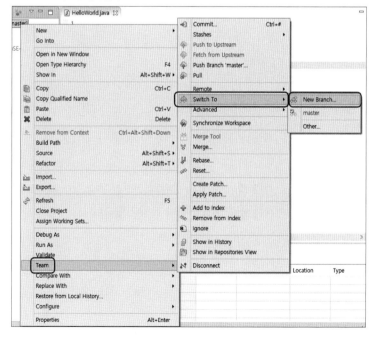

'Create a new branch' 창이 열리면 'Branch name'에 알맞은 이름을 넣어줍니다(필자의 경우 3장 예제와 마찬가지로 'hotfix'로 지어주었습니다). 브랜치를 생성하면서 바로 체크아웃을 하려면 'Checkout new branch' 항목에 체크 표시해줍니다. 기본적으로 체크가 되어있으니 확인만 하면 됩니다. 마지막으로 〈Finish〉를 클릭합니다.

그림 6-22 Create a new branch 창

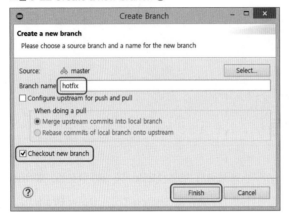

이제 패키지 익스플로러의 프로젝트 루트를 살펴보면 프로젝트 이름 옆에 hotfix 브랜치로 체크아웃된 것을 확인할 수 있습니다.

그림 6-23 브랜치 생성 후 체크아웃

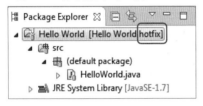

그럼 이제 프로그램을 조금 수정해봅시다. 어떻게 수정해도 상관없습니다. 저는 System.out.println("World's End Dancehall");이라는 출력 코드를 하나 더 추가했습니다.

그림 6-24 코드 수정 후

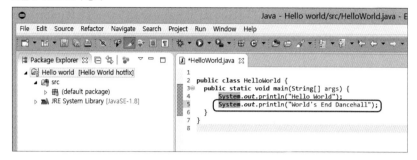

6.5 두 번째 커밋

파일을 수정했으니 한 번 더 커밋을 해야겠죠. 방금 했던 것처럼 프로젝트 루트에 오른쪽 마우스 버튼을 클릭한 후 [**Team**] → [**commit**]을 선택합니다. 알맞게 커밋 메시지를 작성한 후(필자의 경우 'add print line'이라는 커밋 메시지를 입력했습니다), 〈Commit〉을 클릭합니다.

그림 6-25 수정 후 커밋

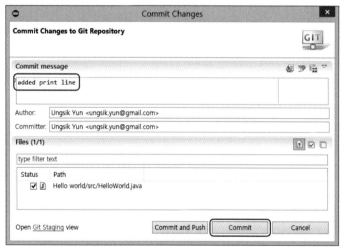

그림 6-26 수정 후 커밋 성공

6.6 master 브랜치와 병합

hotfix 브랜치에서 해야 할 수정 작업이 끝났으니 이제 master 브랜치로 체크아웃해서 hotfix의 수정 내역을 master로 병합해볼 때입니다. 패키지 익스플로러의 프로젝트 루트를 오른쪽 마우스 버튼으로 클릭한 후 [Team] → [Switch To] → [master]를 선택합니다.

그림 6-27 master 브랜치로 체크아웃

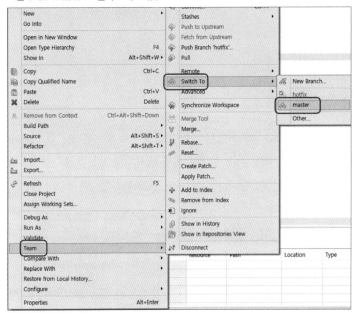

파일 내용이 master 브랜치의 마지막 커밋 내용으로 바뀌게 됩니다. master 브랜치에 조금 전 작업한 hotfix의 내용을 병합해봅시다. 패키지 익스플로러의 프로젝트 루트를 오른쪽 마우스 버튼으로 클릭한 후 [Team] → [Merge]를 선택합니다

그림 6-28 병합 작업 선택

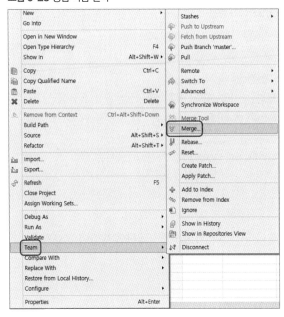

Merge 'master' 창이 열립니다. 우리는 master 브랜치에 hotfix 브랜치를 병합하려는 것이니 hotfix 브랜치를 선택하면 〈Merge〉 버튼이 활성화됩니다. 아래에 있는 'Merge options'와 'Fast forward options'는 기본 상태로 두고 〈Merge〉를 클릭합니다.

그림 6-29 병합 옵션 선택

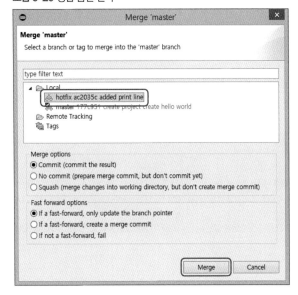

그럼 병합 실행 결과를 알려주는 대화 상자가 나타납니다. 〈OK〉를 클릭하면 병합이 완료됩니다.

그림 6-30 병합 결과 확인

master 브랜치에 hotfix 브랜치의 내용이 병합된 것을 확인할 수 있습니다.

---

1 병합 커밋이란 브랜치 사이에 변경 사항이 다를 경우 해당 변경 내용을 하나로 통합하는 것을 말합니다.
2 변경 내용이 있는 브랜치(이 경우 hotfix 브랜치)가 더 최신 내용을 담고 있고 병합하려는 브랜치(이 경우 master 브랜치)의 내용을 모두 포함한 경우를 말합니다.
3 현재 브랜치 상태를 의미합니다. 예를 들어 master 브랜치가 더 최신 내용을 담은 hotfix 브랜치와 병합했을 경우에는 master 브랜치 상태가 변했으므로 브랜치 포인터가 업데이트되었다고 말합니다.

그림 6-31 병합 내용 확인

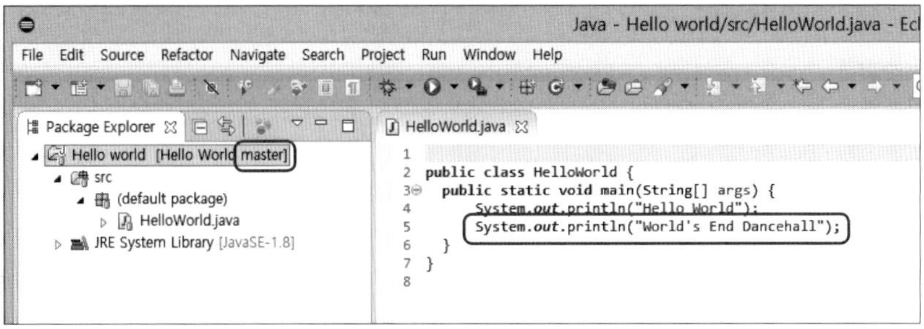

6.7 각 브랜치의 독립성 확인

먼저 master 브랜치에서 코드를 수정해보겠습니다. 필자의 경우 System.out.println ("Earth's End Dancehall");이라는 출력 코드를 추가했습니다.

그림 6-32 master 브랜치에 코드 추가

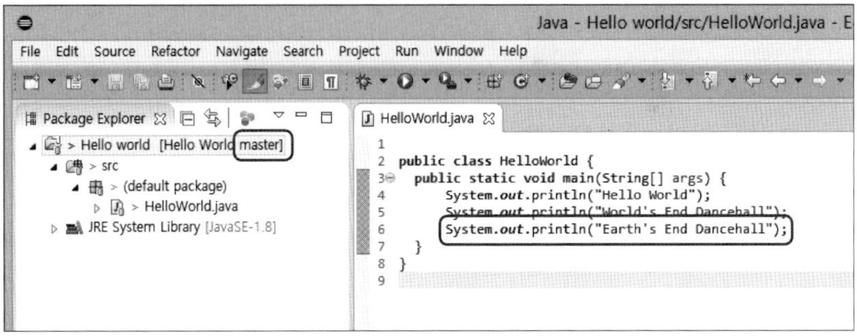

패키지 익스플로러의 프로젝트 루트를 오른쪽 마우스 버튼으로 클릭한 후 **[Team]** → **[Commit]**을 선택합니다(필자의 경우 'master branch change a code'라는 커밋 메시지를 입력했습니다). 〈commit〉을 클릭하면 정상적으로 커밋될 것입니다.

그림 6-33 세 번째 커밋

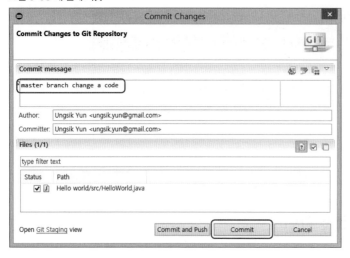

다시 패키지 익스플로러의 프로젝트 루트를 오른쪽 마우스 버튼으로 클릭한 후 **[Team]** → **[Switch to]** → **[hotfix]**를 선택합니다. 그리고 다른 코드를 하나 추가합니다. 필자의 경우 `System.out.println("Hello Dance World");`라는 출력 코드를 추가했습니다.

그림 6-34 hotfix 브랜치 코드 추가

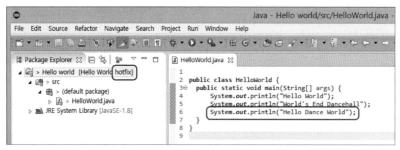

다시 패키지 익스플로러의 프로젝트 루트를 오른쪽 마우스 버튼으로 클릭한 후 **[Team]** → **[Commit]**을 선택합니다(필자의 경우 'hotfix branch change a code'라는 커밋 메시지를 입력했습니다). 〈commit〉을 클릭하면 정상적으로 커밋될 것입니다.

그림 6-35 네 번째 커밋

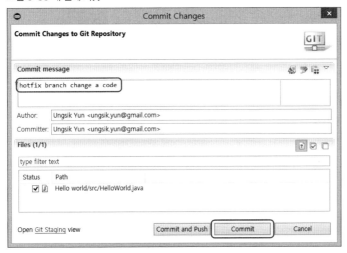

이렇게 각 브랜치는 계속 독립성을 갖고 코드를 추가하거나 수정할 수 있습니다.

6.8 불필요한 파일 및 폴더 무시

이클립스의 EGit 플러그인은 기본적으로 저장소를 생성할 때 .gitignore 파일을 함께 생성합니다. Git 퍼스펙티브 왼쪽의 'Git Reposotories' 항목에서 'Working Directory'를 열면 화면과 같이 '.git' 디렉터리와, '프로젝트이름' 디렉터리가 있을 겁니다. 그리고 '프로젝트이름' 디렉터리 아래 .gitignore 파일이 있습니다. 이 파일을 더블 클릭해서 연 후 파일 내용을 살펴보면 이미 '/bin/' 디렉터리가 포함되어 있습니다. 이는 이클립스에서 컴파일하면 생성되는 바이너리 파일들을 저장소에 포함하지 않겠다는 의미입니다.

그림 6-36 .gitignore 파일 생성 확인

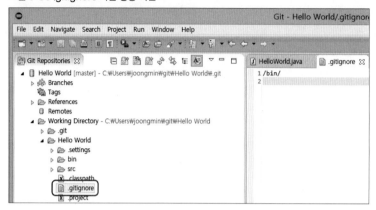

그럼 이 .gitignore 파일을 좀 더 보완해보겠습니다. 3.9절에서 소개했던 gitignore.io 웹 사이트를 이용한 방법 그대로 하겠습니다. https://www.gitignore.io/에 접속해서 사용 중인 환경인 'Windows', 'Eclipse', 'Java'를 넣고 〈Generate〉를 클릭해서 .gitignore 파일 내용을 생성해줍니다.

그림 6-37 gitignore.io의 사용 환경 입력

생성된 내용 전부를 선택한 후 복사해서 이클립스에 열어 둔 .gitignore 편집기에 붙여넣습니다 ('/bin/' 아래 2행 이후로 붙여넣기 합니다).

그림 6-38 .gitignore 내용 붙여넣기

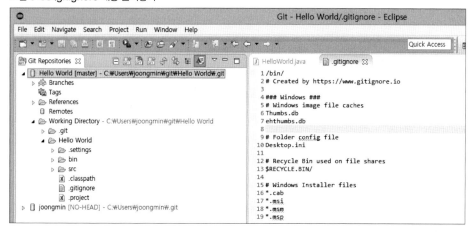

붙여넣었다면 저장하고 .gitignore 파일을 커밋할 차례입니다. 프로젝트 루트를 오른쪽 마우스로 클릭하고 **[Commit]**을 선택한 후 'Commit message' 항목에 알맞은 커밋 메시지를 작성(필자의 경우 'add .gitignore patterns')합니다. 마지막으로 〈Commit〉을 클릭하여 커밋하면 .gitignore 파일 설정이 완료된 것입니다.

그림 6-39 .gitignore 파일 커밋

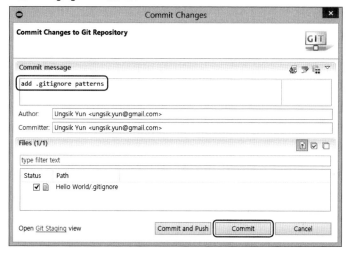

6.9 충돌 해결

이제 충돌을 해결해보겠습니다. 프로젝트 루트를 오른쪽 마우스 버튼으로 클릭한 다음 [Merge]를 선택해 Merge 'master' 창을 엽니다. 각 브랜치의 마지막 커밋 메시지를 확인할 수 있습니다. hotfix 브랜치를 선택하고 〈Merge〉를 클릭합니다.

그림 6-40 병합 실행 1

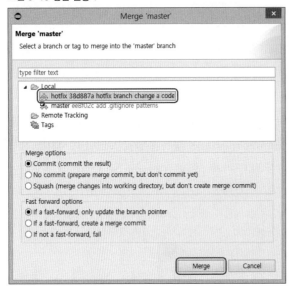

'Merge Result' 창에서는 충돌이 발생했다는 메시지를 알립니다. 〈OK〉를 클릭한 후 Java 퍼스펙티브(![Java])를 클릭합니다. 그리고 충돌이 난 파일을 수정하겠습니다.

그림 6-41 병합 실행 2

커맨드 라인과는 달리 EGit은 병합했을 때 충돌이 발생하면 충돌 부분을 비교할 수 있는 편리한 도구를 제공합니다. 충돌이 발생한 파일은 빨간색 아이콘으로 표시해줍니다. 해당 파일을 오른쪽 마우스로 클릭한 후 [Team] → [Merge Tool]을 선택합니다.

그림 6-42 Merge Tool 선택

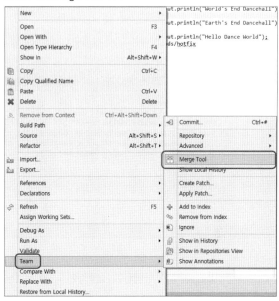

병합을 시도한 각 브랜치의 최근 커밋 두 개를 비교해 어느 파일의 어느 부분이 서로 충돌하는지를 보여줍니다. 그림 6-43처럼 'Repository 'Hello World': Merging~' 창을 드래그해서 코드 편집 창의 아래로 위치시켜 작업하면 좀 더 편할 것입니다.

그림 6-43 수정을 위한 창 배치

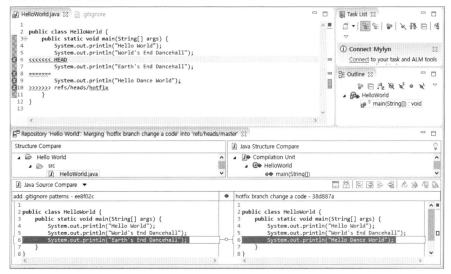

이제 충돌이 발생한 파일을 열고 수정합니다. 3.10절과 마찬가지로 두 커밋 내역을 모두 반영하도록 수정해보았습니다.

그림 6-44 충돌 해결

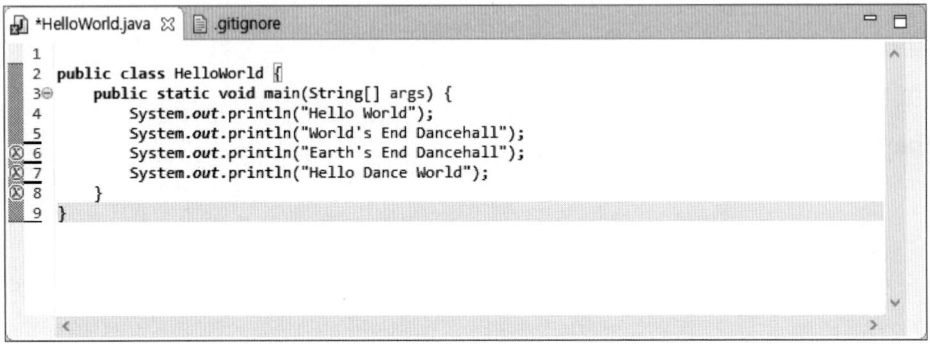

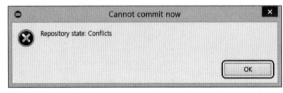

저장하고 커밋을 시도하면 다음과 같은 경고 창이 열립니다. Git은 수정만으로는 병합 작업 상황에서 발생했던 충돌을 해결했는지 알 수가 없으므로 사용자가 직접 충돌을 해결했다고 표시해주어야 합니다. 〈OK〉를 클릭합니다.

그림 6-45 커밋 충돌 경고

왼쪽의 패키지 익스플로러에서 해당 파일에 오른쪽 마우스 버튼을 클릭한 후 **[Team]** → **[Add to Index]**를 선택합니다. 이 파일에 대한 충돌이 해결되었다고 표시하는 것입니다.

그림 6-46 Add to Index를 통한 충돌 해결

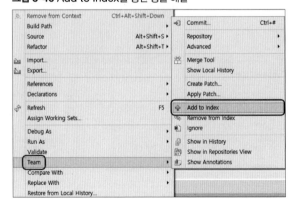

이제 충돌을 해결했다고 최종적으로 확인한 셈입니다. 이렇게 패키지 익스플로러에 충돌 표시가 사라집니다.

그림 6-47 충돌 해결 표시

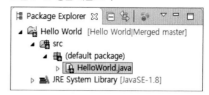

이제 [Team] → [Commit]을 선택해 커밋하면 자동으로 작성된 커밋 메시지를 확인할 수 있습니다. 여기에 사용자가 알맞은 메시지(필자의 경우 첫 행 커밋 메시지 뒤에 'by Ungsik yun' 입력)를 더 작성하고 〈commit〉을 클릭하면 됩니다.

그림 6-48 충돌 해결 후 커밋

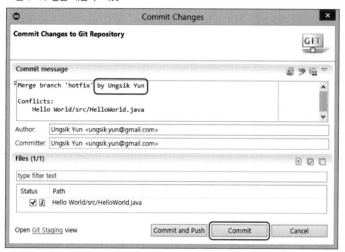

커밋하면 더 제출해야 할 수정 내역이 없으니 패키지 익스플로러에 표시되는 아이콘도 정상적으로 바뀝니다.

6.10 기록 보기

지금까지 병합 후 충돌 해결 과정까지 살펴보았습니다. 이제는 커밋 기록을 살펴볼 차례입니다. 3.11절에서 단 한 줄의 명령어로 커밋 내역 그래프를 살펴볼 수 있었던 것처럼 이클립스도 클릭 몇 번으로 간단하게 커밋 내역 그래프를 볼 수 있습니다.

우선 패키지 익스플로러에서 프로젝트 루트를 오른쪽 마우스 버튼으로 클릭한 후 메뉴의 **[Team]** → **[Show in History]**를 선택합니다.

그림 6-49 Show in History 선택

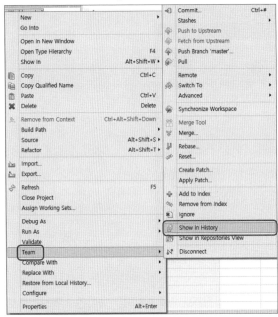

'History'라는 별도의 창이 열립니다. 먼저 위에 있는 창은 커밋 내역의 요약입니다. 40글자 SHA-1 체크섬 값의 앞 여섯 글자를 보여주는 ID, 분기 내역을 알려주는 그래프 커밋 메시지, 커밋 메시지 작성자, 커밋 메시지 작성 시간, 커밋한 사용자, 커밋 시간 등을 요약해서 알려줍니다.

그림 6-50 커밋 내역 그래프

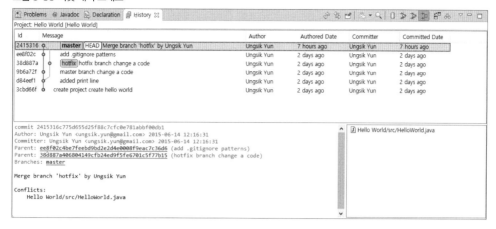

아래에는 각 커밋 내역의 정보를 알려줍니다. 40글자의 SHA-1 체크섬 값 전체, 작성자, 커밋한 사용자, 커밋 메시지 등을 표시해줍니다. 눈여겨볼 항목 중 하나는 'Parent', 'Child' 항목입니다. 해당 커밋 내역과 연관이 있는 커밋을 나타내는 항목이고 또 SHA-1 체크섬 값을 클릭하면 해당 커밋 항목으로 이동해서 커밋 내역의 연관성을 확인하는 데 유리합니다.

그림 6-51 커밋 내역의 연관성 확인

6.11 원격 저장소의 내용을 로컬 저장소로 가져오기

이클립스 EGit 플러그인을 이용해서 원격 저장소를 클론하는 방법은 여러 가지가 있습니다. **[File]** → **[Import]**를 선택해서 클론하거나 Git 퍼스펙티브를 이용할 수 있습니다. 사실 두 가지 방법 모두 개념은 같으니 여기에서는 **[Import]** 메뉴를 이용해 클론하는 방법을 살펴보겠습니다.

> **NOTE_** 실제 클론하려는 GitHub 저장소의 'HTTPS clone URL' 주소를 확인하고 복사해두는 것을 기억하세요. SSH로 할 경우 SSH 설정을 해두지 않았으므로 정상적으로 진행되지 않을 것입니다.

메뉴에서 **[File]** → **[Import]**를 선택하거나 패키지 익스플로러에서 마우스 오른쪽 버튼을 클릭했을 때 나오는 바로 가기 메뉴에서 **[Import]**를 선택합니다.

그림 6-52 Import 메뉴 선택

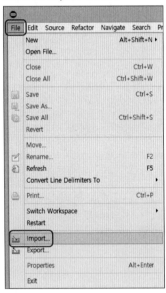

'Select' 창에서 'Git' 항목이 보입니다. 항목 오른쪽에 있는 화살표를 클릭해 아래에 있는 'Projects from Git'을 선택하고 〈Next〉를 클릭합니다.

그림 6-53 Project from Git 선택

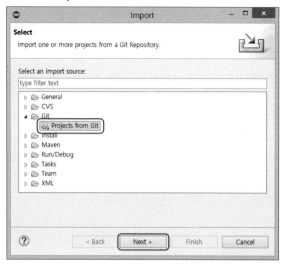

로컬에 있던 Git 프로젝트를 추가할 때는 'Existing local repository' 항목을 선택해야겠지만 우리는 GitHub에 있는 프로젝트를 클론하려는 것입니다. 'Clone URI'를 선택하고 〈Next〉를 클릭합니다.

그림 6-54 Clone URI 선택

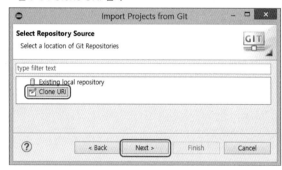

가져올 원격 저장소의 정보를 입력해야 하는 'Source Git Repository' 창이 열립니다. 각 항목의 기능은 다음과 같습니다.

- **URI**: GitHub 또는 Git 서버에서 알려주는 'HTTPS clone URL' 주소를 입력합니다. 상황에 따라 SSH 프로토콜이나 서브버전의 주소를 입력해도 됩니다.

- **HOST**: Git 서버의 호스트 주소를 표시합니다. GitHub의 경우 URI 항목에 주소를 입력하면 자동으로 값이 입력됩니다.
- **Repository path**: 원격 저장소의 경로를 입력합니다. GitHub의 경우 URI 항목에 주소를 입력하면 자동으로 값이 입력됩니다. '/사용자이름/저장소이름.git' 형식입니다.
- **Protocol**: 원격 저장소를 가져오는 데 필요한 네트워크 프로토콜을 선택합니다. file, ftp, git, http, https, sftp. ssh 중 하나를 선택할 수 있습니다.
- **Port**: 특정 포트에 접속해서만 원격 저장소를 가져올 수 있는 경우 해당 포트 번호를 입력합니다. 아닌 경우에는 그냥 비워둡니다.
- **User/Password**: 원격 저장소가 있는 Git 서버에 로그인할 필요가 있는 경우 사용자 이름과 비밀번호를 입력합니다.
- **Store in Secure Store**: 로컬 보안 저장소에 원격 저장소를 저장해야 할 경우 체크 표시해줍니다.

그림 6-55 URI 항목에 HTTPS clone URL 주소 붙여넣기

여기에서는 'URI' 항목에 'HTTPS clone URL' 주소를 붙여넣기하면 그림 6-55의 항목이 자동으로 채워집니다. 채워진 항목 이외의 다른 항목은 입력하지 않고 〈Next〉를 클릭합니다

NOTE_ Git 퍼스펙티브에서 'Clone a Git repository'를 클릭하면 바로 'Source Git Repository' 창이 등장합니다.

브랜치를 선택할 수 있는 'Branch Selection' 창이 열립니다. master 이외의 다른 브랜치 정보도 함께 로컬 저장소에 가져오고 싶다면 다른 브랜치를 선택하면 됩니다. 하지만 여기에서는 master 브랜치 하나밖에 없으니 이대로 〈Next〉를 클릭합니다.

그림 6-56 브랜치 선택

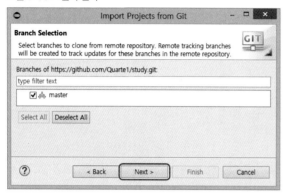

'Local Destination' 창은 프로젝트를 어디에 저장할지 선택하는 화면입니다. 여기까지만 하면 Git 퍼스펙티브에 Git 로컬 저장소가 등록됩니다. 설정 항목은 다음과 같은 기능이 있습니다.

- **Directory**: 원격 저장소의 디렉터리 경로를 설정합니다. 직접 경로를 입력해도 되고 〈Browse〉를 클릭해 디렉터리 경로를 선택해도 됩니다.
- **Initial branch**: 초기 브랜치를 선택합니다. 원격 저장소에 여러 개 브랜치가 있는 경우에는 원하는 브랜치를 선택할 수 있습니다. 여기서는 master 브랜치만 선택할 수 있습니다.
- **Clone submodules**: 현재 원격 저장소를 메인 프로젝트의 하위 프로젝트인 서브모듈로 클론하려면 체크 표시를 해줍니다. 해당 원격 저장소가 프로젝트에 사용되는 라이브러리일 경우 유용합니다.
- **Remote name**: 원격 저장소의 이름입니다. 기본값은 'origin'입니다. 로컬 저장소의 브랜치 개념으로 생각하면 이해하기 쉽습니다.

여기에서는 이클립스에 프로젝트를 만들어야 하니 더 진행해야 합니다. 하지만 지금 당장은 별다르게 설정할 건 없습니다. 자신이 평소에 프로젝트를 넣어두는 디렉터리를 지정하면 됩니다. 〈Next〉를 클릭합니다.

그림 6-57 로컬 저장 디렉터리 선택

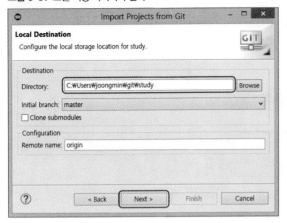

여기까지는 단순히 GitHub의 프로젝트를 로컬에 저장한 것에 불과합니다. 실제로 이클립스에서 사용하려면 프로젝트를 만들고, 이클립스 프로젝트에 로컬 Git 저장소 파일들을 추가해야겠죠. 다음 과정부터는 새 프로젝트를 만들고 거기에 Git 저장소를 추가하는 부분입니다.

'Select a wizard to use for importing projects' 창에서는 어떤 방식으로 이클립스에 프로젝트를 추가할지를 선택합니다.

- **Import existing Eclipse projects**: 현재 존재하는 이클립스 프로젝트에 원격 저장소를 불러옵니다.
- **Import using the new Project wizard**: 새로운 프로젝트 마법사를 이용해 프로젝트를 만들고 원격 저장소를 불러옵니다.
- **Importas general project**: 이클립스에 생성된 프로젝트가 아닌 프로젝트를 불러올 때 선택합니다.

여기에서는 새로운 프로젝트를 선택하므로 두 번째인 [Use the New Project wizard]를 선택하고 〈Finish〉를 클릭합니다.

그림 6-58 새로운 프로젝트 생성 마법사 선택

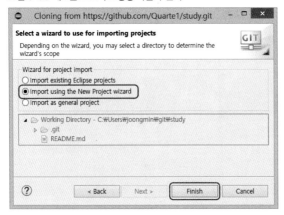

새 프로젝트 생성을 위한 'Select a wizard' 창이 열립니다. 여기서 GitHub에서 가져올 프로젝트의 적당한 유형을 선택합니다. 하지만 지금 당장은 방금 만들었던 프로젝트에 아무런 소스 파일도 없으니 **[General]** → **[Project]**를 선택한 다음 〈Next〉를 클릭합니다.

그림 6-59 새로운 프로젝트 생성

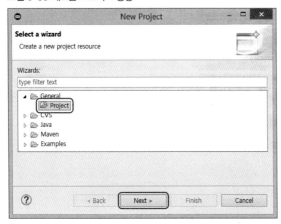

여기서부터는 여러분이 Git 저장소를 로컬의 어느 경로에 두었느냐가 중요해집니다. 경로에 따라 설정 방법이 달라지기 때문이죠. 설정 방법의 핵심은 그림 6-57에서 로컬에 저장한 Git 프로젝트 디렉터리를 지정하는 겁니다. 즉, Git 저장소 디렉터리와 프로젝트 디렉터리를 동일하게 하는 것입니다.

그림 6-60 새 프로젝트 디렉터리 지정

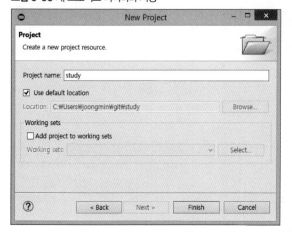

그런데 그림 6-60에서는 이클립스에 설정해 둔 워크스페이스와 Git 프로젝트를 저장해 둔 디렉터리가 같지만, 어떤 분은 디렉터리 경로가 다른 분이 있을 겁니다. 그럴 때는 그림 6-61과 같이 'Use default location' 항목의 체크 표시를 끄고, 그림 6-57에서 로컬에 저장해두었던 디렉터리를 선택한 후 프로젝트 이름을 알맞게 지정하면 됩니다. 마무리되면 〈Finish〉를 클릭합니다.

그림 6-61 기본 워크스페이스가 아닌 곳에 Git 로컬 저장소를 저장했을 경우

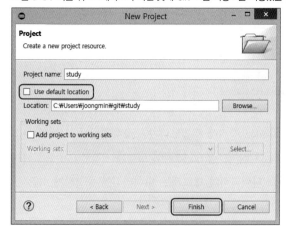

프로젝트가 생성되면 Git을 이용한 프로젝트라고 표시하기 위해 조그마한 원통 모양의 아이콘이 붙습니다. 이제 클론이 마무리된 것입니다.

그림 6-62 새로운 프로젝트와 함께 원격 저장소 클론

NOTE_ 이 책에서는 패키지 익스플로러에서 새로운 프로젝트와 함께 원격 저장소를 클론하는 방법을 다뤘습니다. 그런데 그림 6-55 아래 NOTE에서 Git 퍼스펙티브 창에서도 원격 저장소를 추가할 수 있다고 했습니다. 이 럴 경우는 그림 6-63과 같은 'Projects' 항목이 함께 나타납니다.

그림 6-63 Git 퍼스펙티브에서 원격 저장소를 클론하는 경우

추가된 옵션 항목의 기능은 다음과 같습니다.

- **Import all existing Eclipse projects after clone finishes**: 체크 표시를 켜면 원격 저장소에 있는 프로젝트가 이클립스 프로젝트인 경우 클론 후 자동으로 프로젝트를 불러옵니다.
- **Add project to working sets**: 클론하는 원격 저장소 프로젝트에 Working set[4]를 추가할 경우에 체크를 켭니다. 원하는 working set을 지정할 수 있습니다.

---

4 이클립스에서 여러 개 프로젝트가 있을 때 비슷한 프로젝트끼리 묶어주기 위해서 사용하는 기능입니다.

또한 Git 퍼스펙티브에서 원격 저장소를 추가했을 때 이클립스에서 생성한 프로젝트가 아닌 경우에는 패키지 익스플로러에 프로젝트가 추가되지 않는 경우가 있습니다. 이런 경우에는 원격 저장소 하위 항목인 'Working Directory' 항목에 오른쪽 마우스 버튼을 클릭한 후 바로 가기 메뉴에서 [Import Projects]를 선택합니다. 그러면 그림 6–58의 창이 열리고 'Import as general project'를 선택해 패키지 익스플로러에 프로젝트를 불러올 수 있습니다.

그림 6-64 원격 저장소의 프로젝트를 수동으로 불러오기

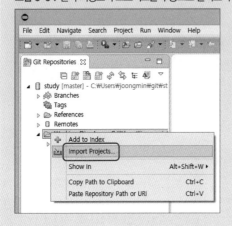

6.12 로컬 저장소와 원격 저장소를 연결하기

이번 절은 6.10절까지 만들었던 프로젝트(필자의 경우 'HelloWorld')에 이어서 진행합니다. 이클립스의 경우는 5장에서 별도로 진행했던 원격 저장소 추가와 로컬 저장소 푸시를 함께 합니다. 먼저 5.2절을 참고해 GitHub에서 빈 원격 저장소를 하나 생성해둡니다. 필자의 경우 'eclipse_hello'로 생성했습니다.

그림 6-65 빈 원격 저장소 생성

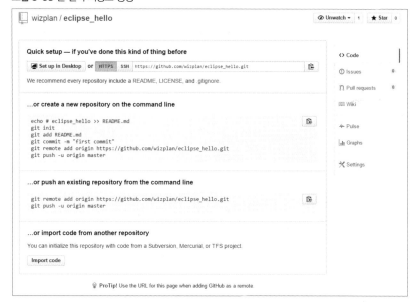

이제 Git 퍼스펙티브를 선택해서 Hello World 프로젝트의 하위 항목을 확장한 후 'Remotes' 항목을 오른쪽 마우스 버튼으로 클릭하고 [Create Remote]를 선택합니다.

그림 6-66 원격 저장소 연결 생성

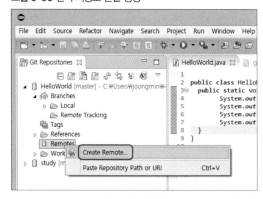

'Please enter a name for the new remote' 창이 열리면 'Remote name' 항목에 'origin'이 입력되어 있는지와 'Configure push' 항목이 선택되어 있는지를 확인합니다. 앞서 5.2절에서 살펴본 것처럼 'origin'은 원격 저장소의 별칭입니다. 원칙적으로는 다른 이름으로 바꿔도 괜찮습니다. 〈OK〉를 클릭합니다.

그림 6-67 원격 저장소의 별칭과 푸시 작업 선택

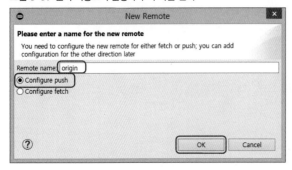

Configure push for remote 'origin' 창이 열리면 우선 'URI' 항목 옆에 있는 〈Change〉를 클릭합니다. 'Destination Git Repository' 창이 열리면 'URL' 항목에는 새로 생성한 원격 저장소의 'HTTPS clone URL' 항목의 주소를 입력합니다. 그럼 'Host' 항목과 'Repository path' 항목의 값은 자동으로 입력됩니다.

'Connection' 항목의 설정은 그대로 둡니다. 혹 SSH 등 다른 프로토콜을 선택하는 경우는 'Protocol' 항목의 설정값을 사용하는 프로토콜로 변경하면 됩니다.

'User' 항목과 'Password' 항목은 우선 자신의 GitHub 사용자 이름과 비밀번호를 입력해둡니다. 입력하지 않아도 문제는 없습니다. 진행 과정 중 다시 물어볼 것이기 때문입니다. 설정이 끝나면 〈Finish〉를 클릭합니다.

그림 6-68 원격 저장소와의 연결 설정

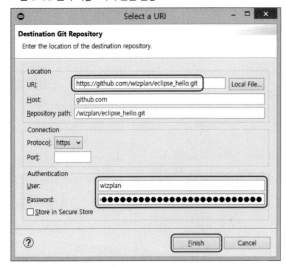

다시 Configure push for remote 'origin' 창으로 돌아오면 이번에는 오른쪽 아래에 있는 〈Advanced〉를 클릭합니다. 'Push Ref Specifications' 창이 나타나는데, 이 부분의 설정 과정이 핵심입니다. 지금까지 진행했던 모든 작업을 지정하기 위해 〈Add All Branches Spec〉을 클릭합니다. 'Specifications for push' 항목의 'Source Ref' 항목과 'Destination Ref' 항목에 'refs/heads/*'라고 설정되어 있다면 정상적으로 설정된 것입니다. 확인했다면 〈Finish〉를 클릭합니다.

그림 6-69 로컬 저장소의 모든 작업 내역 선택하기

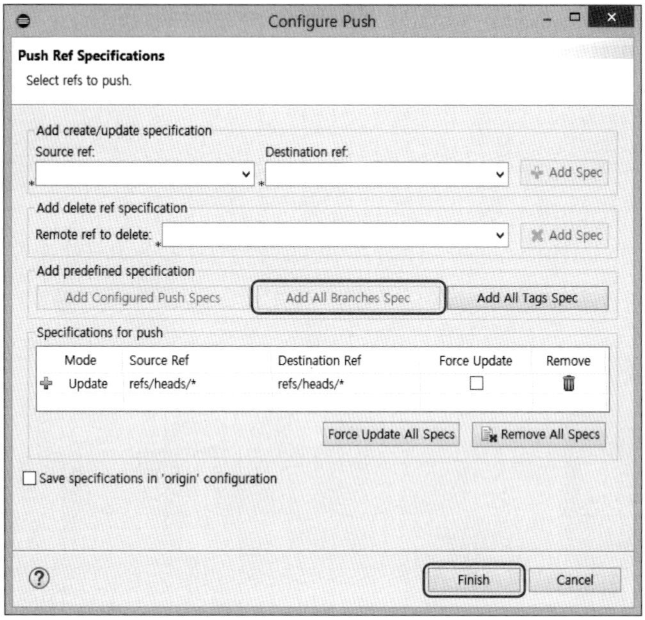

이제 그림 6-70과 같다면 Configure push for remote 'origin' 창의 설정이 끝난 것입니다. 여기서는 원격 저장소 정보 저장 후 바로 푸시하기 위해 〈Save and Push〉를 클릭합니다.

그림 6-70 로컬 저장소 푸시 설정 완료

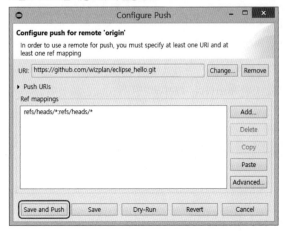

푸시를 시작합니다. 중간에는 몇 번 GiuHub 사용자 이름과 비밀번호를 입력할 것을 요구할 수 있습니다. 입력한 후 〈OK〉를 클릭하면 됩니다.

그림 6-71 GitHub 사용자 정보 입력

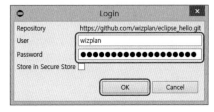

'Pushed to 프로젝트이름 − 별칭' 창에서는 최종 푸시한 로컬 저장소의 내역을 확인할 수 있습니다. 〈OK〉를 클릭하면 작업이 완료된 것입니다. 혹시 푸시하지 못한 작업 내역이 있다면 〈configure〉를 클릭해 작업 내역을 추가하면 됩니다.

그림 6-72 푸시 결과 확인

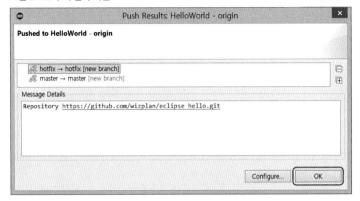

실제 GitHub 저장소를 확인해도 로컬 저장소의 데이터가 푸시되었음을 확인할 수 있습니다.

그림 6-73 GitHub 원격 저장소 확인

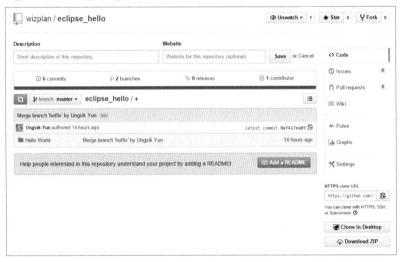

6.13 로컬 작업 내역을 원격 저장소에 올리기

새로운 Java 클래스 파일을 생성한 후 이를 원격 저장소에 푸시해보겠습니다. 먼저 패키지 익스플로러의 프로젝트 루트를 오른쪽 마우스 버튼으로 클릭해 **[New]** → **[Class]**을 선택해 새 파일(필자의 경우 'PushPrint.java')을 하나 생성합니다. 그리고 적당한 출력 코드(필자의 경우 'System.out.println("Add Java Class File Push");')를 입력하고 저장합니다.

마지막으로 **[Team]** → **[Commit]**을 선택해 커밋합니다(필자의 경우 커밋 메시지를 'remote repository add a PushPrint.java'라고 입력했습니다).

그림 6-74 PushPrint.java 파일 추가와 커밋

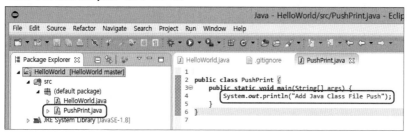

그럼 다시 master 브랜치의 변경 내역을 원격 저장소에 푸시할 차례입니다. 이럴 경우 방법은 크게 두 가지가 있습니다. Push to Upstream을 이용하는 방법과 Push branch 'Master'를 이용하는 방법인데요, Push to Upstream은 모든 브랜치의 작업 내역을 푸시하는 간편한 방식입니다. 작업 내역을 세분화해서 푸시하는 것이 어렵죠. 따라서 여기에서는 Push branch 'Master'를 선택해 푸시해보겠습니다. **[Team]** → **[Push branch 'Master']**를 선택합니다.

> **NOTE_** 눈치 빠른 독자분이라면 커밋 과정에서 〈Commit and Push〉를 클릭하면 바로 커밋 후 푸시가 가능하다는 것을 알 겁니다. [Push to Upstream]을 실행합니다.

'Push to branch on remote'라는 창이 등장하면 'Source' 항목의 변경 사항, 'Remote' 항목의 원격 저장소 주소, 'Branch' 항목의 브랜치 등을 확인합니다. 'Branch' 항목의 경우 기본값은 master 브랜치로 설정되어 있는데 만약 다른 브랜치로 바꾸고 싶다면 'refs/heads/브랜치이름' 형태로 입력해 선택할 수 있습니다. 설정을 확인했다면 〈Next〉를 누릅니다.

그림 6-75 푸시할 브랜치 선택 및 옵션 설정

참고로 'Configure upstream for push and pull'은 푸시에 필요한 옵션을 선택하는 것입니다. 자세한 내용은 6.14절에서 배웁니다.

'Force overwrite of branch on remote if it exists and has diverged'는 원격 저장소에는 없는데 로컬 저장소에 존재하거나 변경된 파일이 있는 경우 로컬 저장소 기준으로 원격 저장소에 덮어쓰기를 하겠다는 옵션입니다. 선택하지 않아야 합니다.

'Push Confirmation' 창에서는 푸시할 내역을 최종적으로 확인할 수 있습니다. 아래에는 두 가지 선택 항목이 있습니다.

- **Cancel push if result would be different than above because of changes on remote** : 원격 저장소에 지금 푸시하는 로컬 저장소와 다른 내역이 있다면 연결과 푸시를 취소하는 것입니다.
- **Show dialog with result only when it is different from the confirmed result above** : 원격 저장소에 지금 푸시하는 로컬 저장소와 다른 내역이 있다면 푸시 결과에 대한 별도의 메시지를 보여줍니다.

지금 과정은 굳이 선택 항목을 체크할 필요가 없습니다. 기본 설정 그대로 두고 〈Finish〉를 클릭합니다.

그림 6-76 푸시 전 최종 확인

푸시가 큰 문제 없이 완료되면 그림 6–77과 같은 결과 내역을 보여줍니다. 〈OK〉를 클릭하면 완료된 것입니다.

그림 6-77 푸시 결과 확인

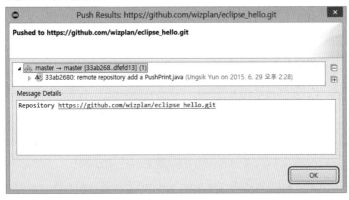

마지막으로 그림 6–78의 GitHub 저장소를 확인해보겠습니다. PushPrint.java 파일이 있으면 푸시가 성공한 것입니다.

그림 6-78 GitHub 저장소 확인

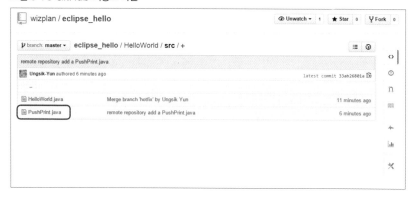

6.14 원격 저장소와 로컬 저장소의 간격 메꾸기

먼저 Git 퍼스펙티브를 선택한 후 로컬 저장소의 상태를 확인해보겠습니다. 아무런 이상이 없다면 그림 6-79와 같이 로컬 저장소의 브랜치와 원격 저장소의 브랜치 정보를 볼 수 있을 것입니다.

그림 6-79 저장소 상태 확인

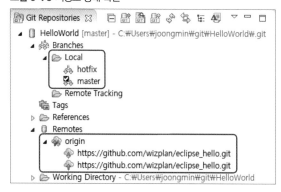

그럼 원격 저장소를 수정해보겠습니다. GitHub 웹 사이트에서 원격 저장소(필자의 경우 'eclipse _hello')에 접속한 후 master 브랜치에 있는 'HelloWorld / src' 폴더에 있는 PushPrint.java 파일을 수정해보겠습니다. 오른쪽 위에 있는 수정(✏) 버튼을 클릭해 수정 화면으로 들어갑니다.

그림 6-80 원격 저장소의 코드 수정

필자의 경우 다음과 같이 출력 코드 하나를 추가했습니다.

```
public class PushPrint {
  public static void main(String[] args) {
    System.out.println("Add Java Class File Push");
    System.out.println("World with 42");
  }
}
```

그림 6-81 코드 수정

코드 수정이 끝나면 5.4절의 그림 5-18과 마찬가지로 'Commit changes' 항목에서 알맞은 커밋 메시지를 입력(필자의 경우 'PushPrint.java modified on GitHub')한 후 〈Commit changes〉를 클릭합니다.

그림 6-82 커밋 완료

이렇게 외부에서 원격 저장소를 변경한 상황을 만들어주었습니다. 이제 로컬 저장소의 내용도 변경한 후 커밋해볼 차례입니다. 다음과 같이 파일을 적당히 수정하고 패키지 익스플로러의 프로젝트 루트를 오른쪽 마우스 버튼으로 클릭한 후 **[Team]** → **[Commit]**을 선택해 커밋합니다(필자의 경우 커밋 메시지를 'PushPrint.java modified on Local repository'로 입력했습니다).

```java
public class PushPrint {
  public static void main(String[] args) {
    System.out.println("Add Java Class File Push");
    System.out.println("World with Miku");
  }
}
```

그림 6-83 로컬 저장소 수정

```
 1
 2  public class PushPrint {
 3      public static void main(String[] args) {
 4          System.out.println("Add Java Class File Push");
 5          System.out.println("World with Miku");
 6      }
 7  }
 8
```

그림 6-84 로컬 저장소 커밋

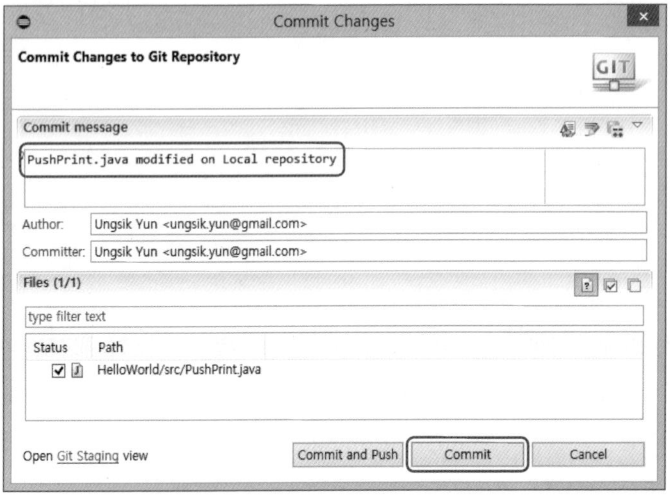

이제 푸시할 차례입니다. 패키지 익스플로러의 프로젝트 루트를 오른쪽 마우스 버튼으로 클릭한 후 [Team] → [Push to Upstream]을 선택해 푸시합니다. 하지만 그림 6-85와 같이 실패할 것입니다. 푸시하려면 로컬 저장소에 원격 저장소의 정보를 가져와 주어야 하기 때문입니다. 〈OK〉를 클릭해 일단 창을 닫아줍니다.

그림 6-85 푸시 실패

Git 퍼스펙티브를 선택하여 저장소를 오른쪽 마우스 버튼으로 클릭하고 바로 가기 메뉴에서 [Remote] → [Fetch]를 선택해 페치를 시작해보겠습니다.

그림 6-86 페치 시작

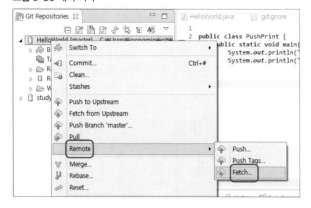

페치를 시작하면 'Source Git Repository' 창이 나타납니다. 6.12절의 과정을 진행한 분이면 이미 기존 원격 저장소의 정보가 있습니다. 'Configured remote repository' 항목을 선택한 후 〈Next〉를 클릭합니다.

그림 6-87 기존 원격 저장소 선택

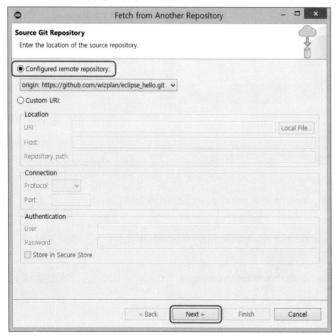

'Fetch Ref Specifications' 창에서는 페치할 대상을 선택해야 합니다. 먼저 〈Add All Branches Spec〉을 클릭해서 페치할 브랜치를 선택합니다. 'Annotated tags fetching strategy' 항목은 페치할 때 태그를 붙일 것인지를 선택하는 항목입니다. 태그를 붙이지는 않을 것이므로 'Never fetch tags, even if we have the thing it points at'을 선택합니다. 〈Finish〉를 클릭합니다.

그림 6-88 페치할 브랜치 선택

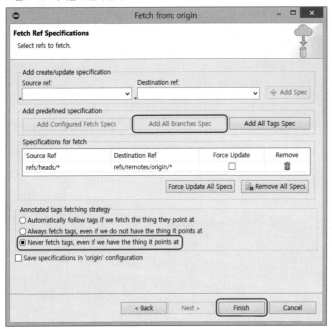

NOTE_ Annotated tags fetching strategy 항목의 옵션

방금 간단히 설명했지만 'Annotated tags fetching strategy' 항목의 옵션은 다음과 같은 기능을 합니다.

• **Automatically follow tags if we fetch the thing they point at**: 페치할 때 자동으로 태그를 붙입니다.

• **Always fetch tags, even if we do not have the thing it point at**: 특별한 변경 내역이 없을 때도 항상 페치할 때는 태그를 붙입니다.

• **Never fetch tags, even if we have the thing it points at**: 어떤 작업 내역이 있든 페치할 때 태그를 붙이지 않습니다.

페치가 완료되면 그림 6-89와 같은 'Fetched from https://~' 창이 나타납니다. 우선 〈OK〉를
클릭해서 작업을 완료합니다.

그림 6-89 페치 완료

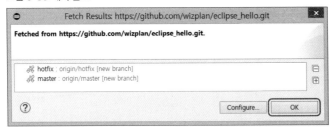

이제 로컬 저장소의 브랜치와 원격 저장소의 브랜치를 병합해 차이를 좁혀보겠습니다. Git 퍼스펙
티브의 프로젝트 루트를 오른쪽 마우스 버튼으로 클릭합니다. 바로 가기 메뉴에서 **[Merge]**를 선택
합니다.

그림 6-90 병합 시작

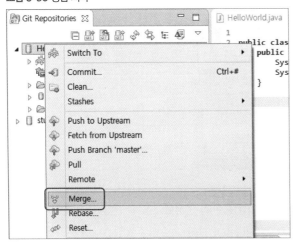

먼저 탐색기 창에서 'origin/master' 브랜치를 선택합니다. 그리고 'Merge options'와 'Fast
forward option'은 기본 설정 상태를 유지하고 〈Merge〉를 클릭합니다.

그림 6-91 병합 작업

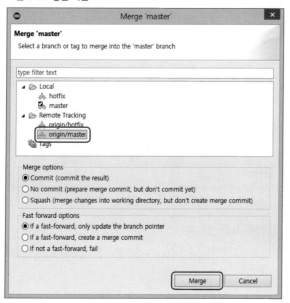

같은 부분을 수정해서 충돌이 발생했다는 메시지를 확인할 수 있습니다.

그림 6-92 충돌 확인

실제 코드 편집기를 확인해봐도 그림 6-93과 같이 충돌이 발생했음을 확인할 수 있습니다. 이제 원하는 대로 충돌을 해결해줍니다. 필자의 경우는 다음과 같이 코드를 수정했습니다.

```java
public class PushPrint {
  public static void main(String[] args) {
    System.out.println("Add Java Class File Push");
    System.out.println("World with 42");
    System.out.println("World with Miku");
  }
}
```

그림 6-93 충돌 내역 수정

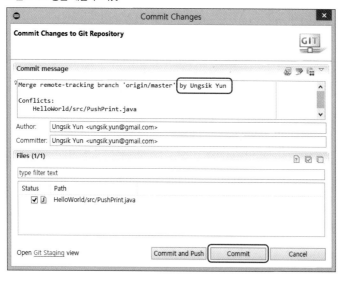

간단히 두 변경 내역 모두 적용하는 것으로 코드를 수정한 후 패키지 익스플로러를 선택합니다. 그리고 패키지 익스플로러의 프로젝트 루트를 오른쪽 마우스 버튼으로 클릭한 후 **[Team]** → **[Add to Index]**를 선택해 충돌이 해결되었음을 알립니다. 그리고 **[Team]** → **[Commit]**을 선택해 커밋합니다(필자의 경우 커밋 메시지 첫 줄 끝에 이어서 'by Ungsik Yun'이라고 입력했습니다). 충돌 해결 방법은 6.9절에서 다루고 있으니 기억이 나지 않는다면 참고하면서 하면 됩니다.

그림 6-94 충돌 해결 후 커밋

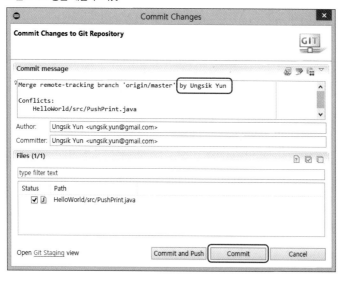

원격 저장소에 푸시할 준비가 끝났습니다. Git 퍼스펙티브를 선택한 후 로컬 저장소의 프로젝트 루트를 오른쪽 마우스 버튼으로 클릭해 바로 가기 메뉴에서 **[Push Branch 'master']**를 선택합니다.

그림 6-95 원격 저장소에 푸시

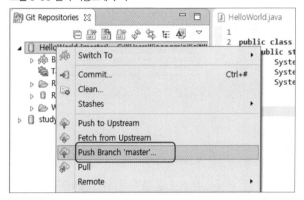

이번에는 기본 설정 그대로면 충분합니다. 'Remote' 항목에 원하는 원격 저장소가 지정되어 있는지, 'Branch' 항목에 master 브랜치로 설정되어 있는지, 'Configure upstream for push and pull' 항목에 체크 표시가 켜져 있는지, 'When doing a pull' 항목에 'Merge upstream commits into local branch'가 선택되어 있는지를 확인하면 됩니다. 〈Next〉를 클릭합니다.

그림 6-96 푸시 설정

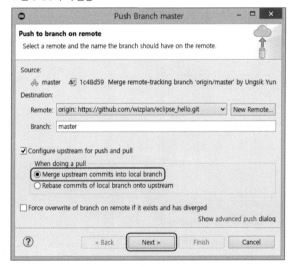

〈Finish〉를 클릭하여 푸시를 시작합니다.

그림 6-97 푸시 작업 확인

푸시가 완료되면 결과 화면이 나타납니다. 〈OK〉를 클릭합니다.

그림 6-98 푸시 완료

GitHub의 원격 저장소를 확인해보면 정상적으로 변경 내역이 반영된 것을 알 수 있습니다.

그림 6-99 GitHub 원격 저장소 확인

이제 풀을 살펴볼 차례입니다. 그림 6-99의 오른쪽 위에 있는 수정(🖉)을 클릭해 수정 화면으로 들어갑니다. 그리고 출력 코드(필자의 경우 System.out.println("World with Hatsune");) 를 하나 추가합니다. 수정이 끝나면 'Commit changes' 창에 알맞은 커밋 메시지(필자의 경우 'GitHub for git pull')를 입력한 후 〈Commit changes〉를 클릭해 커밋을 완료합니다.

그림 6-100 출력 코드 추가

로컬 저장소의 프로젝트 루트를 오른쪽 마우스 버튼으로 클릭해 바로 가기 메뉴에서 **[Pull]**을 선택합니다.

그림 6-101 풀 실행

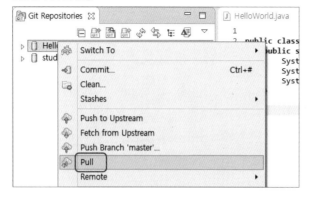

풀 작업을 진행한 결과가 등장합니다. 〈OK〉를 클릭해서 작업을 완료합니다.

그림 6-102 풀 실행 완료

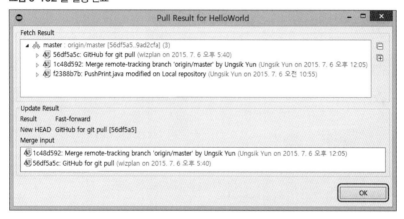

코드 편집기를 확인하면 원격 저장소의 내용이 반영된 것을 확인할 수 있습니다.

그림 6-103 풀 실행 결과 확인

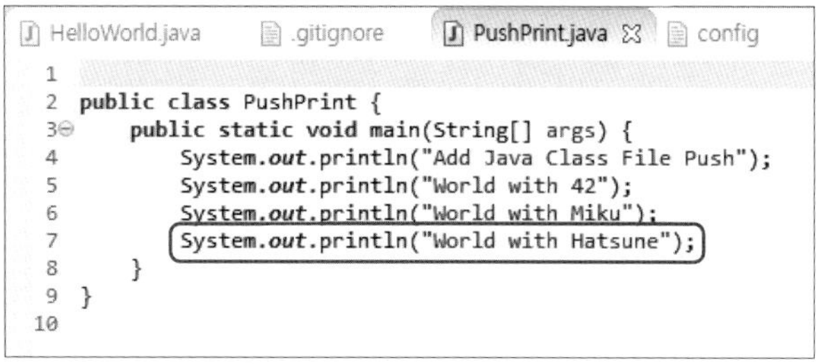

```
1
2  public class PushPrint {
3⊝     public static void main(String[] args) {
4          System.out.println("Add Java Class File Push");
5          System.out.println("World with 42");
6          System.out.println("World with Miku");
7          System.out.println("World with Hatsune");
8      }
9  }
10
```

NOTE_ 설정에 따라서 [Pull] 메뉴를 선택해서 실행했는데 그림 6–104와 같이 실행되지 않는 경우가 있습니다.

그림 6-104 풀 실패

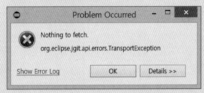

이런 경우는 페치와 관련된 정보가 제대로 설정되지 않아 생기는 경우입니다. 다음과 같은 방법으로 해결하면 됩니다.

1. Git 퍼스펙티브의 프로젝트 루트를 오른쪽 마우스 버튼으로 클릭한 다음 가장 아래에 있는 [Properties]를 선택합니다.

2. 'Configuration' 창이 등장하면 'Location' 항목 옆에 있는 〈Open〉을 클릭합니다.

그림 6-105 Configuration 창

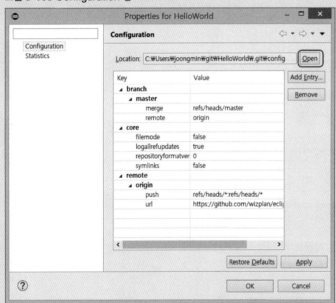

3. 코드 편집기의 내용이 다음과 같습니다. 원래는 [remote "origin"] 아래에 굵게 표시한 항목이 없습니다. 추가해준 후 파일을 저장합니다.

```
[core]
  symlinks = false
  repositoryformatversion = 0
  filemode = false
  logallrefupdates = true
[remote "origin"]
  url = https://github.com/wizplan/eclipse_hello.git
  push = refs/heads/*:refs/heads/*
  fetch = +refs/heads/*:refs/remotes/origin/*
[branch "master"]
  remote = origin
  merge = refs/heads/master
```

그림 6-106 Git 환경 설정 수정

이제 [Pull]을 선택했을 때 정상적으로 실행됩니다(만약 원격 저장소의 별칭이 origin이 아닐 경우는 별칭에 맞게 마지막 별칭을 변경해주어야 합니다). 이는 커맨드 라인에서 git remote add로 추가할 수 있는 정보이기도 합니다.

이것으로 이클립스의 기본적인 Git 사용 방법을 배웠습니다. 로컬 저장소에서 하는 작업은 이것으로 대부분 OK입니다. 3장과 5장을 잘 살펴보았다면 작업 흐름을 이해하는 데는 그리 어렵지 않았을 것으로 생각합니다. 그리고 명령어를 입력하지 않는 형태라 응용하는 것도 쉬울 것입니다.

7장에서는 Visual Studio에서의 Git 사용법을 살펴보겠습니다.

CHAPTER 07

Visual Studio에서의 Git 사용법

이 책에서 다루는 Visual Studio는 'Visual Studio 2013 Community'입니다. Visual Studio는 2013 이상부터 Git이 통합되어 있습니다. 따라서 2013 이상의 버전을 사용 중이라면 따로 플러그인을 설치할 필요가 없습니다. 무료 버전인 Express도 Git이 통합되어 있으니 실습에는 문제가 없으니 어떤 Visual Studio 버전을 선택해도 괜찮습니다.

Visual Studio는 버전 관리를 위한 별도의 창인 '팀 탐색기'를 제공하며, 이 창에서 대부분의 버전 관리가 이루어지므로 이클립스와 비교했을 때 조금 더 편리하다는 장점이 있습니다. 단, Visual Studio 한글판의 경우 지금까지 살펴보던 용어가 한글로 번역되어 나온다는 점에 주의했으면 합니다.

7.1 저장소 생성

새로운 프로젝트를 하나 만들어보도록 하겠습니다. [파일] → [새로 만들기] → [프로젝트]를 선택합니다.

그림 7-1 Visual Studio 초기 화면

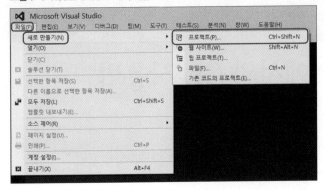

여기서는 Visual Studio에서 많이 사용하는 프로젝트 유형인 C# 프로젝트를 다룰 것이므로 **[템플릿] → [Visual C#] → [콘솔 응용 프로그램]**을 선택하겠습니다. 물론 C++ 등의 다른 프로젝트를 다뤄도 상관없습니다. 편한 프로젝트를 선택하면 됩니다.

프로젝트 유형을 설정하고 이름을 결정(필자는 'HelloWorld')했다면 〈확인〉 버튼 위를 한번 살펴볼 차례입니다. '소스 제어에 추가'라는 항목이 있습니다. 체크한 후 〈확인〉을 클릭합니다.

그림 7-2 프로젝트 유형 선택

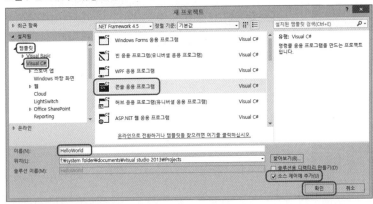

'소스 제어 선택' 창이 열립니다. 기본 옵션은 'Team Foundation 버전 제어'지만 우리는 Git을 다룰 것이므로 'Git'을 선택해줍니다. 〈확인〉을 클릭합니다.

그림 7-3 소스 제어 선택

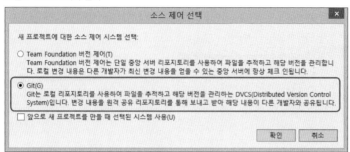

프로젝트가 생성되었습니다. 이미 프로젝트를 생성하기 전에 Git을 이용하겠다고 선택했으니 지금 상태가 Git의 저장소를 초기화한 상태입니다. 이제 이 프로그램을 수정하고 커밋해보겠습니다.

그림 7-4 프로젝트 생성 직후

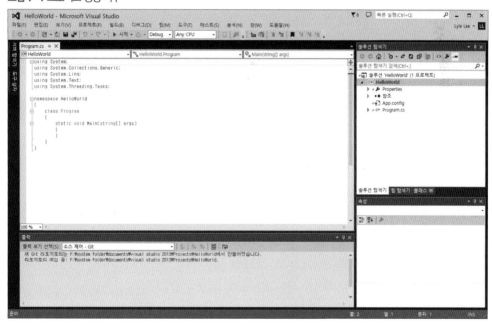

7.2 첫 번째 커밋

먼저 "Hello World"를 출력하는 코드를 삽입했습니다.

```
using System;
using System.Collections.Generic;
using System.Linq;
using System.Text;
using System.Threading.Tasks;

namespace HelloWorld
{
  class Program
  {
    static void Main(string[] args)
    {
      Console.WriteLine("Hello World");
    }
  }
}
```

그림 7-5 새 파일 생성 및 수정

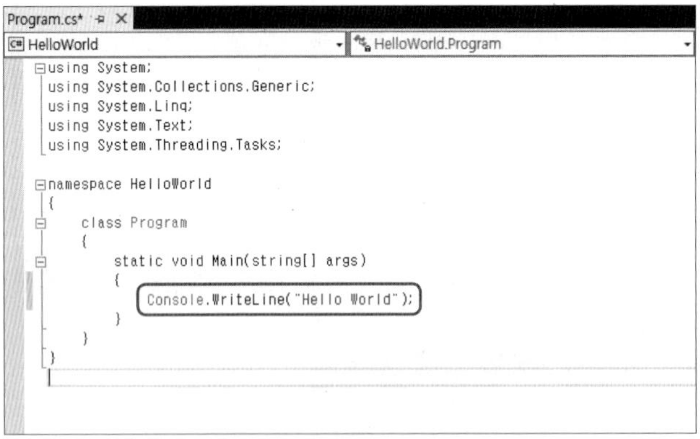

커밋해보겠습니다. 오른쪽 '솔루션 탐색기'의 아래 탭 중 '팀 탐색기'를 클릭합니다. 여기서 Git과 관련된 작업을 할 수 있습니다. '팀 탐색기'의 '홈' 화면이 나타납니다. 홈 화면에는 커밋과 관련된 기능이 보이지 않습니다. 프로젝트 항목의 네 가지 메뉴 중 '변경 내용'을 클릭합니다.

그림 7-6 팀 탐색기 탭

NOTE_ 사용자에 따라서는 '팀 탐색기'를 선택했을 때 '홈' 화면이 등장하지 않을 수도 있습니다. 그런 경우는 그림 7-7과 같이 도구 모음 메뉴 아래의 드롭 박스 메뉴를 클릭합니다. 원하는 메뉴로 바로 이동할 수 있습니다.

그림 7-7 프로젝트 메뉴 선택하기

'변경 내용'에서는 우선 비활성화된 〈커밋〉 버튼을 확인할 수 있고 '포함된 변경 내용'에는 커밋할 때 함께 추가될 파일들이 표시됩니다. 역시 개념은 같습니다. 커밋하기 전에 먼저 커밋 메시지를 입력해야죠. 노란색 배경의 '커밋 메시지를 입력하십시오. 〈필수〉'에 알맞은 커밋 메시지를 입력합니다(필자는 'Hello World!!'라고 입력했습니다).

커밋 메시지를 입력하면 〈커밋〉 버튼이 활성화됩니다. 〈커밋〉을 클릭하면 첫 번째 커밋을 완료한 것입니다.

그림 7-8 커밋 메시지 입력과 커밋

7.3 새로운 브랜치 생성과 이동

이제 브랜치를 다뤄봅니다. '팀 탐색기'의 도구 모음 메뉴에서 '홈(⌂)'을 클릭해 '팀 탐색기 – 홈' 으로 돌아간 후 프로젝트 항목에서 '분기'를 선택합니다(197쪽 NOTE 내용을 참고해 '분기'를 선택해도 됩니다).

그림 7-9 분기 선택

여기서는 브랜치와 관련된 작업인 새 브랜치 만들기, 체크아웃, 병합을 할 수 있습니다. 새로운 브랜치를 만들어 봅시다. '새 분기'를 클릭합니다. 그리고 '분기 이름을 입력하십시오. 〈필수〉'를 클릭하여 새로운 브랜치 이름(hotfix 브랜치)을 입력해줍니다.

이제 〈분기 만들기〉 버튼이 활성화됩니다. '분기 체크 아웃' 옵션은 기본으로 체크 표시가 되어 있습니다. 즉, 브랜치를 생성하면서 동시에 체크아웃합니다. 〈분기 만들기〉를 클릭합니다.

이제 hotfix 브랜치가 생성되고 굵은 글씨로 표시되어 현재 hotfix 브랜치에서 작업 중임을 나타냅니다.

그림 7-10 브랜치 이름 입력 및 생성

그림 7-11 브랜치 생성 후

7.4 두 번째 커밋

그럼 hotfix 브랜치에서 간단한 수정 작업을 해봅니다. 필자는 Console.WriteLine("World is mine");이라는 출력 코드를 추가했습니다. 수정했으니 이제 커밋하기 위해 '변경 내용'을 선택합니다.

그림 7-12 hotfix 브랜치 수정

```
Program.cs* + ×
HelloWorld                                    HelloWorld.Program
  using System;
  using System.Collections.Generic;
  using System.Linq;
  using System.Text;
  using System.Threading.Tasks;

  namespace HelloWorld
  {
      class Program
      {
          static void Main(string[] args)
          {
              Console.WriteLine("Hello World");
              Console.WriteLine("World is mine");
          }
      }
  }
```

그림 7-8과 같은 방식으로 커밋 메시지를 작성(필자는 'World is mine!'으로 작성)하고 커밋합니다. '포함된 변경 내용'에서 방금 바꾼 파일이 포함된 걸 볼 수 있습니다. 그럼 〈커밋〉을 클릭해 완료합니다.

그림 7-13 hotfix 브랜치 커밋

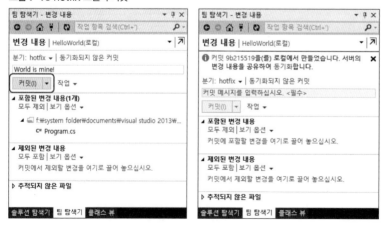

7.5 master 브랜치와 병합

이제 hotfix 브랜치를 master와 병합해봅시다. '분기' 항목을 선택한 후 master 브랜치를 더블 클릭하여 master 브랜치로 체크아웃합니다. 체크아웃하는 순간 왼쪽의 소스 코드가 바뀌는 것을 볼 수 있습니다. 이제 병합할 차례입니다. '병합'을 클릭합니다.

그림 7-15 master 브랜치 선택과 병합

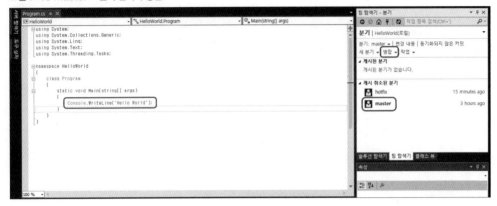

브랜치들을 선택할 수 있는 드롭 다운 메뉴가 나옵니다. 왼쪽의 브랜치를 오른쪽에 브랜치에 병합하는 것이죠. 조금 전 master 브랜치로 체크아웃했으니 오른쪽에는 master가 있습니다. 우리는 hotfix 브랜치를 master 브랜치에 병합하는 것이니 왼쪽은 'hotfix'를 선택해줍니다. 브랜치를 선택하면 〈병합〉 버튼이 활성화됩니다. 클릭합니다.

그림 7-16 병합할 브랜치 선택

master 브랜치에 hotfix 브랜치의 내용이 병합된 것을 확인할 수 있습니다.

그림 7-17 브랜치 병합 완료

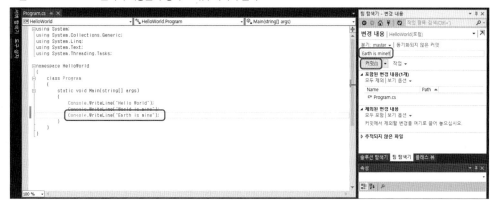

7.6 각 브랜치의 독립성 확인

역시 먼저 master 브랜치의 내용을 수정하고 커밋해봅니다. 다음 단계를 차례로 수행합니다.

1 출력 코드(필자의 경우 `Console.WriteLine ("Earth is mine");`)를 추가합니다.

2 '변경 내용'을 선택한 후 커밋 메시지(필자의 경우 'Earth is mine!!')를 추가합니다.

그림 7-18 master 브랜치의 내용을 수정하고 커밋 메시지 입력

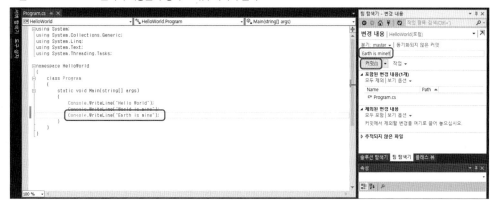

〈커밋〉을 클릭합니다. 그리고 커밋이 정상적으로 완료되었음을 확인합니다.

그림 7-19 세 번째 커밋

이번에는 hotfix 브랜치의 내용을 수정하고 커밋해봅니다. 다음 단계를 수행합니다.

1 '분기' 메뉴를 선택합니다. 그리고 'hotfix'를 더블 클릭해 hotfix 브랜치를 선택합니다.
2 출력 코드(필자의 경우 `Console.WriteLine("Luna is mine");`)를 추가합니다.

그림 7-20 hotfix 브랜치 변경 및 내용 수정

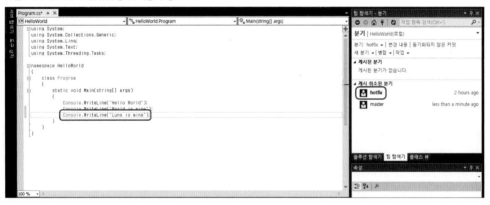

'변경 내용' 메뉴를 선택한 후 커밋 메시지(필자의 경우 'Luna is mine!!')를 입력합니다. 그리고 〈커밋〉을 클릭한 후 커밋이 완료되는지를 확인합니다. 정상적으로 커밋되면 각 브랜치의 독립성을 확인한 것입니다.

그림 7-21 hotfix 브랜치 커밋

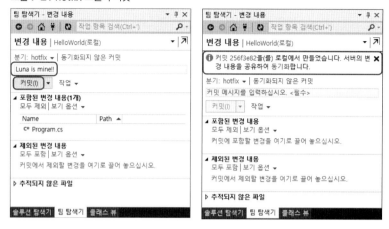

이제 쉽게 Visual Studio를 이용하여 로컬에서 버전 관리를 활용할 수 있을 것입니다!

7.7 불필요한 파일 및 폴더 무시

6장에서 소개했던 이클립스는 사용자가 직접 .gitignore 파일을 편집해야만 작업 환경에 맞게 적절한 파일들을 무시할 수 있었습니다. 하지만 Visual Studio는 처음에 버전 관리 시스템을 지정하여 저장소를 생성할 때 알맞은 .gitignore 파일을 생성해줍니다. 따라서 Visual Studio 실습 부분에서는 gitignore.io를 이용하는 부분은 다루지 않겠습니다.

Visual Studio도 다른 IDE처럼 .gitignore 파일을 편리하게 관리할 수 있습니다. 프로젝트를 열고 '팀 탐색기'의 '홈' 메뉴로 이동합니다. 그리고 '프로젝트' 항목의 네 가지 메뉴 중 '설정'을 선택합니다. 그런 다음 'Git' 항목 아래 'Git 설정'을 클릭합니다.

그림 7-22 Git 설정 선택하기

Git에 적용되는 '전역 설정'과 '리포지토리 설정' 항목을 볼 수 있습니다. 여기서는 .gitignore 파일을 수정하는 방법을 알아볼 것이므로 '리포지토리 설정' → '파일 무시' 항목 아래에 있는 '편집'을 클릭합니다.

그림 7-23 .gitignore 편집 선택

.gitignore 파일이 열리고 Visual Studio의 기본 설정 내용을 확인할 수 있습니다.

그림 7-24 .gitignore 내용 확인

나중에 필요한 설정이 더 있다면 지금 소개한 과정으로 파일을 수정하여 저장하고 커밋하는 것으로 .gitignore 파일을 다룰 수 있습니다.

7.8 충돌 해결

그럼 이제 병합할 때 발생하는 충돌을 해결해보겠습니다. 먼저 master에서 hotfix 브랜치를 병합해봅시다. master 브랜치로 체크아웃하고 아까 작업했던 master 브랜치의 변경 내역으로 돌아갔는지 확인합니다. 브랜치 하위의 '병합' 항목을 클릭합니다. 왼쪽에는 병합할 브랜치로 hotfix를 선택하고 병합하는 브랜치는 master로 그대로 둡니다. 이제 〈병합〉을 클릭합니다.

그림 7-25 충돌 병합 시도

당연한 일이겠지만 '병합이 완료되었지만 충돌이 발생했습니다. 충돌 해결 후에 결과를 커밋하십시오.'라는 메시지와 함께 충돌이 발생했다고 알려줍니다. 잘 살펴보면 '충돌 해결' 부분에 링크가 연결된 것을 확인할 수 있습니다. 클릭해서 충돌을 해결하면 됩니다.

그림 7-26 충돌 알림

그림 7-27 '변경 내용' 메뉴에서의 충돌 알림

어떤 파일에서 충돌이 발생했고, 어떤 충돌이 해결되었는지 표시해줍니다. 충돌 해결을 위해 충돌이 발생한 파일인 'Program.cs'를 클릭해봅시다. 어떤 충돌이 일어났고 어떤 행동을 취할 수 있는지 제시합니다. 또한 충돌 해결을 위한 몇 가지 기능이 있습니다. 구체적인 기능은 다음과 같습니다.

- **파일 비교**: 편집기 창 두 개를 열어서 충돌 부분을 비교한 후 직접 수정할 수 있게 해줍니다.
- **Diff**: 편집기 창 두 개를 열어서 가장 최근 커밋 전과 비교해서 어떤 부분이 변경되었는지를 표시해줍니다.
- **소스 사용**: 현재 브랜치(위 예에서는 hotfix 브랜치)의 내용으로 수정합니다.
- **대상 유지**: 현재 브랜치(위 예에서는 master 브랜치)의 내용을 그대로 유지합니다.

여기에서는 충돌 처리에 대해서 좀 더 알아보고 싶으니 〈병합〉을 클릭합니다.

그림 7-28 충돌 정보 확인

다양한 정보를 보여주는 병합 도구 화면으로 바뀝니다. 위쪽에는 충돌이 발생한 변경 내역 각각을 표시하며, 아래쪽은 어떻게 변경 내역이 적용될 것인지를 미리 보여줍니다.

그림 7-29 병합 화면 1

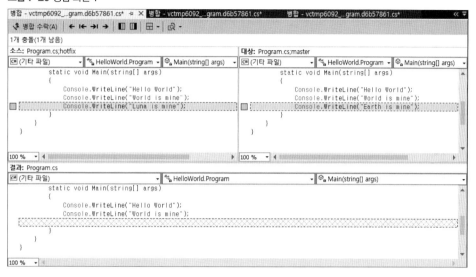

위쪽의 코드 편집기에는 체크 박스가 두 개 있습니다. 해당 체크 박스 각각을 클릭해봅시다. 그럼 체크한 코드가 아래의 결과 화면에 적용됩니다. 양쪽 브랜치의 코드 전부를 체크해봅시다. 각각 브랜치의 내용이 행을 다르게 해서 들어갑니다.

그림 7-30 병합 화면 2

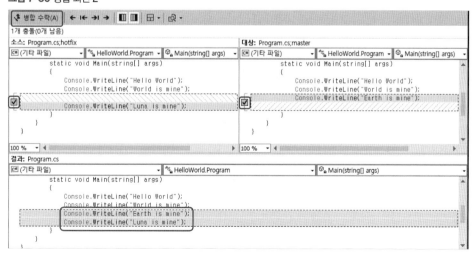

이렇게 어느 한쪽이나 양쪽의 내용을 적용할 수도 있지만, 사용자가 직접 병합 결과를 아래쪽에서 수정할 수도 있습니다. 알맞게 수정한 후 위쪽의 〈병합 수락〉을 클릭하면 병합이 완료됩니다.

'Program.cs' 파일의 편집기를 선택하면 두 브랜치의 내용이 모두 포함되었음을 알 수 있습니다. 이제 병합이 완료되었음을 Git에게 알려주기 위해 병합된 내용을 커밋해야 합니다. 실제로 '팀 탐색기'를 살펴보면 '해결됨' 항목에 'Program.cs' 파일이 있습니다. 이를 확인한 후 〈병합 커밋〉을 클릭합니다.

그림 7-31 병합 커밋 완료

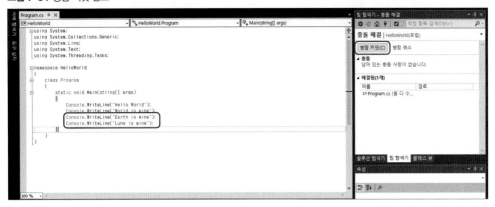

이제 병합 작업을 저장소에 커밋하는 것만 남았습니다. 알맞은 커밋 메시지를 입력하고 커밋해야 비로소 충돌 문제가 해결됩니다. 커밋 메시지(필자의 경우 'master merged hotfix conflict resolved')를 작성하고 〈커밋〉을 클릭합니다. 커밋 완료 메시지가 나오면 완료된 것입니다.

그림 7-32 병합 커밋 메시지 작성

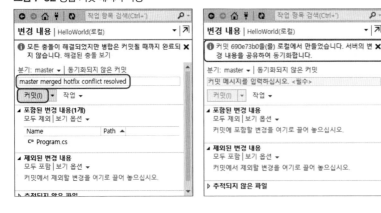

7.9 기록 보기

'팀 탐색기'의 '분기' 메뉴를 선택합니다. 그리고 '게시 취소된 분기' 항목의 브랜치 이름(여기에서는 master 브랜치 선택)에 오른쪽 마우스 버튼을 클릭하면 바로 가기 메뉴가 나타납니다. [기록 보기]를 선택합니다.

그림 7-33 커밋 내역 보기

해당 브랜치의 커밋 내역을 볼 수 있습니다. Visual Studio는 다른 IDE와는 다르게 해당 브랜치의 커밋 내역만 보여준다는 차이가 있습니다. 단, 다른 브랜치의 커밋 내역과 연관 있는 경우 해당 브랜치에서 파생되었다고 표시해줍니다.

그림 7-34 master와 hotfix 브랜치의 커밋 내역

또한 커밋 내역을 더블 클릭하면 '팀 탐색기'에서 해당 커밋 내역의 정보를 표시해줍니다.

그림 7-35 커밋 정보 창

6.9절을 읽어본 분이라면 아마 자연스럽게 '상위' 항목을 살펴보게 될 것입니다. 이클립스와 마찬
가지로 SHA-1 체크섬 값의 앞자리를 줄인 표시입니다. 링크를 클릭하면 해당 커밋 항목으로 이
동해서 커밋 내역의 연관성을 확인할 수 있습니다. '되돌리기' 항목은 해당 커밋 내용을 되돌릴 때
사용할 수 있습니다.

7.10 원격 저장소의 내용을 로컬 저장소로 가져오기

앞서 Visual Studio는 Git이 포함되어 있다고 소개했습니다. 그래서 따로 플러그인을 설치하지
않아도 Git을 사용할 수 있었죠. GitHub 원격 저장소를 이용한 클론 역시 별도의 플러그인을 설
치하지 않아도 됩니다.

NOTE_ Python Tools for Visual Studio

7.10절에서는 파이썬 코드를 다룰 예정입니다. 파이썬 코드를 다루려면 Visual Studio에서 파이썬 코드를 다룰 수 있는 별도의 플러그인인 Python Tools for Visual Studio를 설치해야 합니다. 이 플러그인은 https://pytools.codeplex.com/releases/view/109707에서 현재 사용하고 있는 Visual Studio의 버전을 확인해서 다운로드한 후 설치하면 됩니다.

물론 반드시 파이썬일 필요는 없습니다. 편한 프로그래밍 언어로 실습을 진행하면 됩니다.

그림 7-36 Python Tools for Visual Studio 웹 사이트

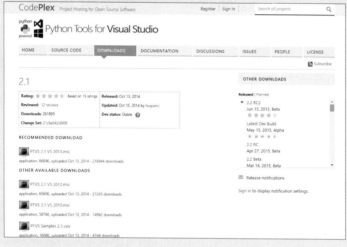

Visual Studio를 실행하고 지금까지 Git을 다루는 데 사용했던 '팀 탐색기'를 선택해줍니다. GitHub 원격 저장소를 클론하는 게 목적이니 '복제본' 항목을 클릭합니다. 만약 그림 7-36과 같은 메뉴가 열리지 않는다면 위쪽에 있는 플러그 모양의 아이콘(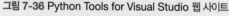)을 클릭하면 됩니다.

그림 7-37 팀 탐색기 연결 메뉴

이제 study 저장소 'HTTPS Clone URL' 항목의 GitHub
저장소 주소를 '복제할 Git 리포지토리의 URL을 입력하십
시오. 〈필수〉'라는 노란색 입력 칸에 붙여넣어 줍니다.

그림 7-38 클론 주소 붙여넣어 저장소 가져오기

그 아래의 디렉터리 경로는 Git 프로젝트를 로컬 머신 어
디에 저장할지 지정하는 경로입니다. 기본값을 사용해도
좋고, 평소에 자신이 Git 저장소만 모아두는 경로가 있다
면 그곳으로 해도 됩니다. 기본 설정된 경로 그대로 놔두
었습니다. 그리고 GitHub 저장소 주소를 붙여넣기 하면
자동으로 로컬 머신 경로까지 설정해줍니다.

〈복제〉를 클릭하면 GitHub의 저장소를 로컬 저장소로
가져오게 됩니다.

이제 해당 Git 로컬 저장소에 새 프로젝트를 만들면 됩니
다. 원격 저장소에서 클론해 온 로컬 저장소를 더블 클릭
합니다.

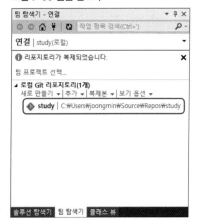

그림 7-39 클론 완료 후

'홈' 메뉴가 나타나면 해당 저장소에서 할 수 있는 Git 관련 작업 메뉴가 나타나고 저장소에 존재하
는 Visual Studio의 솔루션을 보여줍니다. 그런데 아무것도 없는 GitHub 저장소를 클론해온 것
이라 솔루션이 보이지 않네요.

해당 저장소를 포함하는 프로젝트를 만들어봅시다. 솔루션 아래의 '새로 만들기'를 클릭하면 새 프로젝트를 만드는 화면이 열립니다.

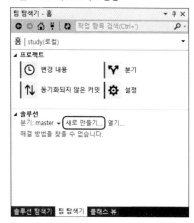

그림 7-40 새 프로젝트 생성

기본적으로는 여러분이 만들고 싶은 유형을 골라서 새 프로젝트를 만들어줍시다. 여기서는 앞서 말했던 것처럼 파이썬 프로젝트를 생성할 것이므로 [템플릿] → [Python] → [Python Application]을 선택합니다.

만약 GitHub에서 가져온 저장소가 이미 소스 코드를 포함하고 있다면 기존 코드에서 가져오는 프로젝트를, 아니라면 그냥 아무것도 없는 상태에서부터 만드는 코드를 선택하면 되겠죠. 우리는 빈 저장소를 가져온 것이니 '새로 만들기'를 클릭해 새 프로젝트를 만들면 되겠지만, 이미 코드가 있는 저장소를 클론한 경우라면 '열기'를 클릭해 이미 존재하는 코드에서 프로젝트를 시작하면 될 것입니다.

아래 '위치' 항목의 솔루션 저장 경로를 보면 아까 저장한 Git 로컬 저장소랑 같다는 걸 알 수 있습니다. 오른쪽 '솔루션용 디렉터리 만들기' 항목에 체크 표시해주면 여러 개 프로젝트를 모아 관리하는 솔루션과 관련된 설정을 저장하는 디렉터리가 Git 저장소 아래에 새로 생성됩니다. 이 부분은 프로젝트를 성격에 따라 체크를 켜주거나 끄면 됩니다. 여기서는 체크 표시를 해줍니다.

마지막으로 '이름', '솔루션 이름' 항목에 이름을 입력(필자의 경우 'study_solution')하고 〈확인〉을 클릭해 프로젝트를 생성합니다.

그림 7-41 파이썬 새 프로젝트 생성

이제 솔루션 탐색기를 선택해 살펴보면 프로젝트가 생성된 걸 볼 수 있습니다(어떤 프로젝트 유형을 선택했느냐에 따라 그림 7-42와 다를 수 있습니다).

그림 7-42 솔루션 탐색기의 프로젝트

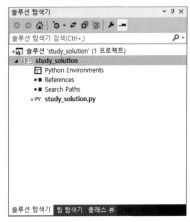

이후 필요에 따라 GitHub에서 클론한 로컬 저장소에 저장해 놓은 Visual Studio 프로젝트에 파일 등을 추가해서 작업하면 됩니다.

7.11 로컬 저장소와 원격 저장소를 연결하기

아마 다른 IDE와 비교했을 때 Visual Studio의 로컬 저장소와 원격 저장소를 연결하고 푸시하는 일이 가장 직관적으로 구성되어 있어 손쉽습니다.

이번 절은 7.9절까지 만들었던 프로젝트(필자의 경우 'HelloWorld')에 이어서 진행합니다. 지금까지의 실습과 마찬가지로 4.4절을 참고하여 GitHub에서 빈 원격 저장소를 하나 생성합니다(필자의 경우 'visual_hello'라는 이름으로 생성했습니다). 그리고 상단에 있는 HTTPS의 주소를 복사해둡니다.

그림 7-43 새로운 빈 원격 저장소

바로 로컬 저장소와 원격 저장소를 연결해보겠습니다. '팀 탐색기'의 '홈' 메뉴에서 '동기화되지 않은 커밋' 메뉴를 선택합니다. '원격 리포지토리에 게시'라는 항목에 '빈 Git 리포지토리의 URL을 입력하십시오 〈필수〉'라는 입력 항목이 있습니다. 여기에 GitHub 주소를 복사합니다. 복사가 끝나면 〈게시〉를 클릭합니다.

그림 7-44 로컬 저장소와 연결할 원격 저장소 주소 입력

GitHub 웹 사이트에 로그인하기 위한 사용자 이름과 비밀번호를 묻습니다. 입력한 후 〈확인〉을 클릭합니다.

그림 7-45 GitHub 사용자 이름 입력

정말 간단하게도 원격 저장소와 연결되고 프로젝트가 푸시되었습니다.

그림 7-46 원격 저장소와 연결 및 푸시 성공

그런데 이것으로 완벽하지는 않습니다. 현재 작업은 master 브랜치만 원격 저장소에 푸시했기 때문입니다. hotfix 브랜치도 푸시해주어야 합니다. '분기' 메뉴를 선택하고 살펴보면 '게시 취소된 분기' 항목에 hotfix 브랜치가 있습니다. 해당 항목을 오른쪽 마우스 버튼으로 클릭한 후 바로 가기 메뉴에서 **[분기 게시]**를 선택합니다.

그림 7-47 hotfix 브랜치를 원격 저장소와 연결하기 위해 추가

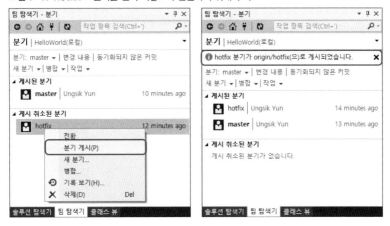

다시 '동기화되지 않은 커밋' 메뉴를 선택하고 이번에는 〈동기화〉를 클릭해서 hotfix 브랜치도 원격 저장소에 푸시합니다.

그림 7-48 hotfix 브랜치를 원격 저장소에 푸시

GitHub 웹 사이트의 저장소를 확인하면 역시 프로젝트 데이터와 커밋 내역 등을 확인할 수 있습니다.

그림 7-49 GitHub 원격 저장소 확인

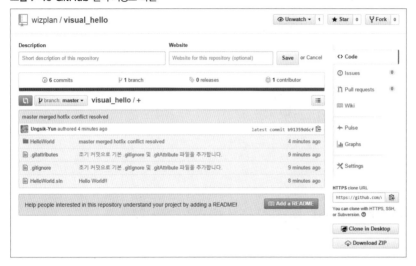

이제 세 가지 메뉴를 통해 로컬 저장소와 원격 저장소의 변경 내역을 관리할 수 있습니다. 첫 번째는 기본 작업 내역입니다. 브랜치를 선택하는 작업 '풀'과 '푸시'를 선택해서 변경 내역을 관리할 수 있습니다. 〈동기화〉 버튼은 원격 저장소의 변경 내역과 로컬 저장소의 변경 내역을 파악해 클릭 한 번으로 양쪽 저장소의 변경 내역을 알려주는 편리한 기능입니다.

'들어오는 커밋' 항목에서는 원격 저장소의 변경 사항을 알려줍니다. 이 사항을 확인한 후 아래에 있는 '페치'나 '풀'을 클릭해 원격 저장소의 변경 사항을 로컬 저장소에 반영해줍니다.

'나가는 커밋' 항목에서는 로컬 저장소의 변경 사항을 알려줍니다. 변경 사항을 확인한 후 '푸시'를 클릭하면 로컬 저장소의 변경 사항을 원격 저장소에 반영할 수 있습니다.

7.12 로컬 작업 내역을 원격 저장소에 올리기

5.3절과 마찬가지로 README.md 파일을 추가하겠습니다. 메뉴에서 **[파일]** → **[새로 만들기]** → **[파일]**을 선택해서 '새 파일' 창을 엽니다. 그리고 **[일반]** → **[텍스트 파일]**을 선택한 후 〈열기〉를 클릭해 파일을 하나 만듭니다. 파일이 생성되면 알맞은 메시지(필자의 경우 'remote repository of Visual Studio')를 입력합니다. 그리고 파일을 저장하면서 파일 이름을 README.md로 저장합니다.

그림 7-50 README.md 파일 생성과 저장

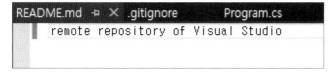

> **NOTE_** 파일을 저장할 때는 열리는 폴더 경로는 프로젝트 메인 부분이 아닙니다. 화면에 보이는 HelloWorld 폴더 안으로 들어간 후 저장해야 합니다.

언제나 강조해도 지나치지 않습니다. 변경 사항이 있다면 가장 먼저 커밋하는 습관을 들여야 합니다. 다시 '팀 탐색기'에서 '변경 내용' 메뉴를 선택한 후 커밋 메시지(필자의 경우 'remote repository add a README.md')를 입력합니다.

그런데 커밋 메시지를 입력해도 〈커밋〉 버튼이 활성화되지 않습니다. 이는 README.md 파일이 추적되지 않는 파일의 속성이기 때문입니다. 먼저 '추적되지 않은 파일' 항목에서 README.md 파일을 선택한 후 '모두 추가'를 클릭해 '포함된 변경 내용' 항목으로 이동시킵니다. 그럼 〈커밋〉 버튼이 활성화됩니다. 클릭합니다.

그림 7-51 README.md 파일을 커밋하기 위한 설정

커밋이 완료되면 다시 '동기화되지 않은 커밋' 메뉴를 선택합니다. 그러면 이제 '나가는 커밋' 항목에 README.md 파일이 추가된 것을 확인할 수 있습니다. '푸시'를 클릭하면 푸시가 완료됩니다.

그림 7-52 README.md 파일 푸시 및 완료

실제 GitHub 웹 사이트의 저장소를 확인해보면 README.md 파일이 푸시되었음을 확인할 수 있습니다.

그림 7-53 GitHub 원격 저장소의 README.md 파일 푸시 확인

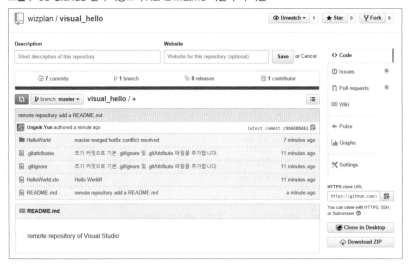

7.13 원격 저장소와 로컬 저장소의 간격 메꾸기

7.12절의 과정까지 마쳤다면 HelloWorld 프로젝트는 그림 7–54와 같은 상태입니다. Program
.cs 파일과 README.md 파일이 있습니다.

그림 7-54 HelloWorld 프로젝트 화면

```
README.md        Program.cs  ⊕ ✕
C# HelloWorld                          ▼    HelloWorld.Program                      ▼
   using System;
   using System.Collections.Generic;
   using System.Linq;
   using System.Text;
   using System.Threading.Tasks;

   namespace HelloWorld
   {
       class Program
       {
           static void Main(string[] args)
           {
               Console.WriteLine("Hello World");
               Console.WriteLine("World is mine");
               Console.WriteLine("Earth is mine");|
               Console.WriteLine("Luna is mine");
           }
       }
   }
```

원격 저장소는 그림 7–55와 같습니다. 필자의 경우 7.11과 7.12절에서 사용했던 visual_hello입
니다.

그림 7-55 GitHub 원격 저장소 초기 화면

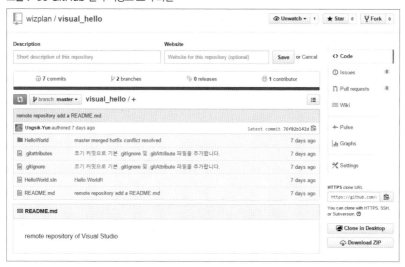

이제 GitHub의 원격 저장소와 로컬 저장소를 각각 수정해보겠습니다. 우선 GitHub쪽을 먼저 수정하죠. README.md 파일을 수정해도 상관없지만, 여기에서는 Program.cs 파일의 소스 코드를 수정해보겠습니다. `Console.WriteLine("World on GitHub");`라는 새로운 출력 코드를 한 줄 추가해줍니다.

그림 7-56 GitHub 원격 저장소 파일 수정

그리고 알맞은 커밋 메시지(필자의 경우 'Program.cs modified on GitHub')를 입력한 후 〈Commit Changes〉를 클릭하여 커밋합니다.

그림 7-57 Commit changes에 커밋 메시지 입력

이것으로 GitHub에서의 수정은 끝났습니다. 이렇게 하면 다른 로컬 저장소에서 코드를 변경한 후 원격 저장소에 푸시한 것과 같은 효과를 낼 수 있습니다.

이제 로컬 저장소에서 코드를 수정하겠습니다. 다음과 같이 굵게 표시한 부분을 추가했습니다.

```
using System;
using System.Collections.Generic;
using System.Linq;
using System.Text;
using System.Threading.Tasks;

namespace HelloWorld
{
  class Program
  {
    static void Main(string[] args)
    {
      Console.WriteLine("Hello World");
      Console.WriteLine("World is mine");
      Console.WriteLine("Earth is mine");
      Console.WriteLine("Luna is mine");
      Console.WriteLine("Earth on Local repository");
    }
  }
}
```

그림 7-58 로컬 저장소의 Program.cs 수정

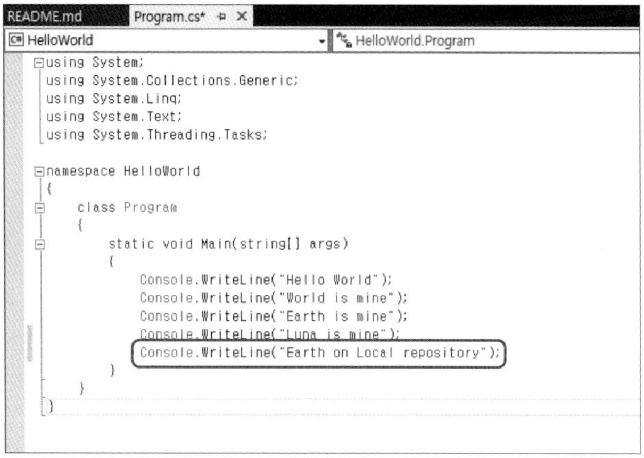

GitHub 상에서 수정한 것과 같은 행을 수정했습니다. 아마도 3.10절처럼 병합할 때 충돌이 발생할 것입니다. 우리는 GitHub에서 어떻게 수정했는지 알고 있으니 충돌을 예상할 수 있겠지만 실제로는 충돌이 생길지 안 생길지 알 수 없겠죠.

이제 커밋하겠습니다. '팀 탐색기'에서 '변경 내용' 메뉴를 선택한 후 로컬 저장소에서 커밋했음을 알리는 알맞은 커밋 메시지(필자의 경우 'Program.cs on Local repository')를 입력하고 〈커밋〉을 클릭해 커밋을 완료합니다.

그림 7-59 커밋 실행과 완료

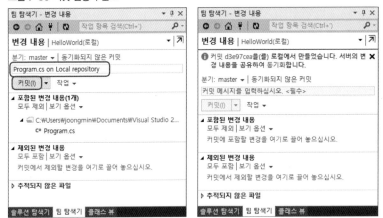

다음은 푸시입니다. '동기화되지 않은 커밋' 아래 '나가는 커밋' 항목에 있는 '푸시'를 클릭합니다.

그림 7-60 푸시

결과는 실패입니다. Visual Studio는 푸시를 하기 위해서 변경 내용을 '풀'하라고 하지만, 앞서도 이야기했듯 풀하면 어떤 것이 바뀌는지 사용자가 알 수 없는 상태에서 병합이 이루어집니다. 따라서 페치 후에 병합해보겠습니다.

'들어오는 커밋' 항목의 '페치'를 클릭합니다. '들어오는 커밋' 항목이 갱신되면서 원격 저장소의 변경 내역을 가져옵니다.

그림 7-61 푸시 실패 및 페치 시작

그런데 여기서 문제점이 하나 있습니다. 다른 IDE와는 달리 Visual Studio에서는 원격 저장소의 브랜치 정보를 이용해 바로 로컬 저장소의 브랜치와 병합할 수 없습니다. 페치를 통해 가져오는 것은 원격 저장소 브랜치의 정보만 가져오는 것일 뿐, 원격 저장소 브랜치의 내역 모두를 가져오는 것이 아니기 때문이죠. 앞서 5.4절에서는 원격 저장소 브랜치의 정보만 가지고서도 병합할 수 있었지만 Visual Studio는 이를 지원하지 않으니 원격 저장소의 브랜치를 담을 로컬 저장소의 브랜치를 새로 만들어주어야 합니다.

따라서 원격 저장소 브랜치 정보를 이용해 로컬 저장소의 브랜치를 만드는 법을 살펴보겠습니다. '분기' 메뉴에서 '새 분기'를 클릭합니다. 그리고 원격 저장소의 브랜치 내용을 담을 로컬 브랜치 이름을 origin_master라고 지어줍니다(새로 생성되는 브랜치의 이름을 origin_master로 지정한 이유는 이름을 구별하기 위해서입니다. 구별할 수 있는 다른 이름이어도 괜찮습니다). 물론 대상이 되는 브랜치는 'origin/master'로 설정합니다. 마지막으로 바로 병합할 것이므로 '분기 체크 아웃' 표시의 체크는 끕니다. 다 설정했으면 〈분기 만들기〉를 클릭합니다.

그림 7-62 원격 저장소의 브랜치를 담을 새 브랜치 만들기

이제 원격 저장소의 브랜치 내용을 담을 로컬 브랜치가 생성되었으니 병합할 차례입니다. '병합' 항목을 클릭한 뒤에, '소스 및 대상 분기 선택' 항목의 비어있는 드롭 다운 메뉴에 방금 만든 'origin_master'를 선택합니다. 그리고 〈병합〉을 클릭합니다.

그림 7-63 병합 시도

병합하는 데 충돌이 발생했습니다. 다른 사람이 변경한 내역과 로컬에서 내가 변경한 내역이 충돌한 것입니다. 7.8절의 충돌 해결 절차를 참고해 해결하겠습니다.

그림 7-64 병합 완료이나 충돌

'충돌 해결'을 클릭한 후 '파일 비교'를 클릭하여 어느 부분에서 충돌이 발생했는지, 어느 부분이 변경되었는지를 확인할 수 있습니다. 일단 〈병합〉을 클릭해 수동으로 충돌을 해결하겠습니다.

그림 7-65 충돌 해결 1

7.8절에서도 설명한 부분이지만 두 부분으로 보이는 코드를 확인한 후 체크 표시를 켜거나 끄면서 어떻게 병합 결과물을 만들 지 선택할 수 있습니다. 또한 아래에 보이는 '결과' 편집기에서 직접 코드를 수정할 수도 있죠. 여기서는 충돌이 발생한 코드를 모두 체크해서 반영하는 것으로 해결하겠습니다. 충돌 해결 작업을 다 마쳤으면 왼쪽 위 〈병합 수락〉을 클릭합니다. 그리고 결과를 확인합니다.

그림 7-66 충돌 해결 2

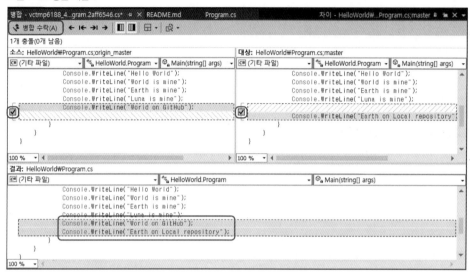

충돌이 해결되었으니 Git 저장소에 커밋해야 합니다. 〈병합 커밋〉을 클릭합니다.

그림 7-67 병합 커밋

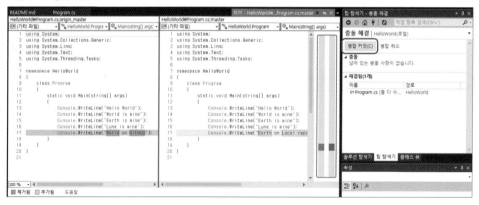

'변경 내용' 메뉴에서 커밋 메시지를 입력하고 커밋해야 합니다. 알맞은 메시지(필자의 경우 'conflict resolved GitHub')를 입력하고 〈커밋〉을 클릭합니다.

그림 7-68 최종 병합 커밋

이렇게 로컬 저장소의 브랜치와 원격 저장소 브랜치를 병합했으니 푸시할 차례입니다. '동기화되지 않은 커밋' 메뉴로 이동합니다. '나가는 커밋' 항목의 '푸시'를 클릭하면 브랜치를 원격 저장소로 업데이트합니다.

그림 7-69 푸시 작업 1

'2개 커밋이 origin/master(으)로 푸시되었습니다.'라는 메시지가 나오면 완료된 것입니다.

그림 7-70 푸시 작업 2

이제 GitHub 원격 저장소로 이동해서 로컬 저장소의 변경 내역이 제대로 반영되었는지 확인하면 됩니다.

제대로 변경되었음을 확인했다면 마지막 풀 작업을 살펴볼 차례입니다. 우선 오른쪽 위에 있는 수정(📝)을 클릭해 수정 화면으로 들어갑니다.

그림 7-71 GitHub 원격 저장소 확인

출력 코드(필자의 경우 'Console.WriteLine("Luna on GitHub");')를 입력하고 'Commit changes' 항목에 알맞은 커밋 메시지(필자의 경우 'GitHub for git pull')를 입력한 후 〈Commit changes〉를 클릭합니다.

그림 7-72 GitHub 코드 수정

그리고 '팀 탐색기'에서 '동기화되지 않은 커밋' 메뉴를 선택한 후 '들어오는 커밋' 항목 아래의 '풀'을 클릭합니다. '커밋할 리포지토리가 업데이트되었습니다.'라는 메시지와 함께 풀을 실행합니다.

그림 7-73 풀 실행과 완료

풀 완료 직전에는 다음과 같은 창이 열립니다. 풀 작업과 함께 코드 편집기 외부에서 코드가 수정되었다는 메시지입니다. 풀 작업이므로 〈예〉 혹은 〈모두 예〉를 클릭합니다.

그림 7-74 코드 편집기 수정 확인

코드 편집기에 GitHub에서 수정한 코드가 포함되었음을 확인할 수 있습니다.

그림 7-75 풀 완료

```
using System;
using System.Collections.Generic;
using System.Linq;
using System.Text;
using System.Threading.Tasks;

namespace HelloWorld
{
    class Program
    {
        static void Main(string[] args)
        {
            Console.WriteLine("Hello World");
            Console.WriteLine("World is mine");
            Console.WriteLine("Earth is mine");
            Console.WriteLine("Luna is mine");
            Console.WriteLine("World on GitHub");
            Console.WriteLine("Earth on Local repository");
            Console.WriteLine("Luna on GitHub");
        }
    }
}
```

CHAPTER 08

IntelliJ IDEA에서의 Git 사용법

제트브레인JetBrain사에서 만든 IntelliJ IDEA나 IntelliJ IDEA에 기반을 둔 루비마인RubyMine, 파이참PyCharm, 안드로이드 스튜디오Android Studio들은 모두 처음부터 버전 관리 시스템과 통합되어 출시된 제품입니다. 따라서 별다른 플러그인 설치 없이 사용할 수 있습니다. 그리고 메뉴 구성에 있어 서로 큰 차이가 없습니다. 다음의 방법은 파이참이나 루비마인 등의 다른 IDE에도 적용할 수 있는 방법임을 알려드립니다.

그럼 IntelliJ IDEA로 Git을 사용하는 법을 같이 살펴보겠습니다.

8.1 프로젝트와 저장소 생성

IntelliJ IDEA를 처음 실행하면 그림 8-1과 같은 시작 화면이 열립니다. 아무튼 새 프로젝트를 하나 만들어봅시다. 'Create New Project'를 클릭합니다.

그림 8-1 초기 화면

> **NOTE_** 이전까지 진행 중이던 프로젝트가 있다면 왼쪽에 해당 프로젝트의 화면이 보일 것입니다. 그리고 첫 화면에 'Check out from Version Control'에서는 버전 관리 시스템 종류를 선택할 수 있습니다. 하지만 여기서는 프로젝트를 만든 후 버전 관리 시스템을 이용할 것입니다.

'New Project' 창이 열리면 프로젝트 유형으로 'Java'를 선택하고 〈Next〉를 클릭합니다('Project SDK' 항목이 설정되지 않은 분은 〈New〉를 클릭해 JDK 파일 경로를 설정해야 합니다).

그림 8-2 프로젝트 생성

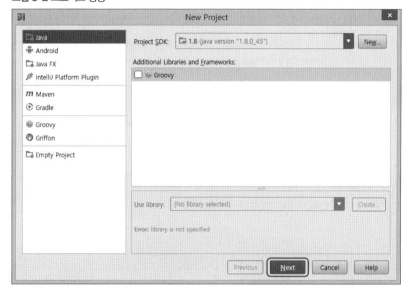

프로젝트 템플릿을 선택하는 화면입니다. 아무 옵션도 선택하지 않고 〈Next〉를 클릭해도 되지만, 어차피 문장을 출력하는 간단한 프로젝트를 만들 것이니 'Create project from template'를 체크하고 'Command Line App' 항목을 선택합니다. 〈Next〉를 클릭합니다.

그림 8-3 프로젝트 템플릿 유형 선택

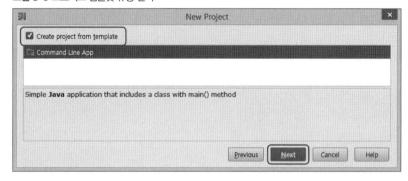

프로젝트 이름을 설정해주고 필요하다면 'Project location' 항목에서 원하는 경로를 설정해줍니다. 〈Finish〉를 클릭합니다(필자는 언제나처럼 HelloWorld로 설정했습니다).

그림 8-4 프로젝트 이름 설정

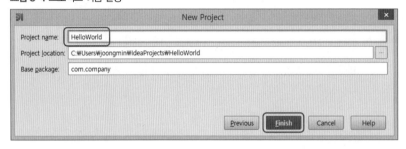

프로젝트가 생성되었습니다. 아직 Git과 연동되어 있지 않은 상태입니다. Git과 연동해봅시다. 메뉴의 **[VCS]** → **[Enable version Control Integration]**을 선택합니다.

그림 8-5 VCS 설정 시작

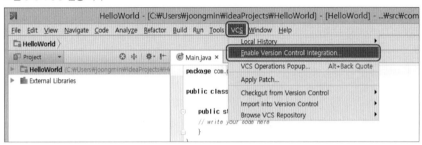

'Enable Version Control Integration' 창이 나타나면 오른쪽 드롭 다운 메뉴에서 Git을 선택하고 〈OK〉를 클릭합니다.

그림 8-6 VCS 세부 설정

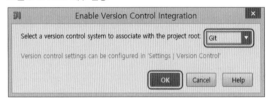

Git을 프로젝트의 버전 관리 시스템으로 설정했다면 이를 확인해야 합니다. 먼저 왼쪽 맨 끝에 있는 버튼(■)을 클릭하고 **[Version Control]**을 선택합니다(이미 프로젝트 관련 메뉴가 나타난 분이라면 왼쪽 아래에 있는 '9: Version Control' 탭을 선택해도 됩니다).

이제 막 Git 저장소를 생성한 직후라 저장소에는 아무런 파일도 추가되어 있지 않은 상태입니다. 'Unversioned Files'를 더블 클릭하면 어떤 파일들을 추가할 수 있는지 확인할 수 있습니다.

다른 파일들은 IntelliJ IDEA에서 프로젝트를 관리할 때 사용하는 파일이므로 Main.java 파일만 추가해봅시다. 'Main.java' 항목을 오른쪽 마우스 버튼으로 클릭한 후 바로 가기 메뉴에서 [**Add to VCS**]를 선택합니다.

그림 8-7 Git 초기화 및 버전 관리할 파일 선택

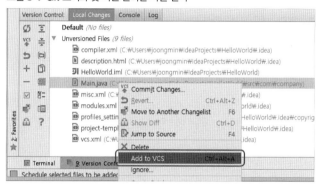

그림 8-8과 같이 'Default' 항목에 Main.java 파일이 포함되어 커밋할 수 있게 됩니다.

그림 8-8 커밋할 파일 포함

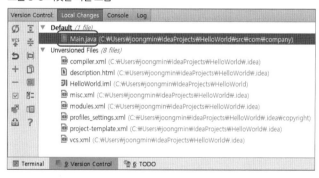

8.2 첫 번째 커밋

파일을 수정해보겠습니다. 다음과 같이 코드를 작성합니다.

```java
package com.example;

public class Main {

  public static void main(String[] args) {
    // write your code here
    System.out.println("Hello World");
  }
}
```

기본 템플릿 코드에서 "Hello World"를 출력하는 코드를 한 줄 작성한 것입니다. 왼쪽 아래 ⟨VCS⟩가 적힌 버튼(🔼)을 클릭합니다.

그림 8-9 코드 입력 및 커밋 준비

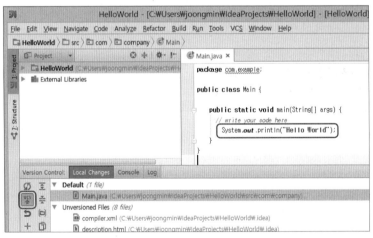

커밋 메시지를 작성할 수 있는 'Commit Change' 창이 나타납니다. 'Commit Message' 항목에 커밋 메시지(필자의 경우 'Hello World!!!!')를 작성하고 오른쪽의 'Author' 항목을 작성합니다. 입력 양식은 [이름 ⟨이메일 주소⟩]가 되어야 합니다. 'Amend Commit' 항목은 이전 커밋과의 내용을 비교하여 커밋할 때 체크합니다. 작업에 문제가 발생했을 때 유용한 옵션입니다. 기본 설정 그대로 두고 〈Commit〉을 클릭하면 커밋이 완료됩니다.

그림 8-10 첫 번째 커밋

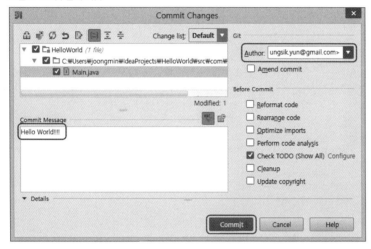

> **NOTE_ Before Commit 항목의 옵션**
>
> Before Commit 항목은 말 그대로 커밋 전 수행해야 할 작업 목록입니다. 다음과 같습니다.
>
> - **Reformat Code**: 프로젝트 코드 스타일 설정에 따라 코드를 실행합니다.
> - **Rearrange Code**: 배열 규칙의 기본 설정에 따라 코드를 정렬합니다.
> - **Optimize imports**: 중복된 import문을 제거합니다.
> - **Perform code analysis**: 코드 분석을 수행합니다.
> - **Check TODO (Show All)**: 지정된 필터 내용에 맞는 작업을 수행합니다. Configure를 클릭하면 필터를 설정하거나 수정할 수 있습니다.
> - **Cleanup**: 자동 커밋하고자 하는 파일에 검사 프로필을 적용합니다.
> - **Update copyright**: 저작권 프로파일에 따라 저작권 표시를 업데이트합니다.

8.3 새로운 브랜치 생성과 이동

이제 새로운 브랜치를 만들어봅시다. 메뉴에서 [VCS] → [Git] → [Branches]를 선택합니다.

그림 8-11 새 브랜치 생성 1

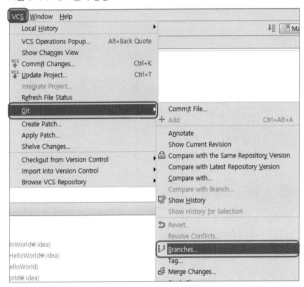

코드 입력 창 아래에 'Git Branches' 창이 등장합니다. [New Branch]를 선택합니다.

그림 8-12 새 브랜치 생성 2

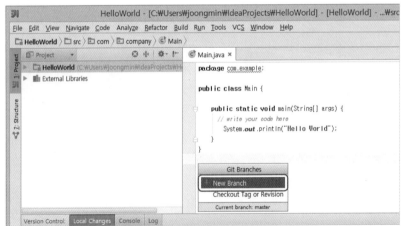

'Create New Branch' 창이 나타나면 새 브랜치 이름(hotfix)을 입력하고 〈OK〉를 클릭합니다.

그림 8-13 새 브랜치 이름 입력

새 브랜치가 생성됩니다. 오른쪽 맨 아래 상태 표시줄을 살펴보면 'Git: hotfix'라고 표시되어 브랜치의 생성과 동시에 체크아웃까지 되었음을 알 수 있습니다.

그림 8-14 새 브랜치 생성 확인 및 체크아웃

8.4 두 번째 커밋

이제 코드를 수정합니다. 필자의 경우 다음과 같은 출력 코드를 하나 추가했습니다.

```
package com.example;

public class Main {

    public static void main(String[] args) {
        // write your code here
        System.out.println("Hello World");
        System.out.println("Project Diva");
    }
}
```

이제 커밋을 위해 아까와 같이 〈VCS〉가 적힌 버튼(📥)을 클릭해 'Commit Change' 창을 엽니다.

그림 8-15 hotfix 브랜치의 코드 수정

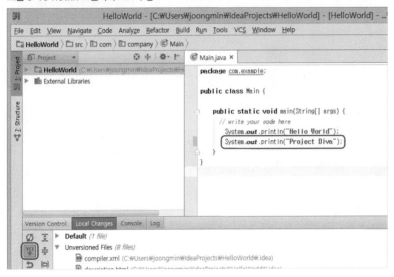

'Author' 항목은 드롭 다운 메뉴에서 선택할 수 있습니다. 알맞은 커밋 메시지(필자의 경우 'Song for your world')를 작성해주고 〈Commit〉을 클릭합니다.

그림 8-16 두 번째 커밋

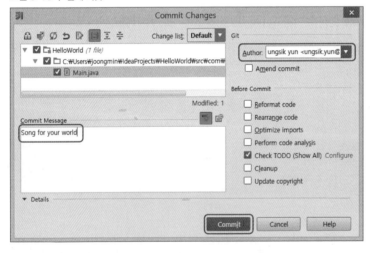

8.5 master 브랜치와 병합

이제 master 브랜치로 옮겨 가봅시다. 아래 상태 표시줄의 'Git: hotfix'를 클릭하면 브랜치의 목록과 브랜치를 관리할 수 있는 'Git Branches' 창이 나타납니다. **[master]** → **[Checkout]**을 선택하여 master 브랜치로 체크아웃합니다.

그림 8-17 master 브랜치로 체크아웃

master 브랜치의 최종 커밋으로 내용이 바뀐 것을 확인하세요. 정상적으로 변경되었다면 hotfix 브랜치를 master 브랜치에 병합해봅시다. 하단 상태 표시줄의 'Git: master'를 클릭해서 **[hotfix]** → **[Merge]**를 선택합니다.

그림 8-18 hotfix 브랜치 병합

hotfix 브랜치가 master 브랜치에 병합된 것을 확인할 수 있습니다.

그림 8-19 병합 완료

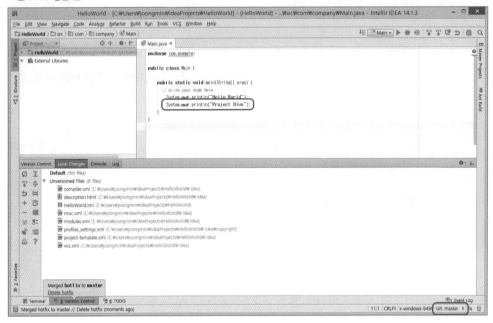

8.6 각 브랜치의 독립성 확인

8.5절까지 실행했다면 각 브랜치의 독립성을 확인할 차례입니다. master 브랜치의 내용을 수정하고 커밋해봅니다. 다음 단계를 차례로 수행합니다.

1 출력 코드(필자의 경우 System.out.println("Project Rock");)를 추가합니다.

2 〈VCS〉가 적힌 버튼( )을 클릭해 'Commit Change' 창을 엽니다.

그림 8-20 master 브랜치의 코드 수정

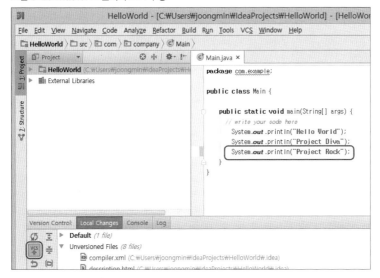

'Author' 항목을 선택하고 알맞은 커밋 메시지(필자의 경우 'Project Rock!!!!')를 작성해주고 ⟨Commit⟩을 클릭합니다. 그리고 정상적으로 커밋이 완료되는지 확인합니다.

그림 8-21 세 번째 커밋

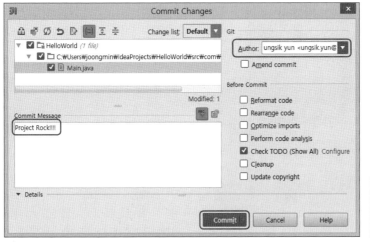

다시 hotfix 브랜치로 옮겨 가봅시다. 'Git: hotfix'를 클릭해 'Git Branches' 창을 연 후 **[hotfix]** → **[Checkout]**을 선택하여 hotfix 브랜치로 체크아웃합니다. 이제 hotfix 브랜치의 내용을 수정하고 커밋해봅니다. 다음 단계를 차례로 수행합니다.

1 출력 코드(필자의 경우 System.out.println("Project Classic");)를 추가합니다.

2 〈VCS〉가 적힌 버튼(🖥)을 클릭해 'Commit Change' 창을 엽니다.

그림 8-22 hotfix 브랜치의 코드 수정

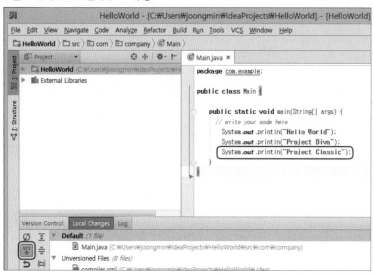

'Author' 항목을 선택하고 알맞은 커밋 메시지(필자의 경우 'Project Classic!!!!')를 작성해주고 〈Commit〉을 클릭합니다. 그리고 정상적으로 커밋이 완료되는지 확인합니다. 이 과정이 모두 완료되었으면 각 브랜치의 독립성이 보장된 것입니다.

그림 8-23 네 번째 커밋

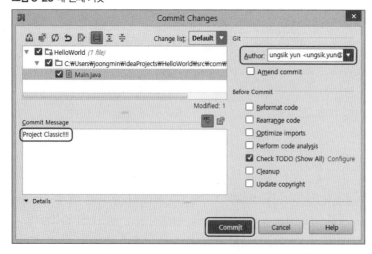

8.7 불필요한 파일 및 폴더 무시

3.9절과 마찬가지로 .gitignore 파일의 생성과 적용부터 살펴보겠습니다. 최초 프로젝트 생성 직후와 Git 저장소 초기화 직후에는 .gitignore 파일이 없습니다. 따라서 파일을 프로젝트에 먼저 생성해주어야 합니다. 프로젝트 루트를 오른쪽 마우스 버튼으로 클릭하고 메뉴에서 **[New]** → **[File]**을 선택합니다.

그림 8-24 새 파일 생성

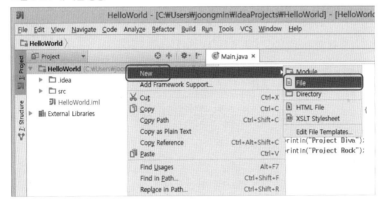

새 파일의 이름을 .gitignore로 입력한 후 〈OK〉를 클릭합니다.

그림 8-25 .gitignore 파일 이름 지정

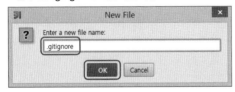

그러면 새로 생성되는 파일을 저장소에 추가(git add)하겠느냐는 'Add File to Git' 창이 나타납니다. 〈Yes〉를 클릭합니다. 그러면 바로 아래에 있는 'Local Changes' 창의 'Default' 항목에 위치하게 됩니다.

그림 8-26 Add File to Git

파일을 생성하면 IntelliJ IDEA에서 자동으로 확장자를 감지해서 해당 확장자를 지원하는 플러그인이 있다고 설치하겠느냐는 제안을 합니다. 플러그인을 이용하면 간단하게 .gitignore 파일을 설정할 수 있지만, 우리는 Git을 정확하게 이해하는 것이 목적이므로 'Ignore extension'을 클릭하여 무시하겠습니다.

그림 8-27 IntelliJ IDEA 플러그인 제안

이제 .gitignore 파일의 내용을 채울 차례입니다. 기존과 마찬가지로 gitignore.io에서 작업해보겠습니다. 'Windows', 'Intellij', 'Java' 이렇게 세 가지를 조건으로 선택하고 〈Generate〉를 클릭합니다.

그림 8-28 gitignore.io 파일 생성 조건 입력과 생성 파일

그림 8-29 gitignore.io에서 생성된 내용

```
# Created by https://www.gitignore.io

### Windows ###
# Windows image file caches
Thumbs.db
ehthumbs.db

# Folder config file
Desktop.ini

# Recycle Bin used on file shares
$RECYCLE.BIN/

# Windows Installer files
*.cab
*.msi
*.msm
*.msp

# Windows shortcuts
*.lnk


### Intellij ###
# Covers JetBrains IDEs: IntelliJ, RubyMine, PhpStorm, AppCode, PyCharm

*.iml
```

생성된 .gitignore 파일의 내용을 복사해서 .gitignore 파일의 편집기 안에 붙여넣습니다.

그림 8-30 .gitignore 파일의 내용 붙여넣기

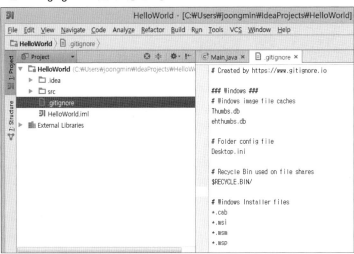

위 내용을 붙여넣게 되면 'Local Changes' 창의 모습이 바뀌게 됩니다. 붙여넣기 전에는 그림 8-31과 같이 'Unversioned Files' 항목의 긴 목록이 있는 상태입니다.

그림 8-31 원래 Local Changes 창

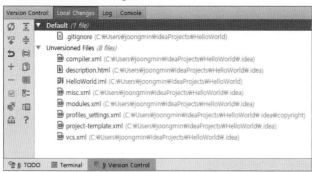

하지만 .gitignore 편집기에 내용을 붙여넣고 저장하면 그림 8-32와 같이 됩니다. IDE가 프로젝트를 설정하고 유지하는 데 필요한 파일만 인식해, Git 저장소에는 불필요한 파일들을 전부 무시하게 됩니다.

그림 8-32 .gitignore 파일 설정 후 Local Changes 창의 변화

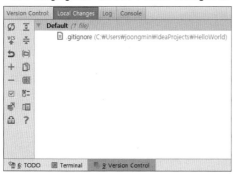

이제 〈VCS〉가 적힌 버튼(🔼)을 클릭하여 커밋하면 .gitignore 파일의 설정이 완료된 것입니다. 알맞은 커밋 메시지(필자의 경우 'added .gitignore')를 입력하고 〈Commit〉을 클릭합니다.

그림 8-33 .gitignore 파일 커밋

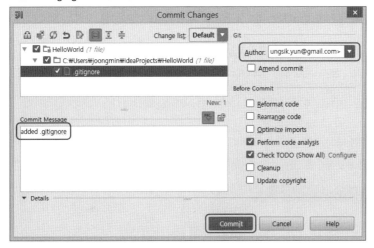

이것으로 IntelliJ IDEA에서 불필요한 파일들을 Git에서 무시할 수 있습니다.

8.8 충돌 해결

이제 브랜치를 병합할 때 일어날 수 있는 충돌을 다뤄보겠습니다. 지금까지의 과정을 이어서 master와 hotfix 브랜치가 있는 프로젝트를 이용해도 좋고, 새로 실습용 프로젝트를 만들어도 상관없습니다.

충돌을 일으키기 위해 아래의 상태 표시줄에서 브랜치 메뉴를 열어 [hotfix] → [Merge]를 선택합니다.

그림 8-34 master에서 hotfix 브랜치 병합

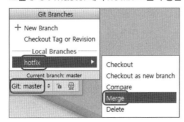

그럼 충돌이 난 파일의 목록을 표시해주는 'File Merged with Conflicts' 창이 열립니다. 이때 어떤 브랜치의 내용을 선택하여 병합할지 바로 고를 수 있습니다. 다음과 같습니다.

- **Accept yours**: 현재 브랜치인 master를 그대로 유지합니다.
- **Accept Theirs**: 병합하려고 했던 hotfix 브랜치의 변경 내역을 충돌하는 파일에 적용합니다.

하지만 여기에서는 수동으로 충돌을 해결하겠습니다. 〈Merge〉를 클릭합니다.

그림 8-35 충돌 정보를 알려주는 File Merged with Conflicts 창

'Merge Revisions for ~' 창이 나타납니다. 왼쪽은 master 브랜치, 오른쪽은 hotfix 브랜치, 가운데는 두 커밋이 공유하는 가장 최신 커밋의 내용이자 결과입니다.

그림 8-36 충돌 내용 비교

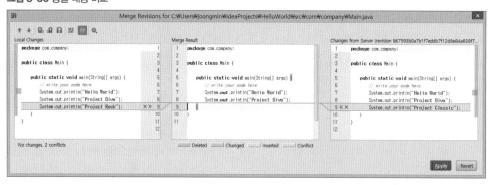

창 위쪽에는 녹색 화살표가 있는 버튼들이 있습니다. 현재 master와 hotfix 브랜치가 있는 프로젝트를 기준으로 설명해보자면 다음과 같은 기능을 합니다.

- master와 병합 이전의 최신 커밋과 비교(왼쪽 버튼)
- 병합 이전의 최신 커밋과 hotfix의 비교(중간 버튼)
- master와 hotfix의 비교입니다(오른쪽 버튼)

그림 8-37 병합 비교 도구

그리고 'Merge Result' 항목의 아래에는 어떤 코드가 어떻게 바뀌었는지 표시를 해주는 색상 정보를 확인할 수 있습니다.

그림 8-38 병합 구분 표식

실제 코드를 보면 충돌이 발생한 행을 붉은색으로 표시해주고 있습니다. 그리고 충돌이 발생한 코드의 왼쪽과 오른쪽 부분을 보면 표시한 것처럼 '《《, 'X' 》》' 같은 표시가 있습니다. '《《나 》》'를 클릭하면 해당 브랜치에 있는 코드를 결과에 적용하겠다는 것이고, 'X'를 클릭하면 적용하지 않겠다는 것입니다.

그림 8-39 병합할 내용 표시

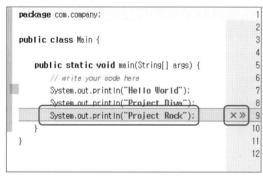

이제 '〉〉'와 '〈〈'를 클릭해 master와 hotfix 브랜치에서 수정한 코드를 최종 결과에 병합하도록 승인하면 그림 8-40과 같이 충돌 난 부분이 없다고 표시됩니다. 모든 충돌 내역이 사용자에 의해 해결되었다는 것이죠. 중간에 있는 'Merge Result' 항목을 살펴보면 두 브랜치의 코드가 결과에 반영된 것을 알 수 있습니다.

그림 8-40 충돌이 발생한 두 브랜치의 코드 수정

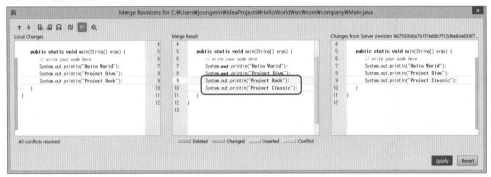

master와 hotfix 두 브랜치의 내용 모두를 최종 결과로 적용했거나, 어느 한쪽만을 적용했거나 (어느 한쪽은 'X'를 선택한 상황으로 아무런 선택을 하지 않은 상황은 제외), 아니면 둘 다 거부했을 경우에 그림 8-41과 같은 대화 상자가 나타나게 됩니다.

보통은 여기서 〈Save and Finish〉를 클릭하면 병합이 완료됩니다. 하지만 다른 IDE에서 해왔던 것처럼 사용자가 추가로 결과를 수정해보도록 하겠습니다. 〈Continue〉를 클릭합니다.

그림 8-41 추가 충돌 해결 시작

가운데의 'Merge Result' 항목을 편집해서 원하는 대로 수정을 더 하면 됩니다. 여기에서는 맨 밑에 'Merge complete'를 출력하는 코드(System.out.println("Merge complete");)를 하나 더 넣어보았습니다. 입력이 끝나면 〈Apply〉를 클릭하여 충돌 해결 작업을 완료합니다.

그림 8-42 최종 수정 완료

```
Merge Result
 3    public class Main {
 4
 5        public static void main(String[] args) {
 6            // write your code here
 7            System.out.println("Hello World");
 8            System.out.println("Project Diva");
 9            System.out.println("Project Rock");
10            System.out.println("Project Classic");
11            System.out.println("Merge complete");
12        }
13    }
14
```

그림 8-43 병합 완료

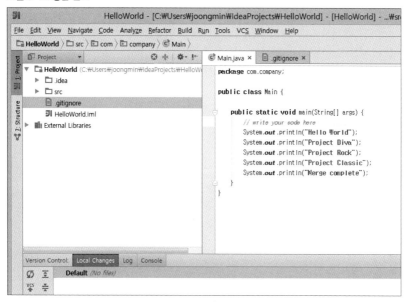

이것으로 병합 시의 충돌을 해결해보았습니다. 혹시 이클립스나 Visual Studio와 비교했을 때 다른 점을 느끼셨다면 굉장히 눈치가 빠른 분입니다. 답은 충돌을 해결한 뒤 커밋할 필요가 없이 과정이 끝났다는 점입니다.

8.9 기록 보기

IntelliJ IDEA에서 브랜치의 커밋 내역을 보는법은 매우 간단합니다. 아래에 있는 'Version Control' 창에서 'Log' 탭을 클릭하면 됩니다. 커밋 내역을 그래프로 표현한 화면을 볼 수 있습니다.

그림 8-44 커밋 내역을 살펴보는 Log 탭

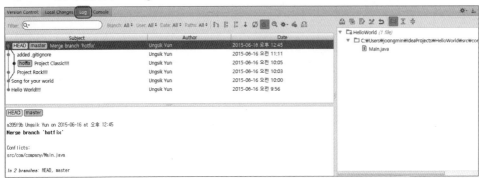

창 중심으로 보면 왼쪽 위 창에서는 커밋 내역과 그래프, 왼쪽 아래 창에서는 커밋 요약 정보를 볼 수 있습니다. 오른쪽에는 해당 파일과 파일 경로를 확인할 수 있습니다.

NOTE_ Log 탭의 도구들

IntelliJ IDEA의 경우 다양한 정보를 확인할 수 있는 항목이 메뉴에 있습니다. 그림과 함께 차례로 살펴보겠습니다. 먼저 검색 관련 패널입니다. 왼쪽부터 차례로 설명하겠습니다.

그림 8-45 검색과 필터 도구 모음

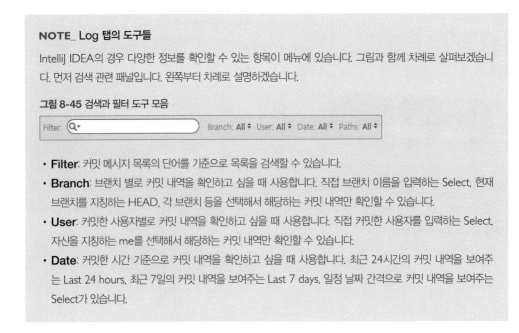

- **Filter**: 커밋 메시지 목록의 단어를 기준으로 목록을 검색할 수 있습니다.
- **Branch**: 브랜치 별로 커밋 내역을 확인하고 싶을 때 사용합니다. 직접 브랜치 이름을 입력하는 Select, 현재 브랜치를 지칭하는 HEAD, 각 브랜치 등을 선택해서 해당하는 커밋 내역만 확인할 수 있습니다.
- **User**: 커밋한 사용자별로 커밋 내역을 확인하고 싶을 때 사용합니다. 직접 커밋한 사용자를 입력하는 Select, 자신을 지칭하는 me를 선택해서 해당하는 커밋 내역만 확인할 수 있습니다.
- **Date**: 커밋한 시간 기준으로 커밋 내역을 확인하고 싶을 때 사용합니다. 최근 24시간의 커밋 내역을 보여주는 Last 24 hours, 최근 7일의 커밋 내역을 보여주는 Last 7 days, 일정 날짜 간격으로 커밋 내역을 보여주는 Select가 있습니다.

- **Paths**: 프로젝트의 원하는 디렉터리를 선택해서 커밋 내역을 확인하고 싶을 때 사용합니다. Select Folders 를 선택하면 하나 또는 원하는 디렉터리 몇 개를 선택한 후 지정된 디렉터리의 커밋 내역을 확인할 수 있습니다.

다음은 그래프 표시와 관련된 메뉴입니다.

그림 8-46 그래프 표시 패널

- **IntelliSort**: 활성화하면 병합 커밋과 연관 있는 커밋 메시지 순으로 다시 재배치합니다.
- **Collapse linear branches**: 연관된 커밋을 점선으로 표시하도록 그래프로 표시된 모든 브랜치를 접습니다.
- **Expand all branches**: 연관된 커밋을 그래프로 표시하기 위해 모든 브랜치를 확장합니다.
- **Show long edges**: 이 옵션을 활성화하면 길게 나열되어 다 확인할 수 없는 브랜치 내용을 전부 보여줍니다. 해당 브랜치에 커밋이 없다고 해도 선으로 표시합니다. 비활성화 시에는 브랜치 내용이 길게 나열되지 않고 위·아래 화살표로 표시됩니다.
- **Refresh**: Commit 패널의 정보를 새로 고칩니다.
- **Show details**: Commit Detail 패널을 표시합니다.
- **Go to Hash/Branch/Tag**: 특정 커밋의 해시/브랜치/태그로 바로 이동합니다.
- **Quick Setting**: 브랜치를 전부 보여주는 패널을 열거나(Show Branches Pannel), 프로젝트가 여러 개의 루트가 있을 경우, 커밋이 어느 루트에 속하는지 보여주거나(Show Root Names), 프로젝트에 커밋한 사람이 여럿일 경우, 내가 한 커밋을 하이라이트(Highlight My Commits) 해서 보여줍니다. 프로젝트 환경에 따라 나타나지 않는 옵션도 있으니 주의하세요.
- **Cherry-pick (for Git)**: `git cherry-pick` 명령을 실행합니다. 현재 선택한 커밋의 변경 내역을 현재 브랜치에 적용합니다.[1]
- **Highlight non-picked commits**: 활성화하면 현재 브랜치에 적용되지 않은 커밋을 하이라이트 해서 보여줍니다.

다음은 Changed files 패널입니다.

그림 8-47 Changed files 패널

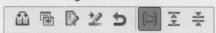

- **Show Diff**: 현재 선택한 커밋의 파일과 그 이전 커밋의 파일을 비교하여 보여줍니다.
- **Show Diff with Local**: 현재 선택한 커밋의 파일을 해당 파일의 로컬 버전(현재 작업 중인 상태의 버전)과 비교하여 보여줍니다.
- **Edit Source**: 선택한 파일을 편집기 창으로 엽니다.

---

1 http://git-scm.com/docs/git-cherry-pick

- **Open Repository Version**: 저장소에 기록되어 있는 버전(선택한 커밋 버전)으로 파일을 엽니다.
- **Revert Selected Changes**: 선택된 커밋의 변경 내역을 취소하는 새 커밋을 만듭니다. `git revert` 명령과 같은 효과를 냅니다.
- **Group by Directory**: 파일 리스트를 디렉터리별로 묶습니다.
- **Expand All/Collapse All**: Group by Directory 옵션이 활성화되어 있을 때 디렉터리 트리를 전부 펼치거나 닫습니다.

8.10 원격 저장소의 내용을 로컬 저장소로 가져오기

IntelliJ IDEA의 경우는 새로운 프로젝트를 생성할 경우 다른 IDE와는 다르게 프로젝트 생성 전부터 일련의 흐름에 따라 자연스럽게 클론과 새로운 프로젝트 생성이 이루어진다는 특징이 있습니다. 그리고 과정이 좀 단순한 편이기도 합니다. 여기에서는 새로운 프로젝트 생성 과정을 중심으로 GitHub 원격 저장소 클론 과정을 살펴보겠습니다.

새로운 프로젝트를 만들기 위해 IntelliJ IDEA를 실행해보면 'Check out from Version Control'이라는 항목이 있습니다. GitHub가 맨 위에 있네요. 원격 저장소 클론을 위해서 선택합니다.

그림 8-48 IntelliJ IDEA 시작 화면

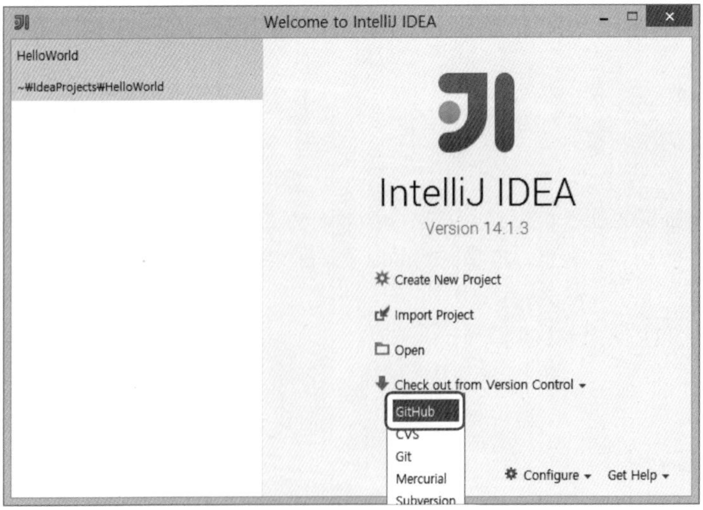

NOTE_ 기존에 진행하던 프로젝트가 있는 경우에는 IntelliJ IDEA를 실행했을 때 그림 8-48과 같은 창이 열리지 않고 바로 프로그램 메인 화면이 등장할 겁니다. 이런 경우에는 메뉴에서 [File] → [Close Project]를 선택해서 기존 프로젝트를 닫은 후 IntelliJ IDEA를 다시 실행하거나, [File] → [Project from Version Control] → [GitHub]를 선택해 클론을 시작하면 됩니다.

그림 8-49 File 메뉴를 이용한 GitHub 클론 시작

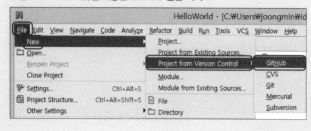

IntelliJ IDEA는 IDE에서 GitHub를 이용할 수 있게 통합되어 있으므로, GitHub 로그인 정보를 요청하는 'Login to GitHub' 창이 열립니다. 'Host' 항목에는 이미 github.com이 입력되어 있습니다. 혹 입력되지 않았다면 입력해주면 됩니다. 'Auth type'은 'Password'를 선택합니다. GitHub에서 특정 애플리케이션용으로 발급하는 token을 이용한 방식도 선택할 수 있습니다.

'Login' 항목과 'Password' 항목에는 4.3절에서 GitHub에 가입할 때 정했던 본인의 GitHub 사용자 이름과 비밀번호를 입력해주고 〈Login〉을 클릭합니다.

혹시 4.3절에서 GitHub에 가입하지 않은 분이라면 'Sign up'을 클릭해 GitHub 사이트에 접속한 후 회원 가입하고 4.4절의 과정을 진행한 후 다음 과정을 진행하면 됩니다.

그림 8-50 GitHub 로그인

IntelliJ IDEA에는 버전 관리 서비스들에 대한 비밀번호를 모아서 관리하는 로컬 데이터베이스가 있습니다. 그리고 이 데이터베이스에 접근할 때 사용하는 마스터 비밀번호를 설정하는 기능이 있습니다. 그림 8-51과 같은 'Setup Master Password' 창입니다. 비밀번호 목록에 접근하기 위한 비밀번호를 설정하는 것이죠. 설정하지 않고 〈OK〉를 클릭해도 괜찮지만 여기서는 비밀번호를 설정하도록 하겠습니다.

'Encrypt with os user credentials' 항목에 체크 표시하면 윈도우 사용자 계정의 비밀번호를 비밀번호 리스트의 비밀번호로 인식하게 해서 마스터 비밀번호를 요청하지 않습니다. 여기서는 체크 표시하지 않고 진행하겠습니다.

그림 8-51 마스터 비밀번호 설정

'Clone Repository' 창에서는 드롭 다운 메뉴 형태로 로그인한 계정에 있는 GitHub 원격 저장소를 선택할 수 있습니다. 물론 직접 입력할 수도 있습니다. 먼저 클론하려는 GitHub 원격 저장소를 선택한 후에 저장소를 가져올 상위 디렉터리를 지정해줍니다.

새로운 디렉터리나 여러 개 프로젝트를 저장하는 특정 디렉터리(이클립스의 workspace) 등을 지정해주면 됩니다. 그리고 〈Clone〉을 클릭합니다.

그림 8-52 클론할 저장소 선택

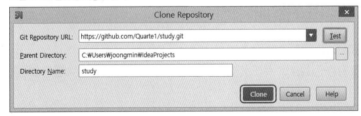

클론이 성공하면 해당 Git 로컬 저장소에서 프로젝트를 생성하겠느냐고 물어봅니다. 〈Yes〉를 클릭합니다.

그림 8-53 프로젝트 생성 질문 대화 상자

어떻게 프로젝트를 생성할지 선택하는 'Import Project' 창이 나타납니다. GitHub에서 클론한 저장소가 Gradle이나 Maven을 사용한 프로젝트라면 'Import project from external model'의 선택한 후 두 개 중 하나를 고르면 되겠지만 여기에서는 빈 프로젝트를 다루므로 'Create project from existing sources'를 선택한 후 〈Next〉를 클릭해줍니다.

그림 8-54 프로젝트 유형 선택

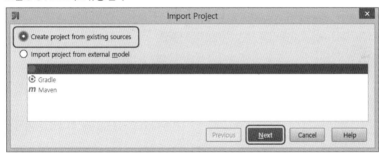

이제 프로젝트 이름과 경로를 지정해줍니다. 그림 8-52에서 설정한 로컬 저장소의 이름과 경로가 이미 지정되어 있으니 그대로 〈Next〉를 클릭해주면 됩니다.

그림 8-55 프로젝트 이름과 경로 설정

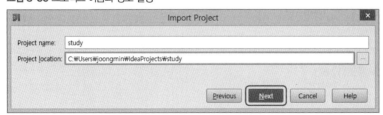

프로젝트에 포함할 디렉터리 경로를 최종 선택하는 창이 나타납니다. 바로 전에 지정한 Git 로컬 저장소 경로가 선택되어 있으니 그대로 〈Next〉를 클릭하세요.

그림 8-56 프로젝트 디렉터리 최종 선택

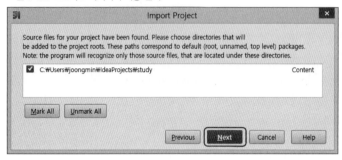

이제 Git 로컬 저장소의 파일들을 가져오면 해당 경로 안에 IntelliJ IDEA가 인식할 수 있는 프레임워크가 있는지 탐색합니다. 이 경우에는 아무것도 없으니 그냥 〈Finish〉만 클릭하면 됩니다.

그림 8-57 프로젝트에 사용된 프레임워크 탐색

IntelliJ IDEA의 메인 편집기 창 열리면서 마지막으로 'Add File to Git' 창이 나타납니다. 프로젝트 설정 관련 파일을 Git에 넣을 것인지 묻는 내용입니다. 지금 당장은 어떤 선택을 해도 별로 상관없는 부분이니 〈Yes〉를 클릭해줍시다.

그림 8-58 프로젝트 설정 파일 추가 대화 상자

그림 8-59와 같은 메인 편집기가 등장하면 GitHub 원격 저장소의 내용이 IntelliJ IDEA 프로젝트로 추가된 것입니다. 프로젝트의 README.md 파일을 열고 원격 저장소의 내용과 동일한지 확인해봅니다.

그림 8-59 클론 완료

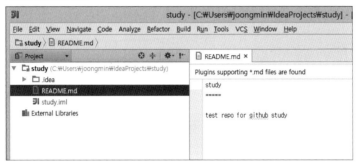

8.11 로컬 저장소와 원격 저장소를 연결하기

IntelliJ IDEA에서 로컬 저장소와 원격 저장소를 연결할 때는 중요한 특징이 하나 있습니다. IntelliJ IDEA에 있는 로컬 저장소를 원격 저장소로 자동으로 푸시하는 기능이 있다는 점입니다. 따라서 다른 IDE와 달리 빈 원격 저장소를 굳이 생성하지 않아도 괜찮습니다.

이번 절은 8.9절까지 만들었던 프로젝트(필자의 경우 'HelloWorld')에 이어서 진행합니다. 먼저 로컬 저장소를 원격 저장소와 연결하겠습니다. 메뉴에서 **[VCS]** → **[Import into Version Control]** → **[Share Project on GitHub]**를 선택합니다.

그림 8-60 Share Project on GitHub 선택

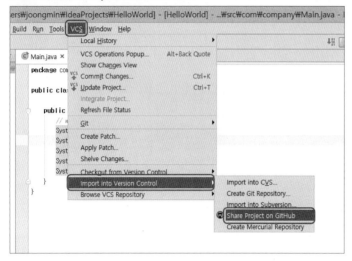

'Share Project on GitHub' 창이 열립니다. 우선 'New repository name' 항목에서는 GitHub 원격 저장소의 이름을 지정(필자의 경우 'intellij_hello')합니다. 'Private' 항목은 비공개 원격 저장소를 생성할 경우 체크 표시를 켭니다(단, 유료 사용자만 가능합니다). 'Description' 항목은 생성할 원격 저장소의 간단한 설명을 입력합니다. 비워두어도 상관없습니다. 설정이 끝나면 〈Share〉를 클릭합니다.

그림 8-61 원격 저장소 정보 설정

작업이 시작되면 'Version Control' 항목에서 'Console' 탭이 열리고 원격 저장소 푸시를 시작합니다. 'Console' 탭에서는 결과를 확인할 수 있습니다. 항목 중 'To https://github.com/사용자이름/원격저장소이름'을 확인할 수 있습니다.

그림 8-62 원격 저장소 푸시 메시지

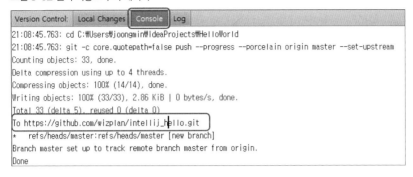

```
Version Control:  Local Changes  Console  Log
21:08:45.763: cd C:\Users\joongmin\IdeaProjects\HelloWorld
21:08:45.763: git -c core.quotepath=false push --progress --porcelain origin master --set-upstream
Counting objects: 33, done.
Delta compression using up to 4 threads.
Compressing objects: 100% (14/14), done.
Writing objects: 100% (33/33), 2.86 KiB | 0 bytes/s, done.
Total 33 (delta 5), reused 0 (delta 0)
To https://github.com/wizplan/intellij_hello.git
*   refs/heads/master:refs/heads/master [new branch]
Branch master set up to track remote branch master from origin.
Done
```

GitHub 웹 사이트에서 원격 저장소를 확인하면 그림 8–63과 같습니다.

그림 8-63 GitHub 웹 사이트의 원격 저장소

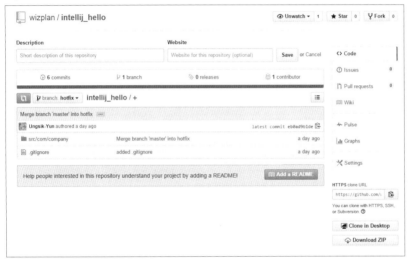

하지만 아직 끝난 것이 아닙니다. Visual Studio와 마찬가지로 이 방법은 Master 브랜치만 원격 저장소에 푸시한 것입니다. 따라서 hotfix 브랜치를 별도로 푸시해주어야 합니다. 우선 오른쪽 아래에 있는 상태 표시줄의 'Git: master'를 클릭한 후 'Git Branches' 창에서 **[hotfix]** → **[Checkout]**을 선택하여 hotfix 브랜치로 체크아웃합니다

그리고 메뉴에서 [VCS] → [Git] → [Push]를 선택해 'Push Commits' 창을 엽니다. 'hotfix → origin : +hotfix'라고 설정되어 있다면 hotfix 브랜치를 푸시할 준비가 된 것입니다. 〈Push〉를 클릭합니다.

그림 8-64 hotfix 브랜치를 원격 저장소에 푸시

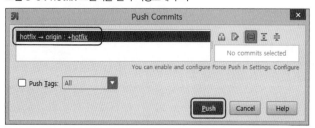

역시 작업이 시작되면 'Version Control' 항목에서 'Console' 탭이 열리고 원격 저장소 푸시를 시작합니다. 'Console' 탭에서는 결과를 확인할 수 있습니다. 항목 중 '*refs/heads/hotfix:refs/heads/hotfix [new branch]'라는 항목이 있다면 hotfix 브랜치가 푸시된 것입니다.

그림 8-65 원격 저장소 푸시 확인

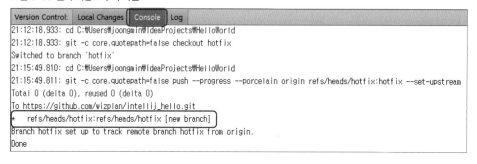

8.12 로컬 작업 내역을 원격 저장소에 올리기

5.3절과 마찬가지로 README.md 파일을 추가해보겠습니다. 먼저 master 브랜치로 체크아웃합니다. 그리고 메뉴에서 [File] → [New] → [File]을 선택합니다. 그리고 'New File' 창에서 README.md라고 파일 이름을 입력합니다. 파일 생성 전 README.md 파일을 저장소에 추가할 것인지를 물어보는 'Add File to Git' 창이 열리면 〈Yes〉를 클릭하면 됩니다.

이제 README.md 파일에 알맞은 메시지(필자의 경우 'remote repository of IntelliJ IDEA')를 입력하고 저장합니다. 그리고 ⟨VCS⟩가 적힌 버튼(🔲)을 클릭해 커밋해줍니다(필자의 경우 커밋 메시지를 'remote repository add a README.md'라고 입력했습니다).

추가된 파일을 푸시할 준비는 끝났습니다. 프로젝트 루트를 선택한 상태에서 메뉴의 **[VCS]** → **[Git]** → **[Push]**를 선택합니다.

그림 8-66 README.md 파일을 원격 저장소에 푸시 준비 1

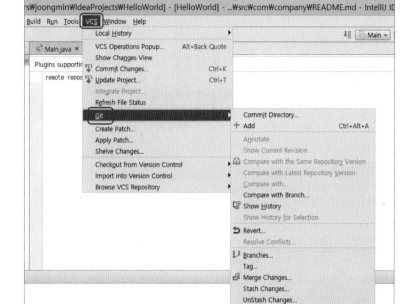

'Push Commits' 창을 엽니다. 'master → origin : master'라고 설정되어 있고 아래에 커밋 메시지가 보인다면 README.md 파일을 푸시할 준비가 된 것입니다. ⟨Push⟩를 클릭합니다.

그림 8-67 README.md 파일을 원격 저장소에 푸시 준비 2

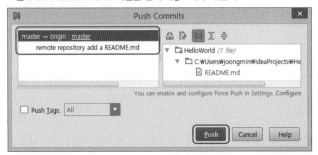

'Version Control' 항목의 'Console' 탭에서 결과를 확인합니다. 'refs/heads/master:refs/heads/master a448d62..7a0be70'라는 메시지가 있다면 정상적으로 푸시가 완료된 것입니다 ('a448d62..7a0be70'는 SHA-1 체크섬 값입니다. 그림 8-68과는 다른 표시로 나타날 수 있습니다).

그림 8-68 README.md 파일의 푸시 결과 확인

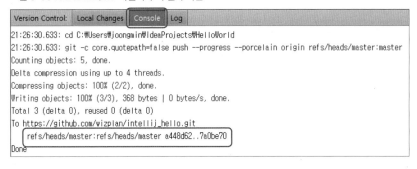

GitHub 웹 사이트의 원격 저장소에도 내용이 반영되었음을 알 수 있습니다.

그림 8-69 GitHub 원격 저장소 확인

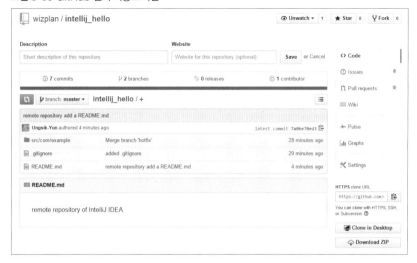

8.13 원격 저장소와 로컬 저장소의 간격 메꾸기

7장의 GitHub 원격 저장소(필자의 경우 'intellij_hello')의 src/com/example 디렉터리 안에 있는 Main.java 파일을 수정하겠습니다. 오른쪽 위에 있는 수정(🖉)을 클릭해 수정 화면으로 들어간 후 출력 코드(필자의 경우 `System.out.println("Hello! GitHub");`)를 하나 추가합니다.

그림 8-70 GitHub 원격 저장소의 파일 수정

그리고 'Commit changes' 항목에 알맞은 커밋 메시지(필자의 경우 'Main.java modified on GitHub')를 입력한 후 〈Commit Changes〉를 클릭하여 GitHub 원격 저장소의 커밋을 마칩니다.

그림 8-71 Commit changes 항목 입력

제대로 변경 내역이 커밋되었는지 확인해서 이상이 없다면 다른 작업자가 원격 저장소에 변경 내역을 푸시한 것과 같은 효과를 낼 수 있습니다.

이제 로컬 저장소를 수정해볼 차례입니다. 로컬에서도 원격 저장소와 동일한 행을 추가(필자의 경우 System.out.println("Hello! Local repository");)했습니다. 실제로라면 다른 사용자가 작업한 곳을 본인이 또 작업해서 수정하는 셈이 될 겁니다.

그림 8-72 로컬 저장소 수정

```java
package com.example;

public class Main {

    public static void main(String[] args) {
        // write your code here
        System.out.println("Hello World");
        System.out.println("Project Diva");
        System.out.println("Project Rock");
        System.out.println("Project Classic");
        System.out.println("Merge complete");
        System.out.println("Hello! Local repository");
    }
}
```

수정을 완료하면 〈VCS〉가 적힌 버튼(🔼)을 클릭한 후 알맞은 커밋 메시지를 입력(필자의 경우 'Main.java on Local repository')해 커밋합니다.

그림 8-73 로컬 저장소 커밋

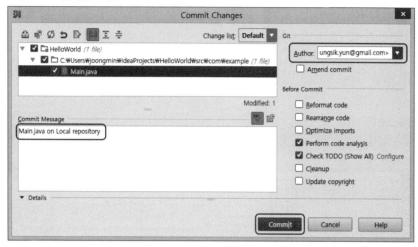

정상적으로 커밋된 것을 확인했다면 로컬 저장소에서 작업한 변경 내역 커밋을 GitHub의 원격 저장소에 푸시할 차례입니다. 메뉴의 **[VCS]** → **[Git]** → **[Push]**를 선택합니다. 그리고 왼쪽 화면에서 로컬 저장소의 커밋 메시지와 원격 저장소의 어떤 브랜치로 푸시할지 확인하고 오른쪽 화면에서 Main.java 파일을 푸시하는 확인한 후 〈Push〉를 클릭합니다.

그림 8-74 푸시 작업 1

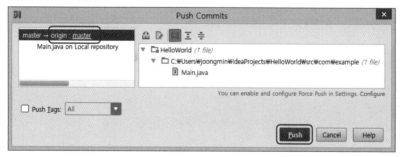

하지만 GitHub 원격 저장소와 로컬 저장소는 이미 서로 다르므로 푸시를 거부당했습니다. IntelliJ IDEA에서는 친절하게 원격 저장소의 변경 내역을 로컬 저장소와 병합한 후 다시 푸시하라고 하는군요.

여기서부터가 IntelliJ IDEA의 대단한 부분입니다. 다른 IDE의 경우는 다시 별도의 메뉴를 통해 페치해서 받아온 원격 저장소의 브랜치를 로컬 브랜치에 병합하는 작업을 거칩니다. 그런데 IntelliJ IDEA에서는 이 과정을 파란색 〈Merge〉 버튼 클릭 하나로 연결해서 작업할 수 있습니다. 〈Merge〉를 클릭합니다.

그림 8-75 Push Rejected 창

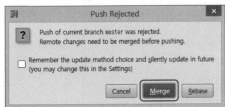

8.8절에서 충돌을 해결할 때 보았던 화면이 나타납니다. 다시 한번 파란색 〈Merge〉를 클릭해 어떤 부분이 바뀌었는지 확인하고 변경 내역을 적용하겠습니다.

그림 8-76 충돌 해결 1

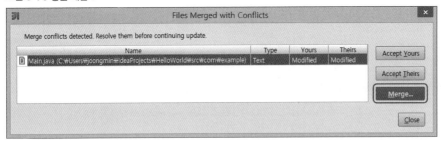

'Merge Revisions for ~' 창에서는 원격 저장소와 로컬 저장소의 변경 내역 중 어떤 것을 선택할지 혹은 그 둘을 전부 반영하거나 직접 결과를 작성할 수 있는 창이 나타납니다. 8.8절을 참고해서 충돌을 해결한 후 아래에 있는 〈Apply〉를 클릭합니다(필자의 경우 출력 코드 둘 다 적용해 병합했습니다).

그림 8-77 충돌 해결 2

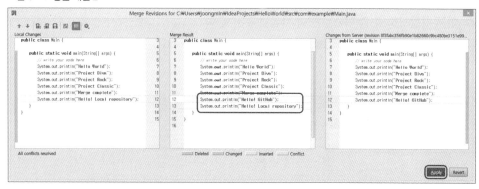

〈Apply〉를 클릭하면 모든 변경 내역이 처리되었다는 'All Changes Processed' 창이 나타납니다. 저장하고 끝내야 하니 〈Save and Finish〉를 클릭합니다.

그림 8-78 병합 진행

IDE 화면으로 돌아오면 그림 8-79와 같은 메시지가 나타납니다. 업데이트 중 충돌이 발생했기 때문에 푸시가 취소되었고 충돌을 해결하고 다시 푸시하라는 이야기입니다.

그림 8-79 푸시 거절 메시지

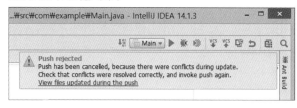

페치와 병합을 완료했으니 바로 다시 푸시를 시도하겠습니다. 메뉴의 **[VCS]** → **[Git]** → **[Push]**를 선택하면 푸시할 커밋을 선택하는 창이 나타납니다. 왼쪽과 오른쪽 화면에서 병합이 완료되면서 자동으로 생긴 커밋 내역이 있는지 확인하고 〈Push〉를 클릭합니다.

그림 8-80 최종 푸시 진행

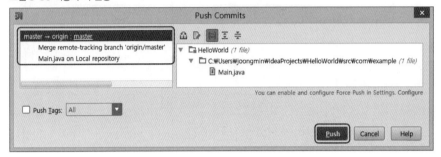

푸시에 성공하면 그림 8-81과 같은 메시지가 나타나면서 푸시가 완료됩니다.

그림 8-81 푸시 성공 메시지 확인

GitHub의 원격 저장소에도 푸시한 내용이 반영되어 있습니다. 이제 풀 작업을 위해 오른쪽 위에 있는 수정(🔼)을 클릭해 수정 화면으로 들어갑니다.

그림 8-82 GitHub 원격 저장소 확인

그리고 출력 코드(필자의 경우 System.out.println("Hello! git pull");)를 추가로 입력하고 'Commit changes' 항목에는 알맞은 커밋 메시지(필자의 경우 'GitHub for git pull')를 입력한 후 〈Commit changes〉를 클릭합니다.

그림 8-83 풀 작업을 위한 출력 코드 추가

메뉴의 **[VCS]** → **[Git]** → **[Pull]**을 선택해서 풀 작업을 시작합니다. 'Pull Changes' 창이 열립니다. 'Git Root' 항목의 설정 값이 현재 프로젝트인지, 'Remote' 항목의 설정값이 GitHub의 원하는 원격 저장소 주소인지, 'Branches to merge' 항목의 설정값이 원하는 '원격저장소별칭/브랜치'로 설정되어 있는지 확인합니다. 문제가 없다면 〈Pull〉을 클릭합니다.

그림 8-84 Pull Changes 창

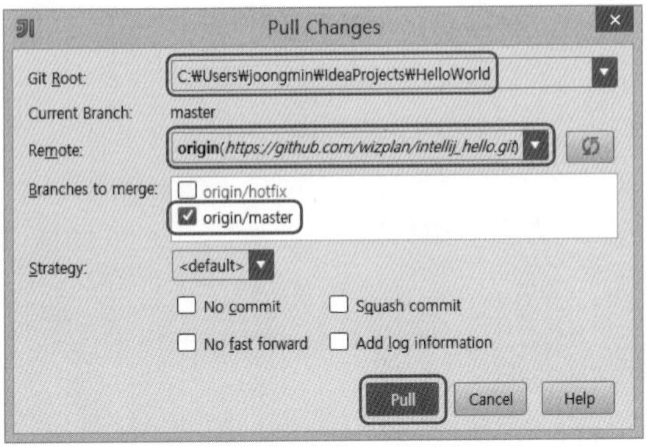

NOTE_ 'Pull Changes' 창의 주요 기능

'Pull Changes' 창에 있는 옵션 항목의 각 기능은 다음과 같습니다.

- **Git Root**: 풀 작업을 적용할 프로젝트를 선택합니다.
- **Current Branch**: 현재 선택된 브랜치 정보를 보여줍니다.
- **Remote**: 풀 작업의 기반이 되는 원격 저장소의 정보를 보여줍니다.
- **Branches to merge**: 풀 작업의 기반이 되는 '원격저장소별칭/브랜치'를 선택합니다.
- **Strategy**: Pull의 성격을 결정합니다. 충돌 해결에 중점을 두는 'resolved', 여러 개로 나뉜 브랜치의 조상 개념이 되는 기본 브랜치를 통해 재귀적으로 문제를 해결할 때 선택하는 'recursive', 수동으로 충돌을 해결할 필요가 없을 때 선택하는 'octopus', 원래 브랜치가 오래되어 최신 개발 내용으로 대체해야 할 경우 선택하는 'ours', 재귀 전략을 수정할 때 선택하는 'subtree'의 다섯 가지 옵션이 있습니다.
- **No Commit**: 풀 작업 시 자동으로 병합하지 않고 병합 결과를 확인하고 싶을 때 선택합니다.
- **Squash Commit**: 풀 작업 시 자동으로 병합하지 않고 새롭게 반영되어야 할 커밋 내역을 다른 브랜치에 새롭게 생성하고 싶을 때 선택합니다.
- **No Fast Forward**: Fast Forward 형태의 병합 작업을 하지 않을 때 선택합니다.
- **Add log Information**: 로그 정보를 추가로 보여줄 때 선택합니다.

풀 작업이 완료되면 그림 8-88과 같이 코드 편집기에는 GitHub 원격 저장소의 코드가 추가됩니다. 그리고 'Version Control' 창에 'Update Info: 일시' 탭에서 풀 정보를 표시해줍니다. 이를 통해 제대로 풀 작업이 이루어져 변경 내역이 반영된 것을 확인할 수 있습니다.

그림 8-85 풀 작업 완료

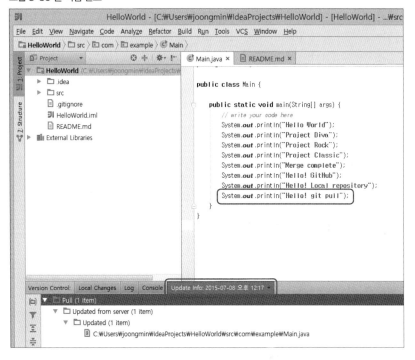

IntelliJ IDEA에서 이루어지는 Git 사용의 장점은 이클립스와 Visual Studio의 장점을 고루 갖췄다는 점입니다. 트리 구조로 커밋할 파일을 확인할 수 있음과 동시에 별도의 창에서 버전 관리가 가능하기 때문이죠. 버전 관리를 위해 이클립스와 IntelliJ IDEA 중 어떤 IDE를 사용해야 할지 고민하는 분은 각 IDE의 장점을 잘 파악하면 좋겠습니다.

CHAPTER 09

Xcode에서의 Git 사용법

Xcode는 4 버전부터 Git이 통합되어 출시되고 있습니다. 프로젝트를 생성할 때도 기본 버전 관리 시스템으로 Git을 사용하게끔 체크되어 있기도 합니다. Xcode에서의 Git 작업 특징은 실제 수정한 코드를 대조하고 확인하면서 커밋과 병합이 가능하다는 점입니다. 아직 Git의 개념에 익숙하지 않다면 굉장히 직관적으로 실제 코드의 변화를 눈으로 확인할 수 있으니 Git을 이해하는 데 많은 도움이 될 것입니다. 또한 Xcode의 경우 C, C++, Objective-C, Swift 등 대응하는 프로그래밍 언어가 많다는 장점도 있으니 프로그래밍 언어를 공부하면서 버전 관리의 요령도 함께 습득할 수 있다는 장점이 있습니다.

그럼 Xcode와 Git을 함께 사용하는 법을 살펴보겠습니다.

9.1 프로젝트와 저장소 생성

Xcode를 처음 실행하면 그림 9-1과 같은 창이 나타납니다. 여기에서는 새 프로젝트를 만들겠습니다. 'Create a new Xcode project'를 클릭합니다.

그림 9-1 시작 화면

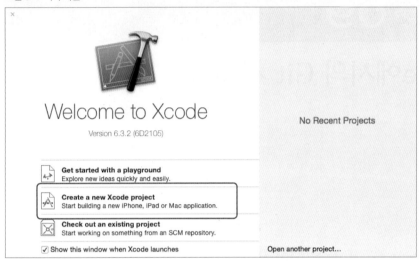

Git 실습을 위한 간단한 프로그램을 만들 생각이니 프로젝트 유형을 OS X 아래의 **[Application]** → **[Command Line Tool]**로 선택한 후 〈Next〉를 클릭합니다.

그림 9-2 프로젝트 유형 결정

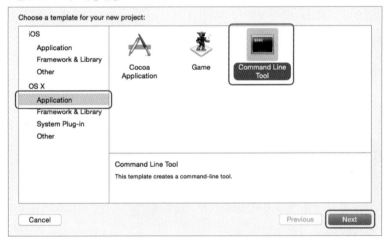

'Choose options for your new project' 창이 나타나면 먼저 'Project Name'에 알맞은 이름을 지어줍니다(필자는 'git_xcode'라고 입력했습니다). 'Organization Identifier' 항목에도 적당한 이름을 지어줍니다(필자는 'Git Tutorial'이라고 입력했습니다). 'Language' 항목은 몇 가지 선택지(Swift, Objective-C, C++, C)가 있는데, 여기서는 가장 기본이라 할 수 있는 C를 선택하겠습니다. 지정이 끝나면 〈Next〉를 클릭합니다.

그림 9-3 새 프로젝트 설정

프로젝트가 저장될 장소를 지정하는 창이 열립니다. 적당한 경로를 지정한 후 아래에 있는 'Create Git repository on'에 체크 표시해줍니다. 이 옵션을 선택해서 자연스럽게 Git 저장소를 생성하게 됩니다. 오른쪽 드롭 박스 메뉴는 'My Mac'으로 설정한 후 〈Create〉를 클릭합니다.

그림 9-4 프로젝트의 Git 저장소 생성

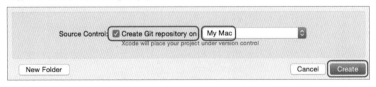

이렇게 생성된 프로젝트는 Git 저장소를 기본으로 갖게 됩니다. 오른쪽에 프로젝트 정보를 나타내는 패널을 살펴보면 버전 관리 시스템에 대한 간략한 정보가 표시됩니다.

그림 9-5 프로젝트 생성과 버전 관리 시스템 정보

9.2 첫 번째 커밋

프로젝트를 생성한 뒤 왼쪽의 프로젝트 탐색기를 살펴보면 main.c라는 기본 예제 코드 파일 하나를 확인할 수 있습니다. 이 파일이 우리가 수정할 파일입니다. 수정한 후 커밋하도록 하겠습니다. 다음 코드를 입력합니다.

```
#include <stdio.h>

int main(int argc, const char argv[]) {
  // insert code here...
  printf("Hello, World!\n");
  printf("Hello, Miku");
  return 0;
}
```

기존에 있던 "Hello World"를 출력하는 코드 밑에 "Hello, Miku"를 출력하는 코드를 추가했습니다. 코드를 추가하고 저장한 후 왼쪽의 프로젝트 탐색기를 살펴보면 변경된 파일 이름 옆에 '〈M〉'이라는 표식이 생긴 걸 볼 수 있습니다. 수정이라는 의미를 지닌 Modified의 M입니다.

그림 9-6 main.c 파일 수정

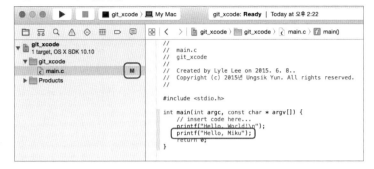

또한 왼쪽 속성 부분의 'Source Control' 부분을 자세히 보면 'Status' 항목이 'Modified'로 바뀐 것을 볼 수 있습니다. 여기서 옆의 〈Discard〉를 클릭하면 변경 내역을 버리고 처음 상태로 되돌릴 수 있습니다.

그림 9-7 파일 변경 후 Source Control 변화

이제 커밋할 차례입니다. 메뉴에서 [**Source Control**] → [**Commit**]을 선택합니다.

그림 9-8 첫 번째 커밋

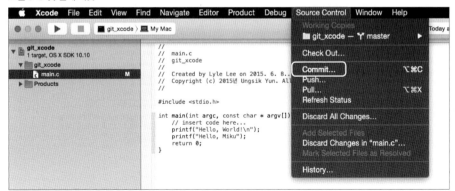

커밋 창이 나타납니다. 이전 내용과 비교하여 어떤 부분이 변경되었는지 비교할 수 있기도 합니다. 왼쪽 탐색기에서 main.c 파일을 선택하면 변경 내역을 확인할 수 있습니다. 아래에는 커밋 메시지를 넣을 수 있는 입력 창이 있습니다. 'Enter commit message here' 항목에 커밋 메시지(필자의 경우 'master first commit')를 입력합니다. 그리고 오른쪽 아래의 〈Commit 1 File〉을 클릭합니다(만약 다른 파일을 수정하거나, 더 생성하였다면 숫자 부분이 바뀌었을 겁니다).

그림 9-9 커밋 창에서 커밋 메시지 입력

커밋을 성공하면 다시 코드 편집 화면으로 돌아옵니다. 바뀐 부분들은 무엇이 있을까요? 파일 목록에 있던 〈M〉이 사라졌습니다. 'Source Control' 속성 창의 내용도 바뀌었습니다. 해당 파일의 마지막 커밋이 무엇인지 나타냅니다. 그림 9-5, 그림 9-7의 'Source Control' 속성 창과 비교해 보면 'Version' 항목의 SHA-1 체크섬 값이 바뀐 것을 확인할 수 있습니다.

그림 9-10 커밋 후 Xcode의 변화

9.3 새로운 브랜치 생성과 이동

이제 새로운 브랜치를 만들어서 master 브랜치에 영향이 가지 않도록 변경해보겠습니다. 먼저 새 브랜치를 만들기 위해 [Source Control] → [프로젝트이름 – 브랜치이름] → [New Branch]를 선택합니다.

그림 9-11 새 브랜치 만들기 1

'Create new branch named' 창이 나타납니다. 필자의 경우 'hotfix'라는 이름으로 브랜치를 새로 만들 것이라 'hotfix'라고 입력했습니다. 〈Create〉를 클릭합니다. 브랜치 생성 후 체크아웃까지 자동으로 합니다.

그림 9-12 새 브랜치 만들기 2

왼쪽 프로젝트 탐색기에서 main.c 파일을 다시 클릭해 오른쪽 'Source Control'의 정보를 갱신하면 'Current Branch' 항목이 'master'에서 'hotfix'로 바뀐 것을 확인할 수 있습니다.

그림 9-13 현재 브랜치 정보 확인

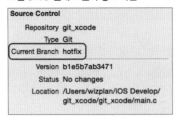

9.4 두 번째 커밋

이제 새로운 브랜치를 만들었으니 main.c 파일을 변경하겠습니다. 기존의 출력 코드 밑에 한 줄 새로 작성하여 'World, WRYYYYYYY!!!'라는 문자열을 추가로 출력(printf("World, WRYYYYYYY!!!");)하게 합니다.

그림 9-14 새 브랜치에서 수정

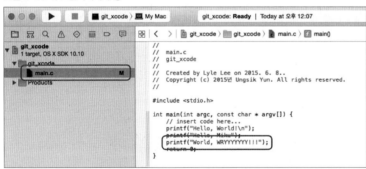

변경 내역을 저장하고 Git 저장소에 커밋합니다. **[Source Control]** → **[Commit]**을 선택합니다.

그림 9-15 두 번째 커밋

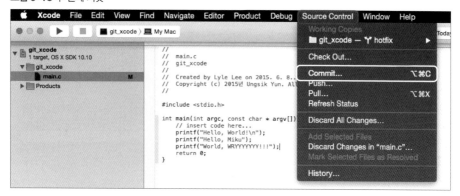

커밋을 위한 창이 다시 등장합니다. 그림 9-9와 마찬가지로 새로운 커밋이 기존 코드와 어떻게 다른지 보여줍니다(hotfix 브랜치에서 코드가 한 줄 더 추가되는 커밋입니다). 그림 'Enter commit message here' 항목에 커밋 메시지(필자의 경우 'hotfix changed')를 입력하고 〈Commit 1 File〉을 클릭해 커밋을 완료합니다.

그림 9-16 커밋 창에서 커밋 메시지 입력

커밋 완료 후 파일의 M 표시가 사라졌음을 확인합니다.

그림 9-17 커밋 완료 후 1

'Version' 항목의 정보가 바뀌었다면 hotfix 브랜치에 파일의 변경 내역이 커밋된 것입니다.

그림 9-18 커밋 완료 후 2

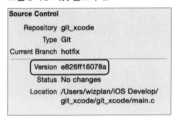

9.5 master 브랜치와 병합

이제 master 브랜치로 가보겠습니다. 메뉴의 **[Source Control]** → **[프로젝트이름 – 브랜치이름]** → **[Switch to Branch]**를 선택합니다. 눈치 빠른 분은 **[Merge from Branch]**나 **[Merge into Branch]**가 브랜치를 바로 병합할 수 있는 기능임을 알 것입니다. 하지만 3.6절과 동일한 과정으로 살펴보기 위해 master 브랜치로 체크아웃을 하겠습니다.

그림 9-19 체크아웃 선택

브랜치 목록은 hotfix와 master 브랜치만 있으므로 그림 9-20과 같이 표시됩니다. master 브랜치를 선택하면 〈Switch〉 버튼이 활성화됩니다. 〈Switch〉를 클릭합니다.

그림 9-20 master 브랜치로 체크아웃

master 브랜치로 체크아웃하면 master 브랜치의 마지막 커밋 상태로 바뀌게 됩니다. 또한 오른쪽 'Source Control' 속성 창을 확인하면 'Current Branch' 항목이 'master'로 바뀐 것을 확인할 수 있습니다.

그림 9-21 체크아웃 확인

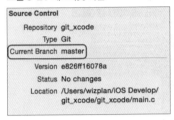

이제 병합을 시작해보겠습니다. 메뉴의 **[Source Control]** → **[프로젝트이름 – 브랜치이름]** → **[Merge from Branch]**를 선택합니다.

그림 9-22 병합 시작

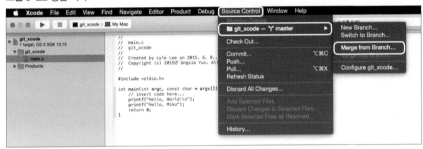

어떤 브랜치를 병합할 것인지 선택하는 'Merge changes from' 창이 열립니다. hotfix 브랜치를 선택하고 〈Merge〉를 클릭합니다.

그림 9-23 병합할 hotfix 브랜치 선택

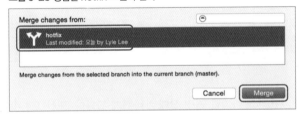

main.c 파일의 어떤 부분을 병합하게 되는지 알 수 있는 창이 나타납니다. 각각의 코드 아래를 보면 왼쪽이 현재 바뀌게 될 브랜치(master 브랜치)고, 오른쪽이 병합될 정보가 있는 브랜치 (hotfix 브랜치)입니다. 중간에 있는 버튼으로 어떤 쪽 코드의 변경 내역이 반영될지 선택할 수 있습니다. 이 버튼에 대해서는 9.8절에서 자세히 볼 것입니다.

hotfix 브랜치의 변경 내역이 master 브랜치에 어떻게 병합될지 확인하고 〈Merge〉를 클릭합니다.

그림 9-24 병합 부분 확인

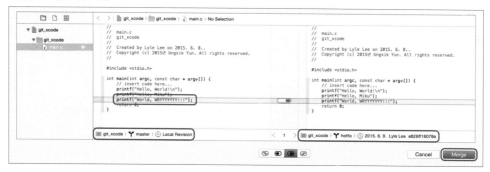

이제 스냅숏을 생성하겠느냐는 대화 상자가 나타납니다. 〈Enable〉을 클릭하여 병합 작업할 때마다 스냅숏을 생성하도록 합니다.

그림 9-25 스냅숏 생성

병합을 마치고 나면 위와 같이 hotfix의 변경 내역이 master 브랜치에 적용된 것을 확인할 수 있습니다.

그림 9-26 병합 정보 확인

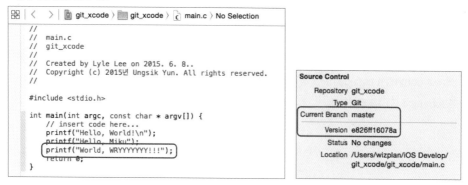

9.6 각 브랜치의 독립성 확인

이제 각 브랜치의 독립성을 확인합니다. master 브랜치의 내용을 수정하고 커밋해봅니다. 다음 단계를 차례로 실행합니다.

1 출력 코드(필자의 경우 printf("Hello, Luna");)를 추가합니다.
2 [Source Control] → [Commit]을 선택합니다.
3 'Enter commit message here' 항목에 커밋 메시지(필자의 경우 'Hello, Luna!!!!')를 입력합니다.
4 〈Commit 1 File〉를 클릭합니다.

그림 9-27 세 번째 커밋

커밋이 정상적으로 이루어졌다면 이제 hotfix 브랜치로 이동해서 파일 내용을 수정한 후 커밋해보겠습니다. 다음 단계를 차례로 수행합니다.

1 [Source Control] → [프로젝트이름 – 브랜치이름] → [Switch to Branch]를 선택합니다.
2 hotfix 브랜치를 선택한 후 〈Switch〉를 클릭합니다.
3 출력 코드(필자의 경우 printf("Hello, Earth");)를 추가합니다.
4 [Source Control] → [Commit]을 선택합니다.
5 'Enter commit message here' 항목에 커밋 메시지(필자의 경우 'Hello, Earth!!!!')를 입력합니다.
6 〈Commit 1 File〉를 클릭합니다.

그림 9-28 네 번째 커밋

커밋이 정상적으로 이루어졌다면 각 브랜치의 독립성은 확인한 것입니다.

9.7 불필요한 파일 및 폴더 무시

먼저 .gitignore 파일을 직접 생성하겠습니다. 왼쪽 프로젝트 내비게이션의 프로젝트 루트를 오른쪽 마우스 버튼으로 클릭합니다. 바로 가기 메뉴에서 [New File]을 선택합니다.

그림 9-29 새 파일 생성 1

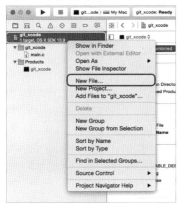

새 파일을 생성하는 대화 상자에서 **[OS X]** → **[Other]** → **[Empty]**를 선택하고 〈Next〉를 클릭합니다([**iOS**] → **[Other]** → **[Empty]**를 선택해도 상관없습니다).

그림 9-30 새 파일 생성 2

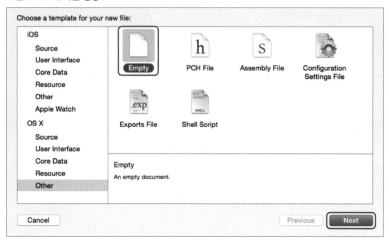

파일 이름을 .gitignore로 지정하고 〈Create〉를 클릭합니다.

그림 9-31 새 파일 생성 3

경고 창이 열립니다. 점(".")으로 시작하는 파일은 시스템을 위해 예약된 파일 형식이라는 이야기죠. 〈Use "."〉을 클릭해 계속 진행합니다.

그림 9-32 Xcode 경고창

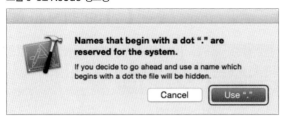

이제 .gitignore 파일이 생성되었습니다. 여기에 내용을 넣어봅시다. gitignore.io에서 검색 조건을 OSX, Xcode, C로 설정하고 〈Generate〉를 클릭합니다.

그림 9-33 Xcode를 위한 gitignore.io 조건 설정

.gitignore 파일의 내용이 생성되면 이를 복사한 후 Xcode에서 생성한 .gitignore 파일에 붙여넣고 저장합니다.

그림 9-34 .gitignore 생성 완료

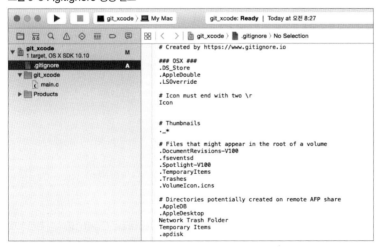

마지막으로 메뉴의 **[Source Control]** → **[Commit]**을 선택하여 커밋 메시지(필자의 경우 'added .gitignore')를 입력한 후 커밋합니다.

그림 9-35 .gitignore 파일 커밋

9.8 충돌 해결

충돌을 해결하는 방법은 다음과 같습니다. 먼저 **[Source Control]** → **[프로젝트이름 – 브랜치이름]** → **[Switch to Branch]**를 선택해 master 브랜치로 체크아웃합니다.

> **NOTE_** 이전에도 언급했었지만 [Merge into Branch]를 선택하면 병합 결과가 모이는 브랜치로 체크아웃하지 않아도 됩니다. 하지만 3.10절과 동일한 순서로 진행해보기 위해 master 브랜치로 체크아웃을 하겠습니다.

이제 hotfix 브랜치의 내용을 master 브랜치와 병합해보겠습니다. **[Source Control]** → **[프로젝트 이름 – 브랜치 이름]** → **[Merge from Branch]**를 선택합니다. 그리고 hotfix 브랜치를 선택해 병합 화면을 엽니다.

왼쪽의 프로젝트 뷰를 보면 main.c에 빨간 배경색의 'C' 아이콘이 있는 것을 볼 수 있습니다. 충돌이란 의미의 영어 단어인 'Conflict'의 머리글자입니다. 즉, 병합 중에 같은 곳이 변경된 내역이 있어 충돌이 일어났다는 것을 알려주는 것이죠.

그림 9-36 충돌 부분 확인

편집기 부분의 왼쪽은 현재의 코드(master 브랜치)이자, 앞으로 커밋될 부분입니다. 오른쪽은 병합될 hotfix 브랜치입니다. 그리고 두 코드 모두에 빨간색으로 강조되는 부분이 있습니다. 해당 부분의 코드가 충돌이 발생한 것이죠. 아직 사용자가 어떻게 충돌을 해결할지 결정하지 않아서 중앙의 아이콘이 물음표입니다.

그림 9-37 편집기에 표시되는 충돌 부분

```
//
//  main.c
//  git_xcode
//
//  Created by Lyle Lee on 2015. 6. 17..
//  Copyright (c) 2015년 Ungsik Yun. All rights reserved.
//

#include <stdio.h>

int main(int argc, const char * argv[]) {
    // insert code here...
    printf("Hello, World!\n");
    printf("Hello, Miku");
    printf("World, WRYYYYYYY!!!");
    printf("Hello, Luna");
    return 0;
}
```

```
//
//  main.c
//  git_xcode
//
//  Created by Lyle Lee on 2015. 6. 17..
//  Copyright (c) 2015년 Ungsik Yun. All rights reserved.
//

#include <stdio.h>

int main(int argc, const char * argv[]) {
    // insert code here...
    printf("Hello, World!\n");
    printf("Hello, Miku");
    printf("World, WRYYYYYYY!!!");
    printf("Hello, Earth");
    return 0;
}
```

9.5절에서 충돌 관련 부분에서 자세히 설명하겠다고 이야기한 버튼이 있을 것입니다. 여기에서 이 버튼의 기능을 설명하겠습니다. 충돌을 해결하기 위해 Xcode는 네 가지 기능을 제공합니다. 하단을 살펴보면 위와 같은 네 개의 버튼을 볼 수 있습니다.

그림 9-38 충돌 해결을 위한 버튼

왼쪽부터 각각 다음과 같습니다. 아이콘 모양을 보면 더욱 쉽게 알 수 있습니다.

- **Left than Right**: 현재 코드의 바로 밑에 병합될 코드(hotfix 브랜치의 추가 코드)를 삽입합니다.
- **Left**: 왼쪽 편집기(master 브랜치)의 코드를 그대로 병합합니다.
- **Right**: 오른쪽 편집기(hotfix 브랜치)의 내용으로 코드를 병합합니다.
- **Right then Left**: 현재 코드의 바로 위에 병합될 코드(hotfix 브랜치의 추가 코드)를 삽입합니다.

현재 코드를 적용하는 아이콘을 제외하고, 각각의 아이콘을 클릭하면서 앞으로 커밋될 왼쪽의 코드가 어떻게 변하는지 살펴보겠습니다.

먼저 왼쪽 세 번째에 있는 〈Right〉를 클릭하면 hotfix 브랜치의 내용으로 병합될 것임을 알 수 있습니다. 그리고 중앙의 물음표도 밑에서 선택한 아이콘과 동일한 모양으로 바뀝니다.

그림 9-39 〈Right〉 버튼을 적용한 수정 내역

```
#include <stdio.h>                              #include <stdio.h>

int main(int argc, const char * argv[]) {       int main(int argc, const char * argv[]) {
    // insert code here...                           // insert code here...
    printf("Hello, World!\n");                       printf("Hello, World!\n");
    printf("Hello, Miku");                           printf("Hello, Miku");
    printf("World, WRYYYYYY!!!");                     printf("World, WRYYYYYY!!!");
    printf("Hello, Earth");                           printf("Hello, Earth");
    return 0;                                         return 0;
}                                               }
```

왼쪽 첫 번째 〈Left than Right〉를 클릭하면 그림 9-40과 같이 코드가 변경될 것입니다. 최종 병합 결과의 기반이 되는 master 브랜치의 코드 바로 아래 병합되는 hotfix 브랜치의 코드가 들어갑니다.

그림 9-40 〈Left than Right〉 버튼을 적용한 수정 내역

```
int main(int argc, const char * argv[]) {       int main(int argc, const char * argv[]) {
    // insert code here...                           // insert code here...
    printf("Hello, World!\n");                       printf("Hello, World!\n");
    printf("Hello, Miku");                           printf("Hello, Miku");
    printf("World, WRYYYYYY!!!");                     printf("World, WRYYYYYY!!!");
    printf("Hello, Luna");                           printf("Hello, Earth");
    printf("Hello, Earth");                          return 0;
    return 0;                                    }
}
```

맨 오른쪽에 있는 〈Right then Left〉를 클릭하면 첫 번째와 비슷하게 변경되는 것을 알 수 있습니다. 병합 결과의 기반이 되는 master 브랜치의 코드 위에 hotfix 브랜치의 코드가 들어가게 되죠.

그림 9-41 〈Right then Left〉 버튼을 적용한 수정 내역

```
int main(int argc, const char * argv[]) {          int main(int argc, const char * argv[]) {
    // insert code here...                              // insert code here...
    printf("Hello, World!\n");                          printf("Hello, World!\n");
    printf("Hello, Miku");                              printf("Hello, Miku");
    printf("World, WRYYYYYYY!!!");                       printf("World, WRYYYYYYY!!!");
    printf("Hello, Earth");                             printf("Hello, Earth");
    printf("Hello, Luna");                              return 0;
    return 0;                                       }
}
```

물론 지금의 경우에는 한 라인만 변경하였기에 어떤 브랜치의 코드를 어디로 위치시켰는지 쉽게 알 수 있습니다. 하지만 수십 수백 라인이 변경되었을 때라면 이러한 버튼을 이용한 병합은 주의해서 진행해야 합니다.

앞서 언급한 네 가지 병합 방법 중 어느 것도 만족스럽지 않다면, 왼쪽의 코드를 직접 수정할 수 있습니다. 저는 첫 번째 병합 방식(현재 코드 밑에 병합되는 코드 삽입)을 선택한 후에 새로운 코드 (printf("Both accepted!!");)를 하나 더 입력했습니다.

그림 9-42 수동으로 수정

```
int main(int argc, const char * argv[]) {          int main(int argc, const char * argv[]) {
    // insert code here...                              // insert code here...
    printf("Hello, World!\n");                          printf("Hello, World!\n");
    printf("Hello, Miku");                              printf("Hello, Miku");
    printf("World, WRYYYYYYY!!!");                       printf("World, WRYYYYYYY!!!");
    printf("Hello, Earth");                             printf("Hello, Earth");
    printf("Hello, Luna");                              return 0;
    printf("Both accepted!!");                      }
    return 0;
}
```

위와 같은 작업을 모두 마치면 오른쪽 아래 〈Merge〉를 클릭합니다.

그림 9-43 최종 수정 결과 병합

제대로 병합되었는지 코드를 확인했다면 충돌 문제를 해결한 것입니다. 마지막으로 다시 한번 결과를 커밋해야 합니다. 메뉴에서 **[Source Control]** → **[Commit]**을 선택합니다. 커밋 창이 열리면 파란색 배경을 통해 어떤 코드가 새로 추가되었는지 보여줍니다.

그림 9-44 충돌 해결 후 커밋

병합한 결과물은 물론, 병합할 때 발생한 충돌을 해결하면서 사용자가 추가로 작성한 코드도 커밋에 포함됩니다. 숫자 표식 옆의 드롭 다운 버튼을 클릭하면 해당 변경 사항을 커밋하지 않거나(Don't Commit) 변경 내역을 취소(Discard Change)할 수 있습니다.

그림 9-45 변경 사항을 종합해서 표시

확인했다면 알맞은 커밋 메시지(필자의 경우 'merge conflict resolved')를 작성하고, 〈Commit 1 File〉을 클릭하여 커밋합니다. 커밋을 마치면 충돌 해결이 완료된 것입니다.

그림 9-46 병합 후 커밋 완료

9.9 기록 보기

Xcode의 커밋 내역 확인은 다른 IDE와는 다르게, 현재 브랜치의 커밋 내역만을 보여줍니다. 별다른 기능이 없어 좀 간단하다고 느껴질 정도입니다.

메뉴의 [**Source Control**] → [**History**]를 선택하면 그림 9-47과 같은 커밋 내역을 볼 수 있습니다.

그림 9-47 history

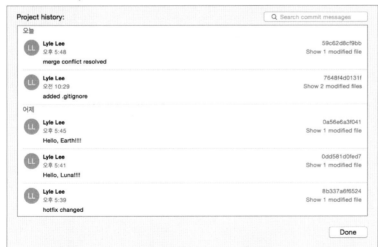

날짜, 커밋 메시지, SHA-1 체크섬 값, 수정 파일 내역 등을 요약해서 표시해줍니다. 단, 사용자는 Git 에서 설정한 사용자가 아니라 맥에 로그인한 사용자 이름을 표시한다는 점을 기억해두면 됩니다.

9.10 원격 저장소의 내용을 로컬 저장소로 가져오기

Xcode의 경우는 어떤 프로그래밍 언어 환경의 프로젝트든 xcodeproj 파일 형식으로 프로젝트 정보를 저장합니다. 따라서 Xcode에서 직접 생성한 프로젝트가 아니라면 클론 이후 버전 관리를 할 수 없습니다. 그런 이유로 Xcode의 클론 실습은 앞서 살펴본 비어 있는 study 저장소로 하지 않겠습니다. 필자가 미리 준비해놓은 Xcode 프로젝트가 담긴 GitHub 원격 저장소를 포크한 후 클론해보겠습니다.

먼저 GitHub에 로그인합니다. 그리고 필자가 마련해놓은 GitHub 원격 저장소 https://github. com/Quarte1/git_xcode에 접속합니다. 그리고 오른쪽 위 〈Fork〉를 클릭합니다.

그림 9-48 저장소 포크

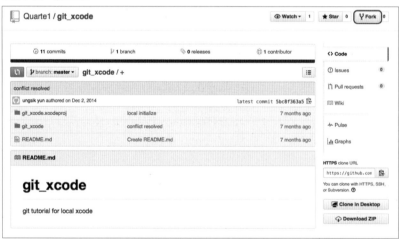

내 저장소에 git_xcode 원격 저장소가 포크되었음을 확인할 수 있습니다. 이제 오른쪽 아래에 있 는 HTTPS clone URL의 주소를 복사해둡니다.

그림 9-49 포크한 저장소의 HTTPS clone URL 주소 확인

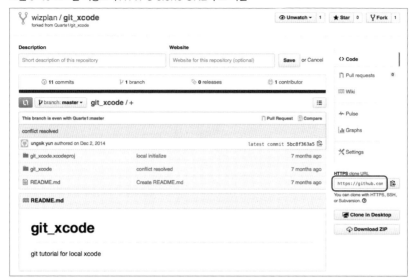

이제 Xcode를 실행합니다. 시작 화면이 등장하면 'Check out an existing project'라는 항목이 있습니다. 클릭합니다.

그림 9-50 Xcode 실행 및 클론 작업 메뉴 선택

'Check Out' 창이 나타나면 방금 복사한 GitHub 원격 저장소의 주소를 입력합니다. 혹은 이전에
클론했던 이력을 선택해서 다시 클론할 수도 있습니다. 'Or enter a repository location' 아래
입력란에 원격 저장소 주소를 입력합니다. 그리고 〈Next〉를 클릭합니다.

그림 9-51 클론할 원격 저장소 선택

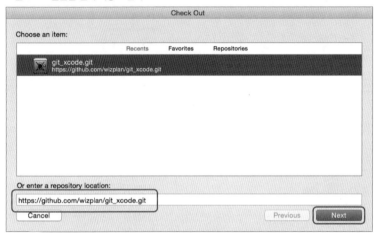

컴퓨터의 어느 디렉터리 경로에 클론할지 선택하는 창이 나타납니다. 프로젝트를 저장할 디렉터리
경로를 선택하고 〈Check Out〉을 클릭합니다.

그림 9-52 클론한 원격 저장소를 저장할 디렉터리 선택

이제 그림 9-53과 같이 클론된 후 자동으로 프로젝트가 열립니다. 프로젝트 데이터 용량에 따라 다소 시간이 걸릴 수 있습니다.

그림 9-53 클론 완료

9.11 로컬 저장소와 원격 저장소를 연결하기

이번 절은 9.9절까지 만들었던 프로젝트(필자의 경우 'git_xcode')에 이어서 진행합니다. 먼저 다른 IDE 때와 마찬가지로 GitHub 웹 사이트에서 빈 원격 저장소를 하나 만듭니다. 필자의 경우 xcode_hello라는 이름으로 생성했습니다.

그림 9-54 GitHub 빈 원격 저장소 생성

빈 원격 저장소가 생성되었다면 이제 **[Source]** → **[프로젝트이름 − 브랜치이름]** → **[Configure 프로젝트 이름]**을 선택합니다.

그림 9-55 프로젝트 버전 관리 설정 선택

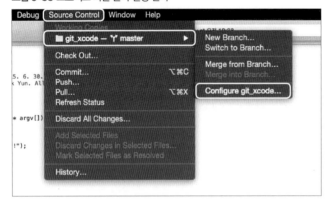

'Configure 프로젝트이름' 창이 열립니다. 여기서 두 번째에 있는 'remote' 탭을 선택합니다. 현재는 원격 저장소가 설정되어 있지 않으므로 비어 있습니다. 왼쪽 아래에 있는 [+]를 클릭한 후 [Add remote]를 선택합니다.

그림 9-56 원격 저장소 추가 선택

'Add a Remote' 창이 열리면 'Name'에는 'origin'이 설정되었는지 확인한 후 'Address'에는 그림 9-54에서 만든 빈 원격 저장소의 HTTPS clone URL을 입력해줍니다. 설정이 끝나면 〈Add Remote〉를 클릭합니다. 설정이 마무리되면 'Configure 프로젝트이름' 창에서 〈Done〉을 클릭합니다.

그림 9-57 원격 저장소의 주소 입력

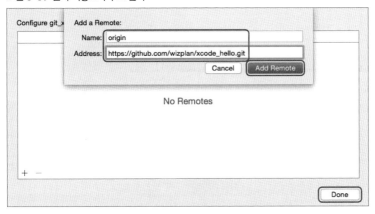

이제 로컬 저장소의 데이터를 푸시해볼 차례입니다. 메뉴에서 **[Source]** → **[Push]**를 선택합니다. 'Push local changes' 창이 등장하면 방금 설정한 '원격저장소별칭/브랜치이름 (Create)'라는 설정을 확인하고 〈Push〉를 클릭하면 됩니다.

그림 9-58 푸시 시작

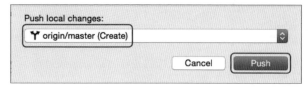

'Push local changes' 창이 없어지면 푸시가 완료된 것입니다. 그런데 이 작업은 현재 master 브랜치를 푸시한 것뿐입니다. [**Source Control**] → [**프로젝트이름 − 브랜치이름**] → [**Switch to Branch**]를 선택해 hotfix 브랜치를 선택한 후 다시 [**Source Control**] → [**Push**]를 선택하면 그림 9−58의 설정이 hotfix 브랜치에 맞게 바뀝니다. 〈Push〉를 클릭하면 hotfix 브랜치까지 푸시가 완료됩니다.

Github 웹 사이트를 확인해서 제대로 푸시가 완료되었는지 확인하면 됩니다.

그림 9-59 GitHub 웹 사이트의 원격 저장소 확인

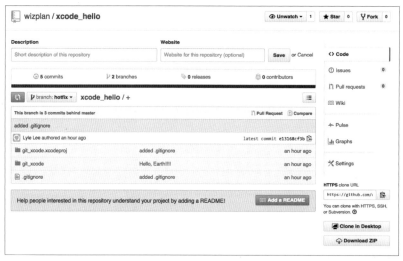

NOTE_ 브랜치와 관련된 Xcode의 특징 중 하나는 바로 원격 저장소와 로컬 저장소의 브랜치를 구분해서 관리한다는 점입니다. 원격 저장소의 브랜치를 선택하면 로컬 저장소에 숫자가 붙은 사본이 생성되고, 이를 푸시하면 로컬 저장소와 원격 저장소에 새로운 브랜치가 하나 더 생기는 셈이 됩니다. 원격 저장소에 저장된 내용으로 새로운 브랜치를 하나 더 만들어야 하는 경우라면 상관없지만 일반적으로는 쓸데없는 브랜치가 하나 더 생기는 셈이니 주의해서 브랜치를 전환하세요.

그림 9-60 브랜치를 바꿀 때 주의할 점

Switch to branch:		Switch to branch:	
Local Branches		**Local Branches**	
master		**hotfix**	
Last modified: 오늘 by Lyle Lee		Last modified: 오늘 by Lyle Lee	
hotfix		**hotfix1**	
Last modified: 오늘 by Lyle Lee		Last modified: 오늘 by Lyle Lee	
origin		origin	
master		**master**	
Last modified: 오늘 by Lyle Lee		Last modified: 오늘 by Lyle Lee	
hotfix		**hotfix**	
Last modified: 오늘 by Lyle Lee		Last modified: 오늘 by Lyle Lee	
Switch from the current branch (master1) to the selected branch.		Switch from the current branch (master) to the selected branch.	
Cancel	Switch	Cancel	Switch

9.12 로컬 작업 내역을 원격 저장소에 올리기

이제 **[Source Control]** → **[프로젝트이름 – 브랜치이름]** → **[Switch to Branch]**를 선택해 master 브랜치로 돌아가서 README.md 파일을 추가해보겠습니다. 프로젝트 루트를 오른쪽 마우스 버튼으로 클릭한 후 **[New File]**을 선택합니다. 그리고 'OS X' 항목의 **[Other]** → **[Empty]**를 선택하고 ⟨Next⟩를 클릭해서 README.md라는 빈 파일을 하나 만듭니다.

그림 9-61 README.md 파일 생성

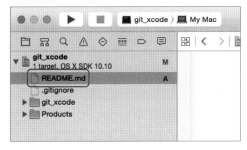

빈 파일은 만든 후에는 원격 저장소를 설명하는 적절한 메시지(필자의 경우 'remote repository of Xcode')를 입력하고 저장합니다. 그리고 **[Source Control]**→**[Commit]**을 선택해서 커밋해줍니다(필자의 경우 커밋 메시지를 'remote repository add a README.md'라고 입력했습니다).

여기서는 커밋하면서 바로 푸시까지 해보겠습니다. 왼쪽 아래에 보면 'Push to remote'라는 항목이 있습니다. 이 항목의 체크 표시를 켜고 바로 오른쪽 드롭 박스에서 브랜치를 선택하면 커밋 후 바로 원격 저장소에 파일을 푸시할 수 있습니다. 선택이 끝나면 〈Commit 1 Files and Push〉를 클릭해서 커밋과 푸시를 완료합니다.

그림 9-62 README.md 파일 커밋과 푸시

마지막으로 GitHub 웹 사이트에서 원격 저장소를 확인하면 README.md 파일을 확인할 수 있습니다.

그림 9-63 GitHub 원격 저장소 확인

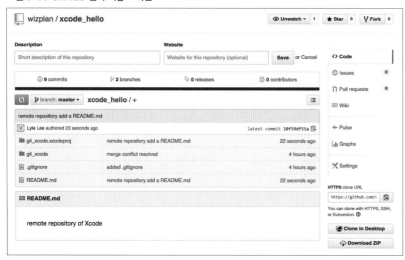

9.13 원격 저장소와 로컬 저장소의 간격 메꾸기

9.11절의 GitHub 원격 저장소(필자의 경우 'xcode_hello')의 git_xcode 디렉터리 안에 있는 main.c 파일을 수정하겠습니다. 오른쪽 위에 있는 수정(✏️)을 클릭해 수정 화면으로 들어간 후 출력 코드(필자의 경우 printf("Hello! GitHub");)를 추가합니다.

그리고 'Commit changes' 항목에서 알맞은 커밋 메시지(필자의 경우 'main.c modified on GitHub')를 입력한 후 〈Commit changes〉를 클릭해 커밋을 완료합니다. 이것으로 로컬과 원격 저장소 사이의 커밋 차이를 낼 준비 1단계는 완료입니다.

그림 9-64 GitHub 원격 저장소 파일 수정

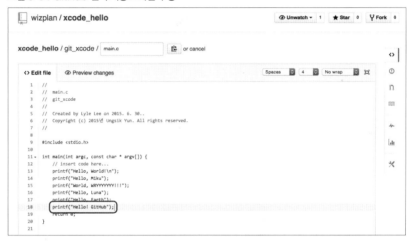

그림 9-65 GitHub 원격 저장소 커밋

이제 Xcode에서 조금 전 GitHub 원격 저장소와 동일한 파일을 수정해보겠습니다. 그리고 일부러 GitHub 원격 저장소와 같은 행을 추가해 충돌을 발생시켜보겠습니다. 실제로는 다른 작업자가 어느 부분을 수정했는지 알 수 없지만, 작업하는 코드에서 충돌이 발생하지 않는 것이 더 힘들 것이므로 일부러 충돌이 발생하는 상황을 만든 것입니다.

여기에서는 printf("Hello! Local repository");라는 출력 코드를 추가했습니다.

그림 9-66 로컬 저장소의 main.c 파일 수정

수정이 완료되었으면 커밋할 차례입니다. 메뉴의 **[Source Control]** → **[Commit]**을 선택해 커밋 창을 엽니다. 그리고 변경 부분을 확인한 후 알맞은 커밋 메시지(필자의 경우 'main.c on Local repository')를 입력한 후 〈Commit 1 File〉을 클릭합니다.

그림 9-67 변경 내역 커밋

커밋을 완료했으니 푸시해서 원격 저장소에 반영할 차례입니다. 메뉴의 **[Source Control]** → **[Push]**를 선택해 푸시를 실행합니다. 'Push local changes' 창이 나타나면 올바른 원격 저장소와 브랜치를 선택하였는지 확인한 후 〈Push〉를 클릭합니다.

그림 9-68 Push local changes 창

5.4절의 그림 5−22에서 본 것과 같은 에러 메시지가 나타납니다. 즉, 푸시를 실패했다는 메시지입니다. 페치 후 병합 작업을 실행하거나, 풀 작업을 통해 로컬과 원격 저장소를 일치시켜야 합니다. 우선 〈OK〉를 클릭해 에러 메시지 창을 닫습니다. 그리고 〈Cancel〉을 클릭해 여전히 열려 있는 'Push local changes' 창도 닫습니다.

그림 9-69 푸시 실패 메시지 창

문제를 해결하려면 먼저 페치를 해야 합니다. 그런데 Xcode에는 페치 메뉴가 따로 없습니다. 풀 기능이 사실상 페치 기능까지 포함합니다. 따라서 메뉴에서 **[Source Control]** → **[Pull]**을 선택합니다.

이번에는 'Push local changes' 창과 똑같이 생긴 'Pull remote changes' 창이 열립니다. 어떤 원격 저장소의 어떤 브랜치를 풀할지 선택(여기에서는 'origin/master')하고 〈Pull〉을 클릭합니다.

그림 9-70 Pull remote changes 창

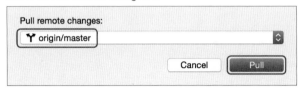

자동으로 원격 저장소의 브랜치 내용과 로컬 저장소의 내용을 비교할 수 있고 병합 작업까지 진행할 수 있습니다. 9.8절을 참고해 충돌이 발생한 부분을 확인하고 수정해줍니다.

여기에서는 모든 출력 코드를 반영하겠습니다. 수정한 순서인 printf("Hello! GitHub");과 printf("Hello! Local repository");를 추가(맨 오른쪽의 'Right then Left' 버튼 클릭)하고 〈Pull〉을 클릭합니다.

그림 9-71 페치와 병합 후 풀 실행

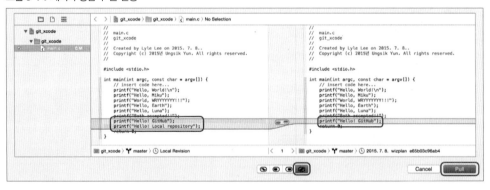

그러면 그림 9-72와 같이 원격 저장소 브랜치의 변경 내역을 로컬 저장소의 브랜치와 통합합니다.

그림 9-72 페치 완료

```
//
//  main.c
//  git_xcode
//
//  Created by Lyle Lee on 2015. 7. 8..
//  Copyright (c) 2015년 Ungsik Yun. All rights reserved.
//

#include <stdio.h>

int main(int argc, const char * argv[]) {
    // insert code here...
    printf("Hello, World!\n");
    printf("Hello, Miku");
    printf("World, WRYYYYYYY!!!");
    printf("Hello, Earth");
    printf("Hello, Luna");
    printf("Both accepted!!");
    printf("Hello! GitHub");
    printf("Hello! Local repository");
    return 0;
}
```

이 내역을 커밋해서 완료해줍니다(필자의 경우 커밋 메시지는 'GitHub for git merge'라고 입력했습니다). 커밋할 때는 'Push to remote' 항목의 체크를 켜고 원하는 '원격저장소별칭/브랜치'를 선택(필자의 경우 'origin/master')해서 푸시까지 한꺼번에 해주도록 합니다. 설정이 끝나면 〈Commit 1 File and Push〉를 클릭해서 커밋과 푸시를 모두 마칩니다.

그림 9-73 최종 커밋과 푸시

제대로 푸시되었는지 GitHub의 원격 저장소를 확인합니다.

그림 9-74 GitHub 원격 저장소 확인

마지막으로 일반적인 풀 작업을 확인해볼 차례입니다. 오른쪽 위에 있는 수정(✏)을 클릭해 수정 화면으로 들어갑니다. 그리고 출력 코드를 한 줄(필자의 경우 printf("Hello! git pull");) 을 추가합니다. 'Commit changes' 항목에는 알맞은 커밋 메시지(필자의 경우 'GitHub for git pull')를 입력하고 〈Commit changes〉를 클릭합니다.

그림 9-75 풀 작업을 위한 코드 수정

메뉴에서 **[Source Control]** → **[Pull]**을 선택합니다. 특별한 변경 내용이 없으므로 'Pull remote changes' 창에서 원하는 '원격저장소별칭/브랜치'를 선택하고 〈Pull〉을 클릭하면 원격 저장소의 내용이 반영됩니다.

그림 9-76 풀 완료

```
                 git_xcode  >   git_xcode  >  c  main.c  >  f  main()

    //
    //   main.c
    //   git_xcode
    //
    //   Created by Lyle Lee on 2015. 7. 8..
    //   Copyright (c) 2015년 Ungsik Yun. All rights reserved.
    //

    #include <stdio.h>

    int main(int argc, const char * argv[]) {
        // insert code here...
        printf("Hello, World!\n");
        printf("Hello, Miku");
        printf("World, WRYYYYYYY!!!");
        printf("Hello, Earth");
        printf("Hello, Luna");
        printf("Both accepted!!");
        printf("Hello! GitHub");
        printf("Hello! Local repository");
        printf("Hello! git pull");
        return 0;
    }
```

이상으로 실제 프로젝트에서 많이 다루게 되는 Git 사용법을 살펴보았습니다. 3~9장에서 소개한 Git 사용법은 프로젝트를 관리할 때 다양한 상황에서 응용해야 하는 방법들입니다. 그리고 앞으로 배울 원격 저장소 개념을 이해한 후에는 다양한 협업 상황에서 자주 사용하게 되는 기본이기도 합니다. 조금 이해되지 않는 부분이 있다면 앞으로 10장 이후를 살펴보기 전 이 책 이외의 다양한 참고 서적을 통해 꼭 개념을 이해하기를 당부합니다.

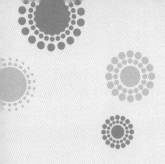

Git의 다양한 활용 방법

지금까지 1부와 2부를 통해 Git과 GitHub의 기본 사용법을 이해했다면 이제 마지막으로 Git, 그리고 GitHub를 효율적으로 사용하는 데 필요한 개념을 배워 자유자재로 Git을 사용할 차례입니다. 여기에서는 문제 발생을 처리하는 Git의 고급 명령어, GUI 기반 도구에서 버전 관리 시스템을 사용하는 방법, GitHub를 이용해서 이루어지는 작업 흐름을 살펴볼 것입니다. 3부까지 잘 살펴본다면 아마 Git을 효율적으로 이용하는 데 큰 도움이 될 것입니다.

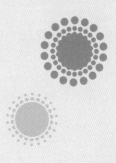

PART III
Git의 다양한 활용 방법

CHAPTER 10

Git 고급

1~9장을 통해 Git을 잘 살펴보셨나요? 지금까지의 과정이 충실했다면 Git과 관련된 기본 사용법은 모두 숙지한 셈입니다. 그리고 원격 저장소의 개념과 GitHub의 기본 사용법도 숙지했을 것입니다.

하지만 저장소의 커밋 관리를 체계적으로 하게 된다면, 언젠가는 반드시 사용할 일이 생기게 되는 고급 명령어들이 있습니다. 10장에서는 알아두면 유용하게 사용할 수 있는 명령어를 소개합니다. 먼저 소개할 명령어들을 간략히 표 10-1로 소개하겠습니다.

표 10-1 Git 고급 명령어

명령어	설명
git tag	커밋을 참조하기 쉽도록 알기 쉬운 이름을 붙입니다.
git commit --amend	같은 브랜치 상에 있는 최종 커밋을 취소하고 새로운 내용을 추가하거나 설명을 덧붙인 커밋을 할 수 있습니다.
git revert	이전에 작성한 커밋을 지웁니다. 그런데 특정 커밋의 내용을 지우는 새로운 커밋을 만들어 지운 내역을 모든 사람이 알 수 있게 합니다.
git reset	어떤 커밋을 버리고 이전의 특정 버전으로 다시 되돌릴 때 사용합니다. git revert와 다른 점은 지운 커밋 내역을 남기지 않는다는 점입니다.
git checkout HEAD --filename	아직 커밋하지 않은 변경 내역을 취소합니다.
git rebase	git merge처럼 병합할 때 사용합니다. 하지만 브랜치가 많을 경우 브랜치 이력을 확인하면서 병합합니다.
git rebase -i	서로 다른 두 개의 커밋 내역을 합칩니다.

이러한 명령어들은 지금까지 소개한 IDE에서는 쉽게 지원하는 것도 있고, 다른 기능과 통합되어 직관적으로 설명하기 어려운 것도 있습니다. 따라서 이번 장의 설명은 Git Bash를 이용해 설명하 겠습니다.

> **NOTE_** 10장에서는 아마 다양한 실습을 하게 될 것입니다. http://www.hanbit.co.kr/exam/2202의 예제 파일 중에서 'git_tutorial_10' 폴더를 'git_tutorial'로 이름을 바꾼 후 무언가 잘못되었을 때마다 복사해서 다시 사용하면 편리합니다.

10.1 git tag: 특정 커밋을 참조하는 이름 붙이기

git tag 명령은 저장소의 커밋에 태그tag를 붙이는 명령어입니다. 간단하게 그냥 버전 이름 같이 이름만을 붙이는 'light weight' 태그와 태그 작성자와 간단한 메모를 함께 태그에 남기는 'annotated' 태그가 있습니다.

지금부터는 5.4절에 이어서 'git_tutorial' 저장소에서 작업하겠습니다. 먼저 태그를 붙이는 방법부터 살펴보겠습니다. 만약 가장 최근 커밋에 태그를 붙이고 싶다면 간단하게 다음 명령을 실행하면 됩니다.

```
git tag 태그이름
```

여기에서는 1.0이라는 버전 이름으로 태그를 붙였습니다. 그리고 태그가 붙여졌는지 확인하기 위해 다음 명령을 실행합니다. 로그와 함께 태그를 볼 수 있습니다.

```
git log --decorate -1
```

> **NOTE_** 다시 명령을 입력하려면 [END] 표시 후 :q를 입력합니다.

실제 5.4절의 가장 최근 커밋인 git pull 명령 실행에 태그가 붙은 것을 확인할 수 있습니다.

그림 10-1 git tag 명령 실행 및 확인

또한 git tag -l 명령을 실행해 현재 저장소에 있는 태그 리스트를 볼 수 있으며, 태그와 커밋 SHA-1 체크섬 값을 같이 보려면 git show-ref --tags 명령을 실행해 살펴볼 수 있습니다.

그림 10-2 태그 리스트와 커밋 체크섬 값 확인

이번에는 특정 커밋에 태그를 붙이는 방법을 확인해보겠습니다. 우선 커밋 SHA-1 체크섬 값을 알아야 합니다. 여기에서는 최근 커밋 바로 아래의 커밋에 태그를 붙이겠습니다. 다음 명령부터 실행해줍니다.

```
git log -2
```

내용을 확인하면 'conflict resolved GitHub' 커밋 메시지의 커밋입니다. 그리고 'commit 4dd7f0f~'라는 SHA-1 체크섬 값을 확인할 수 있습니다. 대략 앞의 네 자리인 '4dd7'을 기억한 후 다음 명령을 실행합니다.

```
git tag 0.9 4dd7
```

그림 10-3 특정 커밋에 태그 붙이기

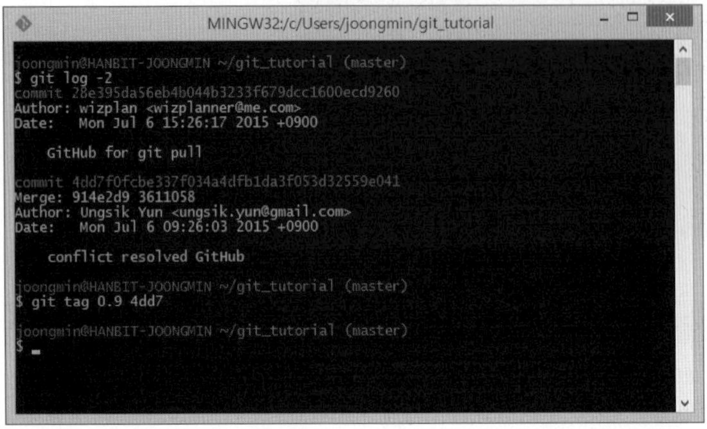

git show-ref --tags 명령을 실행하면 태그가 붙여진 것을 확인할 수 있습니다.

그림 10-4 태그 확인

그런데 git tag 명령만으로는 'light weight' 태그만을 생성합니다. 누가, 언제, 왜, 이 태그를 붙였는지 전혀 알 수 없죠. 태그 그 자체에 대한 기록은 이름 외에 아무것도 없는 셈입니다.

하지만 'annotated' 태그는 누가 언제 태그를 붙였는지를 기록하고, 추가 메시지까지 같이 저장합니다. 로그를 살펴보면서 태그들을 보다가 해당 태그 시점에 태그에 대한 의문이 생기면 누구에게 질문해야 하는지 한번에 알 수 있죠. 또한 커밋과 다른 시점에 붙은 버전 태그가 있다면, 언제 해당 버전이 배포되었는지 알 수 있기도 합니다.

이번에는 'annotated' 태그를 붙여보겠습니다. 다시 최근 커밋을 확인하기 위해 다음 명령을 실행합니다.

```
git log -3
```

이번에는 'hello.py modified on local repository'라는 커밋 메시지를 담은 커밋입니다. SHA-1 체크섬 값의 앞 네 자리를 확인해보니 '914e'입니다. SHA-1 체크섬 값을 입력하지 않으면, 앞서 언급한대로 현재 작업 중인 브랜치의 최신 커밋에 태그를 붙이게 됩니다. 이제 다음 명령을 실행합니다.

```
git tag  - a 0.8 914e
```

그림 10-5 세 번째 최근 커밋 확인과 git tag –a 명령 실행

명령을 실행하면, 커밋 메시지를 입력하는 것과 비슷한 vim 편집기 창이 나타납니다. 태그와 같이 기록할 메시지(필자의 경우 'ver 0.8 by Ungsik Yun')를 입력하고 저장하면 태그 붙이기가 완료됩니다.

그림 10-6 태그 메시지 입력

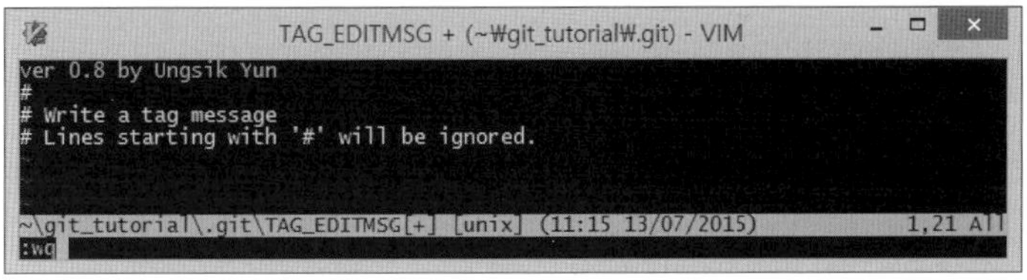

git show 태그이름 명령을 실행해 확인하면, 아까와는 달리 누가 언제 어떤 메시지를 입력해 태그를 붙였는지 알 수 있습니다.

그림 10-7 태그 메시지 확인

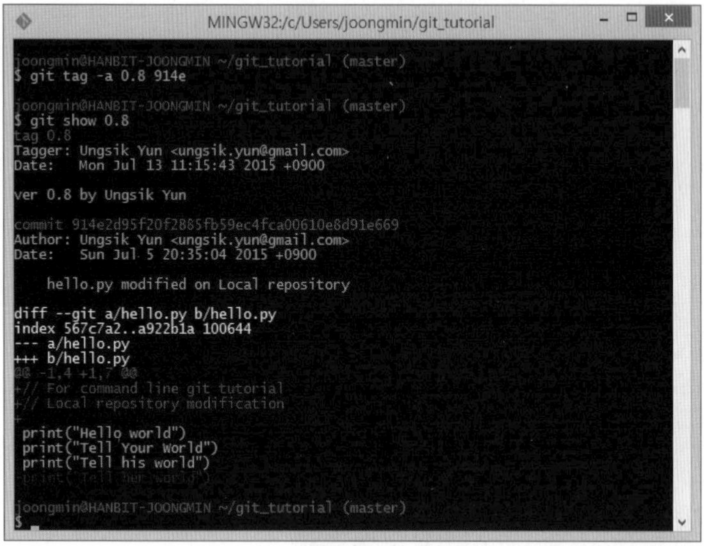

10.2 git commit --amend: 마지막 커밋 수정하기

마지막 커밋 메시지를 수정하는 명령은 간단합니다. 다음과 같습니다.

```
git commit --amend
```

위 명령을 실행하면 마지막 커밋과 커밋하지 않은 상태에 있는 변경 내역이 서로 합쳐진 새 커밋을 만들게 됩니다. 만약 아무런 변경 내역을 만들지 않고 명령어를 실행하면 커밋 메시지만 변경하게 되는 것과 같은 효과를 낼 수 있습니다.

먼저 vim hello.py 명령을 실행한 후 간단한 변경 내역을 만듭니다(필자의 경우 // Third: git commit --amend라는 변경 내역을 만들어 주었습니다).

그림 10-8 변경 내역 만들기

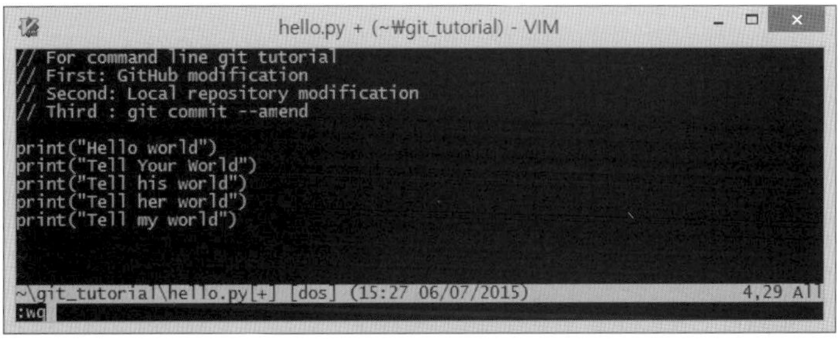

```
                    hello.py + (~\git_tutorial) - VIM                    ×
// For command line git tutorial
// First: GitHub modification
// Second: Local repository modification
// Third : git commit --amend

print("Hello world")
print("Tell Your World")
print("Tell his world")
print("Tell her world")
print("Tell my world")



~\git_tutorial\hello.py[+] [dos] (15:27 06/07/2015)          4,29 All
:wq
```

변경 내역을 만들었다면 변경 내역을 추가하기 위해 git add hello.py 명령을 실행한 후 git commit --amend 명령을 실행합니다. 다시 커밋 메시지를 입력하는 편집기가 등장합니다. 약간의 변경 내역이 있으므로 기존 커밋 메시지(필자의 경우 'GitHub for git pull') 뒤에 'by Ungsik'이라는 커밋 메시지를 추가한 후 저장했습니다.

그림 10-9 커밋 메시지 일부 변경

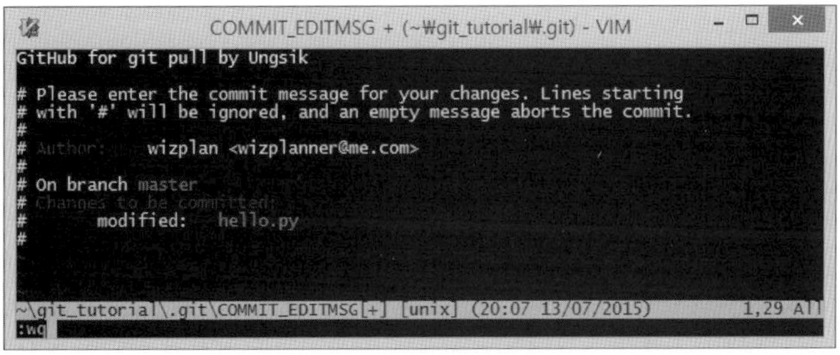

```
              COMMIT_EDITMSG + (~\git_tutorial\.git) - VIM              ×
GitHub for git pull by Ungsik

# Please enter the commit message for your changes. Lines starting
# with '#' will be ignored, and an empty message aborts the commit.
#
# Author:      wizplan <wizplanner@me.com>
#
# On branch master
# Changes to be committed:
#       modified:   hello.py
#


~\git_tutorial\.git\COMMIT_EDITMSG[+] [unix] (20:07 13/07/2015)   1,29 All
:wq
```

git status 명령을 실행하면 커밋할 내역이 없음을 확인할 수 있습니다.

그림 10-10 커밋 내역 확인

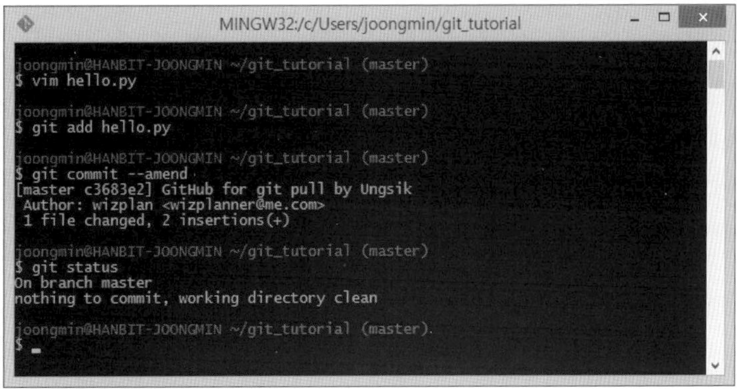

```
              MINGW32:/c/Users/joongmin/git_tutorial              ×
joongmin@HANBIT-JOONGMIN ~/git_tutorial (master)
$ vim hello.py

joongmin@HANBIT-JOONGMIN ~/git_tutorial (master)
$ git add hello.py

joongmin@HANBIT-JOONGMIN ~/git_tutorial (master)
$ git commit --amend
[master c3683e2] GitHub for git pull by Ungsik
 Author: wizplan <wizplanner@me.com>
 1 file changed, 2 insertions(+)

joongmin@HANBIT-JOONGMIN ~/git_tutorial (master)
$ git status
On branch master
nothing to commit, working directory clean

joongmin@HANBIT-JOONGMIN ~/git_tutorial (master)
$
```

이번에는 변경 내역이 없는 상태에서 커밋 메시지만 바꿔보겠습니다. git commit --amend 명령을 다시 실행합니다. vim 편집기가 실행되면 이번에는 커밋 메시지 뒤에 'Yun'이라는 메시지를 입력하고 저장했습니다.

그림 10-11 커밋 메시지 추가

git log -1 명령을 실행해서 확인해보면 커밋 메시지가 'GitHub for git pull by Ungsik Yun'으로 나타나는 것을 확인할 수 있습니다.

그림 10-12 커밋 메시지 확인

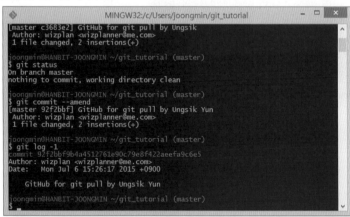

다음 절 전에 좀 더 자세하게 설명하자면, git commit --amend는 최종 커밋을 수정하는 것이 아니라, 최종 커밋을 대체하는 새로운 커밋을 만드는 것입니다. 명령을 실행하기 전과 후의 커밋 SHA-1 체크섬 값을 비교해보면 확실하게 알 수 있습니다.

10.3 git revert: 공개된 커밋의 변경 내역을 되돌리기

이미 공개된 커밋 내역을 수정하는 것은 매우 위험합니다. 할 수는 있지만, 절대로 하면 안 됩니다. 하지만 안전하게 변경 내역을 되돌리는 방법이 있습니다. 커밋으로 발생한 변경 내역의 반대 커밋을 하면 됩니다. 즉 추가한 코드는 빼고, 지운 코드는 다시 추가하는 커밋을 하는 것입니다.

이를 수행하는 명령어가 바로 git revert입니다. 다음과 같이 사용합니다.

---

git revert 커밋SHA-1체크섬값

이 명령을 특정 지점의 커밋 SHA-1 체크섬 값을 입력하면 해당 지점까지 변경 내역을 취소하게 됩니다. 먼저 가장 최근 커밋의 변경 내역을 되돌려보겠습니다. git log -5 명령을 실행합니다.

그림 10-13 특정 지점의 커밋 **SHA-1** 체크섬 값 찾기

커밋 SHA-1 체크섬 값의 앞 네 자리가 '92f2'입니다. git revert 92f2 명령을 실행합니다. vim 편집기 창이 등장하면서 커밋 메시지를 수정하게 됩니다. 잘 살펴보면 원래의 커밋 메시지가 큰따옴표로 묶여 있고 앞에 'Revert'라는 문자가 입력되어 있습니다. 따로 커밋 메시지를 더 수정할 분은 [I] 키를 눌러 수정하면 됩니다. 필자의 경우는 그냥 두고 저장하겠습니다.

그림 10-14 커밋 메시지 수정

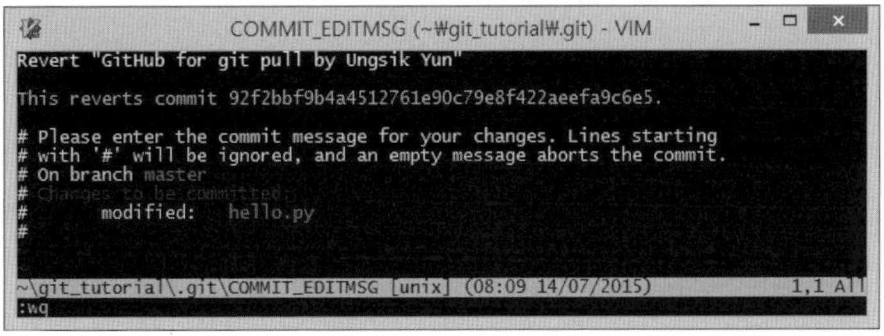

되돌리기가 완료되었습니다. 실제 파일 내용을 확인해보면 10.2절에서 추가한 주석이 사라졌음을 알 수 있습니다.

그림 10-15 되돌리기 완료

그런데 중요한 사실은 실제로 되돌리는 것이 아니라 되돌리는 것 같은 효과를 내는 것입니다. git revert를 실행한 시점부터, 대상 커밋까지 변경 내역을 거꾸로 적용하는 새 커밋을 만드는 것입니다. 그림으로 살펴보면 10-16과 같습니다.

그림 10-16 git revert 명령의 원리

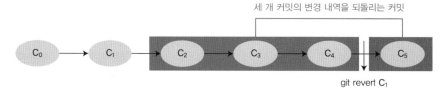

정말일까요? git log -3 명령을 실행해 확인해보겠습니다. 그림 10-17처럼 변경 전 최근 커밋인 'GitHub for git pull by Ungsik Yun'이라는 커밋 내역도 존재합니다.

그림 10-17 커밋 내역 확인

그림 10-17 커밋 내역 확인

이미 공개된 커밋 내역은 이런 안전한 방법으로 되돌려야 합니다. 이제 이후에 새로운 브랜치를 만들거나 병합해서 작업할 수 있습니다.

10.4 git reset: 이전 작업 결과를 저장한 상태로 되돌리기

git reset 명령은 어떤 특정 커밋을 사용하지 않게 되어 다시 되돌릴 때 사용합니다. 앞에서 설명한 git revert 명령이 이전 커밋을 남겨두는 명령이었다면 git reset 명령은 이전 커밋을 남기지 않고 새로운 커밋을 남긴다는 차이가 있습니다.

또한 git reset 명령은 현재 커밋인 HEAD의 위치, 인덱스, 작업하는 저장소 디렉터리 등도 함께 되돌릴지를 선택하기 위한 모드를 지정할 수 있습니다. 이 모드는 표 10-2를 참고하면 됩니다.

표 10-2 git reset 명령의 모드

모드	의미	HEAD 위치	인덱스	저장소 디렉터리
hard	완전히 되돌림	변경	변경	변경
mixed	인덱스의 상태를 되돌림. 모드를 지정하지 않았을 때의 기본값	변경	변경	변경 안 함
soft	커밋만 되돌림	변경	변경 안 함	변경 안 함

> **NOTE_** 인덱스는 실제 커밋 전 변경 내역을 담는 준비 영역입니다. git add 명령을 실행했을 때 이 영역으로 이동합니다. 저장소 디렉터리는 실제 파일이 담겨있는 작업 영역을 의미합니다. 자세한 내용은 부록 A를 참고하세요.

또한 커밋을 취소하는 데 필요한 다음 옵션이 있습니다. 표 10-3과 같습니다.

표 10-3 git reset 명령의 옵션

옵션	설명
^ 혹은 ~	~은 커밋 내역 하나를 의미합니다. 표시한 수 만큼 커밋을 되돌립니다. 하나면 최종 커밋 내역일 것이고 두 개면 최종 커밋 내역과 바로 전 커밋 내역이 됩니다.
ORIG_HEAD	git reset 명령을 실행했을 때 지운 커밋 내역을 보관합니다. 해당 명령을 통해 git reset 명령으로 지운 커밋을 되돌릴 수 있습니다.

그럼 실제로 실행해보겠습니다. 10.3절에 이어서 최근 커밋의 세 번째 커밋까지, 그리고 커밋만 되돌려보기 위해 soft 모드를 사용하겠습니다. 먼저 git log -5 명령을 실행해 최근 다섯 개의 커밋 내역을 확인합니다. 그리고 다음 명령을 실행합니다.

```
git reset --soft HEAD~~~
```

그림 10-18 커밋 내역 확인과 git reset 명령 실행

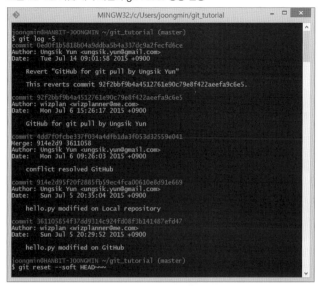

아무런 실행 결과가 나타나지 않습니다. 하지만 git log -3 명령을 실행해보면 가장 최근 커밋이 바뀐 것도 확인할 수 있습니다. 그리고 cat hello.py 명령을 실행해보면 실제로 파일 내용이 바뀐 것이 아님을 알 수 있습니다.

그림 10-19 git reset 명령 실행 결과

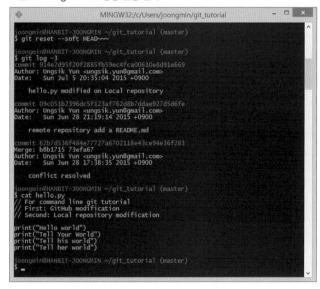

그럼 이제 git reset --soft ORIG_HEAD 명령을 사용해서 원래 상태대로 돌려보겠습니다. 그리고 git log -5 명령을 실행해 결과를 확인해보겠습니다. 원 상태로 돌아온 것을 확인할 수 있습니다.

그림 10-20 git reset --soft ORIG_HEAD 명령 실행 결과

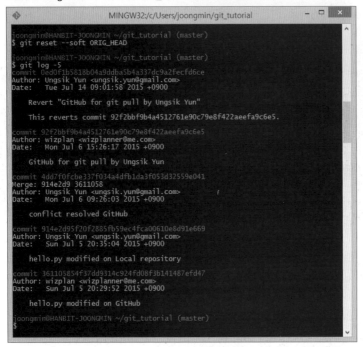

이번에는 hard 모드로 실행해보겠습니다. git reset --hard HEAD~~~ 명령을 실행합니다. 현재 HEAD의 위치가 'hello.py modified on Local repository'라는 커밋이라는 것을 알려줍니다. git log -3 명령을 실행하면 그림 10-19와 비교했을 때 최신 커밋 내역에 대한 결과는 같습니다. 하지만 cat hello.py 명령을 실행해보면 파일 내용이 바뀐 것을 알 수 있습니다.

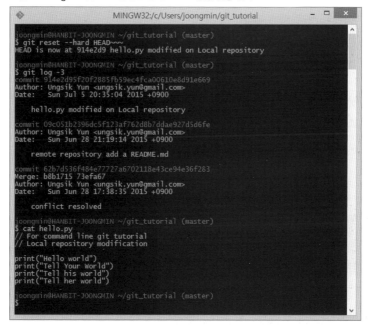

그림 10-21 git reset --hard HEAD~~~ 명령 실행 결과

마지막으로 다음 실습을 위해서 git reset --hard ORIG_HEAD 명령을 실행해줍니다.

10.5 git checkout HEAD -- filename: 특정 파일을 최종 커밋 시점으로 되돌리기

이번에는 파일 하나를 대상으로 변경 내역을 통째로 원래대로(변경 직전의 최종 커밋 시점으로) 되돌릴 때 사용할 수 있는 명령을 소개하겠습니다.

```
git checkout HEAD -- 파일이름
```

위 명령을 실행하면 파일이름 파일의 내용이 최종 커밋 시점[1]으로 되돌아가게 됩니다. '--'는 포함하는 것이 좋습니다. git checkout 명령에 뒤따라 오는 것이 파일이라는 것을 확실하게 해주는 것입니다. 만약 --가 없다면, 파일이름이 브랜치 이름과 같을 경우 해당 브랜치로 체크아웃하거나, 특정 커밋 시점으로 저장소 전체가 되돌아갈 수 있습니다.

그럼 살펴보겠습니다. 여기에서는 지금까지 다뤘던 hello.py 파일 대신 README.md 파일을 다뤄보겠습니다. 먼저 vim README.md 명령을 실행하고 파일 내용에 수정 사항을 하나 두겠습니다 (필자의 경우는 'git checkout HEAD -- filename test'라고 입력했습니다).

그림 10-22 README.md 파일 수정

그리고 git add README.md를 실행해서 인덱스에 변경 내역을 저장해두겠습니다. git status 명령을 실행해보면 커밋할 내역이 있다고 알려줍니다. 이제 git checkout HEAD -- README.md 명령을 실행합니다.

그림 10-23 git checkout HEAD -- README.md 명령 실행

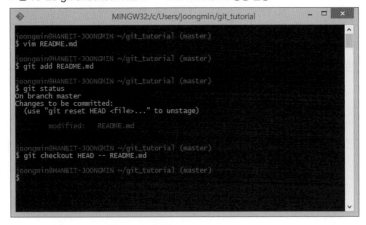

---

1 HEAD 대신 다른 커밋 SHA-1 체크섬 값을 입력하면 해당 커밋 시점으로 되돌립니다.

cat README.md 명령을 실행해 파일 내용을 살펴보면 원래대로 돌아갔음을 확인할 수 있습니다. 또한 git status 명령을 실행하면 커밋할 내역이 없음을 알 수 있습니다.

그림 10-24 실행 결과 확인

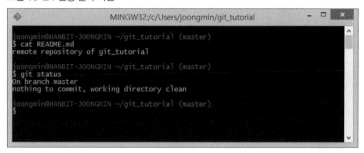

> NOTE_ git checkout -- 파일이름 명령은 git add 파일이름 명령을 실행한 후 추가 수정 사항이 있을 때 git add 파일이름 명령을 실행한 상태로 되돌리는 명령입니다.

10.4절에서 설명한 git reset 역시 파일 하나를 되돌릴 수 있는 것처럼 설명했습니다. 하지만 결정적으로 다른 부분이 있습니다. git reset 명령은 hard 모드가 아니라면 저장소 디렉터리의 파일 내용은 명령을 실행한 시점 그대로 남습니다. git reset 명령으로 되돌린 다음에 필요한 부분만 수정 작업하고 다시 커밋할 수 있습니다.

하지만 git checkout은 파일을 완전하게 대상 커밋의 시점으로 되돌립니다. 파일의 내용이 대상 커밋 시점으로 완전하게 되돌아가게 되는 것이죠. 즉, git reset 명령의 hard 모드를 실행한 것처럼 인덱스와 작업 전부를 되돌리게 됩니다. 그림 10-25는 이러한 구조를 설명합니다.

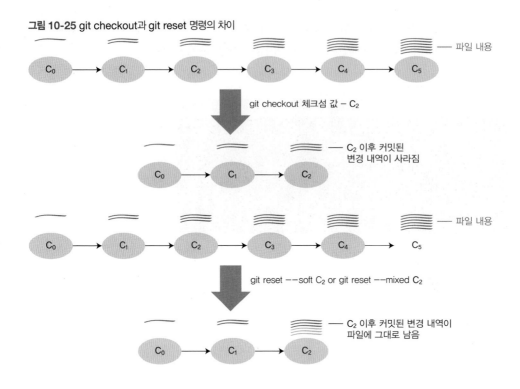

그림 10-25 git checkout과 git reset 명령의 차이

파일 내용

C_0 → C_1 → C_2 → C_3 → C_4 → C_5

git checkout 체크섬 값 – C_2

C_2 이후 커밋된
변경 내역이 사라짐

C_0 → C_1 → C_2

파일 내용

C_0 → C_1 → C_2 → C_3 → C_4 → C_5

git reset --soft C_2 or git reset --mixed C_2

C_2 이후 커밋된 변경 내역이
파일에 그대로 남음

C_0 → C_1 → C_2

10.6 git rebase: 브랜치 이력을 확인하면서 병합하기

앞서 살펴본 병합 과정은 사실 자주 실행하는 작업이 아닙니다. 실제 Git을 이용한 버전 관리 시스템의 작업 흐름은 평소에는 여러 개의 브랜치와 커밋 내역을 만들고, 마지막에 작업 내역을 확인하고 올바른 작업물만 병합하는 것입니다.

Git의 특징 중 하나는 앞서 살펴본 것처럼 커밋 내역을 수정할 수 있다는 것입니다. 하지만 수정할 수 있다고 해서 이미 원격 저장소에 푸시가 끝난 커밋 내역을 수정하는 것은 정말 특별한 상황이 아닌 이상 절대로 권장할만한 일이 아닙니다.

하지만 푸시하기 전에 git merge 명령을 이용해서 병합하면 앞서 3.10절처럼 충돌 해결 커밋이나, --no-ff로 만든 병합 커밋을 남기게 됩니다. 이는 작업 흐름을 일관되게 파악하는 데는 깔끔하지 않습니다. 따라서 할 수 있다면 로컬 저장소에 있던 커밋을 깔끔하게 정리해서 푸시하는 것이 좋습니다.

그런 정리를 가능하게 하는 것이 git rebase 명령입니다. 여기서는 언제 git rebase를 사용하는 것을 고려할지, 그리고 커밋 내역을 깔끔하게 정리함으로써 얻을 수 있는 장점을 예와 함께 살펴보겠습니다.

그림 10-26의 커밋 그래프는 일반적으로 병합했을 때의 모습입니다. 지금까지 작업했던 git_tutorial 저장소의 모습과도 같습니다.

그림 10-26 일반적인 작업 흐름

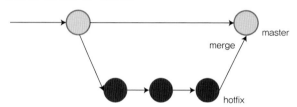

하지만 두 개를 넘어서 세 개 이상의 브랜치가 하나의 master 브랜치에 병합된다고 생각해보겠습니다. 구체적으로 설명해보면 hotfix1 브랜치를 만든 이후에 master 브랜치에 어떠한 커밋 내역이 있는 상태로 hotfix2, hotfix3 브랜치를 만들어서 각각 커밋을 했고, hotfix1 브랜치에도 다른 커밋 내역이 있는 상황입니다. 이를 차례대로 master 브랜치에 병합한다고 해보겠습니다.

그림 10-27 세 개 이상의 브랜치를 병합하려고 할 때

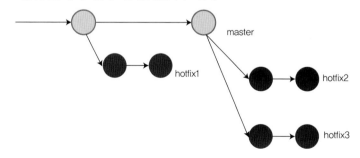

이번에는 새로운 실습을 위해 'git_merge'라는 디렉터리를 하나 만든 후 3장을 참고해서 master 브랜치와 hotfix1~hotfix3 브랜치를 만들겠습니다. 각 브랜치의 내용은 표 10-4와 같습니다.

표 10-4 master 브랜치와 hotfix 브랜치 구조

브랜치	파일	파일 안 코드	커밋 메시지
master	hello.py	print("Hello World") print("Hello World 2")	Hello World Hello World 2
hotfix1	hello.py	print("Hello World") print("Tell Your World")	Tell Your World
hotfix2	hello.py	print("Hello World") print("Hello World 2") print("Tell His World")	Tell His World
hotfix3	hello.py	print("Hello World") print("Hello World 2") print("Tell Her World")	Tell Her World

먼저 hotfix1 브랜치를 병합해보았습니다.

그림 10-28 hotfix1 브랜치 병합

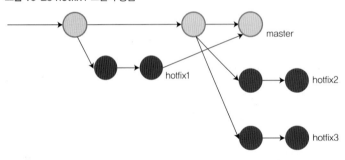

이번에는 hotfix2 브랜치를 병합했습니다. 벌써 커밋 그래프가 상당히 꼬여가는 것이 보입니다.

그림 10-29 hotfix2 브랜치 병합

그림 10-29 hotfix2 브랜치 병합

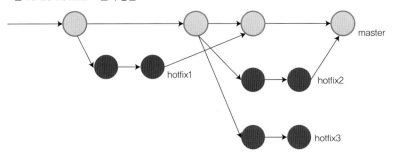

이제 hotfix3 브랜치를 병합한 다음입니다. 이제 그냥 보기만 해도 꽤 복잡해 보입니다. 고작 세 개째인데 말이죠.

그림 10-30 hotfix3 병합

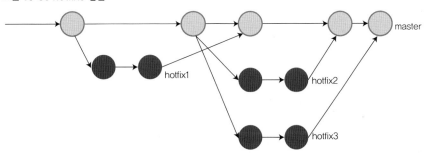

프로젝트 멤버가 세 명 이상이면 혹은 동시에 개발 중인 기능이 여러 개라면 브랜치가 세 개 이상으로 생성되는 일은 매우 흔한 상황일 겁니다. 그럴 때마다 각자의 코드를 master 브랜치에 반영하면 커밋 내역 그래프가 매우 알아보기 어려울 것입니다. 실제로 작업한 내역을 git log --graph 명령을 실행해 살펴보면 그림 10-31과 같습니다.

그림 10-31 git merge 명령을 실행한 병합 그래프

왼쪽의 그래프를 확인하면 계속 충돌을 해결해야 하는 모습을 한눈에 알 수 있습니다.

하지만 git rebase 명령을 사용하면 이를 깔끔하게 정리할 수 있습니다(rebase는 단어 그대로 다시 base를 정하는 것입니다). 그럼 구체적인 과정을 살펴보겠습니다. 이번에는 'git_rebase'라는 디렉터리를 하나 만들고 표 10-4를 참고해서 각 hotfix1~hotfix3 브랜치와 커밋 내역을 만듭니다.

최초 커밋 그래프는 다음과 같습니다.

그림 10-32 최초 커밋 그래프

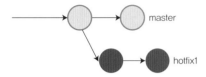

hotfix1 브랜치부터 정리해보겠습니다. master 브랜치의 앞으로 hotfix1 브랜치를 이동시키는 것입니다. 따라서 git checkout hotfix1 명령을 실행해 master 브랜치에서 hotfix1 브랜치로 체크아웃합니다. 그리고 git rebase master 명령을 실행합니다.

그림 10-33 git rebase master 명령 실행

당연하겠지만, 충돌이 발생했습니다. 자세히 살펴보면 예전 충돌 상태와 비슷하게 hotfix1 브랜치의 이름이 'hotfix1|REBASE 1/1'로 바뀐 것을 확인할 수 있습니다. 여기서 충돌 상태를 해결하기 위해 git rebase 명령은 세 가지 옵션을 제공합니다.

- **git rebase --continue**: 충돌 상태를 해결한 후 계속 작업을 진행할 수 있게 합니다.
- **git rebase --skip**: 병합 대상 브랜치의 내용으로 강제 병합을 실행합니다. 즉, 여기서 명령을 실행하면 master 브랜치를 강제로 병합한 상태가 됩니다. 또한 해당 브랜치에서는 다시 git rebase 명령을 실행할 수 없습니다.
- **git rebase --abort**: git rebase 명령을 실행을 취소합니다. 다시 git rebase hotfix2 명령을 실행할 수 있습니다.

그럼 충돌을 해결하겠습니다. 먼저 3.10절을 참고해 vim hello.py 명령을 실행해 충돌 내용을 수정해줍니다. 모든 코드가 순서대로 반영되도록 했습니다. 그런 다음 변경 내역을 적용하기 위해 git add hello.py를 실행해줍니다. 마지막으로는 충돌 상태를 해결하는 git rebase --continue 명령을 실행합니다.

그림 10-34 첫 번째 git rebase 명령 실행

```
                    MINGW32:/c/Users/joongmin/git_rebase           _  □  ×

joongmin@HANBIT-JOONGMIN ~/git_rebase (hotfix1|REBASE 1/1)
$ cat hello.py
print("Hello World")
<<<<<<< HEAD
print("Hello World 2")
=======
print("Tell Your World")
>>>>>>> Tell Your World

joongmin@HANBIT-JOONGMIN ~/git_rebase (hotfix1|REBASE 1/1)
$ vim hello.py

joongmin@HANBIT-JOONGMIN ~/git_rebase (hotfix1|REBASE 1/1)
$ cat hello.py
print("Hello World")
print("Hello World 2")
print("Tell Your World")

joongmin@HANBIT-JOONGMIN ~/git_rebase (hotfix1|REBASE 1/1)
$ git add hello.py

joongmin@HANBIT-JOONGMIN ~/git_rebase (hotfix1|REBASE 1/1)
$ git rebase --continue
Applying: Tell Your World

joongmin@HANBIT-JOONGMIN ~/git_rebase (hotfix1)
$ _
```

명령을 실행하면 master 브랜치의 공통 부모까지의 hotfix1 브랜치의 커밋을 master 브랜치의 뒤에 차례대로 적용합니다. 즉, 그림 10-35와 같이 전체 작업 흐름의 위치가 이동합니다. 명령을 자세히 살펴보면 더 쉽게 이해할 수 있을 겁니다. '(hotfix) rebase (onto) master'라는 것이죠. 영어권 화자에게는 굉장히 자연스러운 문장으로 "현재 작업 중인 브랜치의 base를 master로 다시 설정하라"는 말입니다.

그림 10-35 첫 번째 git rebase 명령을 실행했을 때의 작업 흐름 이동 1

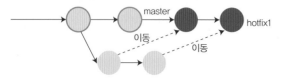

결과는 그림 10-36과 같이 예쁘게 한 줄로 master 뒤에 hotfix1 브랜치가 늘어선 모양이 됩니다.

그림 10-36 첫 번째 git rebase 명령을 실행했을 때의 작업 흐름 이동 2

여기까지만이라면 단순하게 hotfix1과 master 브랜치가 따로따로 있는 것에 불과하게 됩니다. 말 그대로 hotfix1의 base를 다시(re) 설정한 것과 같은 효과죠. 병합해야만 비로소 master 브랜치에 hotfix1 브랜치가 반영이 됩니다. 그런데 `git rebase` 명령을 실행하면 무조건 fast-forward가 가능하지만, 이런 경우 병합 커밋을 남기는 것도 좋습니다. `git merge hotfix1 --no-ff`라는 명령을 실행해 fast-forward를 하지 말라는 옵션을 주어서(사실 no fast-forward는 일반적인 병합 시에도 해주면 좋습니다. 병합한 흔적을 명시적으로 커밋 그래프에 남기는 셈이니까요) 병합을 실행하면 병합을 실행하면 그림 10-37과 같은 그래프가 됩니다.

그림 10-37 git merge 명령을 실행했을 때의 작업 흐름 이동

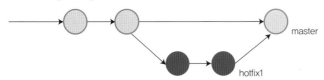

따라서 `git checkout master` 명령을 실행해 master 브랜치로 이동한 후 `git merge hotfix1 --no--ff` 명령을 실행해 최종 병합해줍니다.

그림 10-38 첫 번째 git merge 명령 실행

> **NOTE_** git rebase --abort와 git rebase --skip 명령의 실행 결과
>
> 우선 그림 10-33에 이어서 `git rebase --abort` 명령의 실행 결과를 살펴보겠습니다. 결과는 그림 10-39와 같습니다.

그림 10-39 git rebase --abort 명령 실행 결과

실제 충돌이 발생했다가 hotfix1 브랜치의 내용으로 돌아오는 것을 알 수 있습니다. 또한 hotfix1 브랜치의 이름이 'hotfix1|REBASE 1/1'로 바뀌었다가 원래대로 돌아온 것을 알 수 있습니다.

그럼 이번에는 git rebase --skip 명령을 살펴보겠습니다. 결과는 그림 10-40과 같습니다.

그림 10-40 git rebase --skip 명령 실행 결과

결과를 살펴보면 master 브랜치의 내용이 그대로 복사된 것을 확인할 수 있습니다. 또한 다시 git rebase 명령을 실행할 수 없음도 확인할 수 있습니다.

이제 그림 10-33~10-38의 과정을 참고해서 hotfix2, hotfix3 브랜치도 같은 방법으로 git rebase 명령을 실행해줍니다. 이렇게 정리한 커밋 내역 그래프는 그림 10-41과 같습니다. 확실히 깔끔한 커밋 내역으로 정리된 것을 한눈에 알 수 있습니다.

그림 10-41 hotfix2 브랜치와 hotfix3 브랜치를 git rebase 명령으로 병합

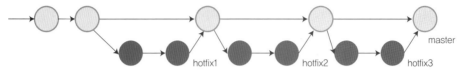

이제 커밋 그래프를 살펴보겠습니다. 모든 과정이 끝나면 git log --graph 명령을 실행해보겠습니다.

그림 10-42 최종 커밋 그래프

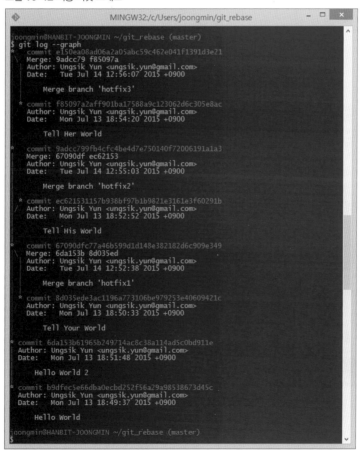

그림 10-41과 유사한 형태로 커밋 그래프가 그려진 것을 확인할 수 있습니다. 또한 충돌 커밋 내역 없이 어느 시점에서 커밋했고 어느 시점에서 병합했는지만 한눈에 알 수 있습니다.

10.7 git rebase -i: 커밋 내역 합하기

앞서 설명한 git rebase 명령에는 활용도가 높은 옵션 -i가 있습니다. i는 interacive의 i입니다. 한마디로 말하면 상호 작용하면서 리베이스할 커밋을 고르는 겁니다. 방금 그림 10-42의 커밋 그래프도 꽤 완성도 높은 그래프긴 합니다만, 이러한 커밋 내역과 작업 내역을 모두 합해서 더 깔끔하게 정리할 수 있습니다.

여기에서는 10.6절의 git_rebase 디렉터리의 가장 최근 커밋 내역 두 개를 합해보겠습니다. 다음 명령을 실행합니다. 표 10-3에서 설명한 ~~ 표시를 사용했습니다.

```
git rebase -i HEAD~~
```

실행하면 그림 10-43과 같은 vim 편집기 창과 두 커밋의 요약 정보가 커밋 메시지로 표시됩니다. 그리고 어떤 접두어에 어떤 효과가 있는지 간단한 설명도 함께 나옵니다.

그림 10-43 git rebase -i 명령의 vim 편집기 창

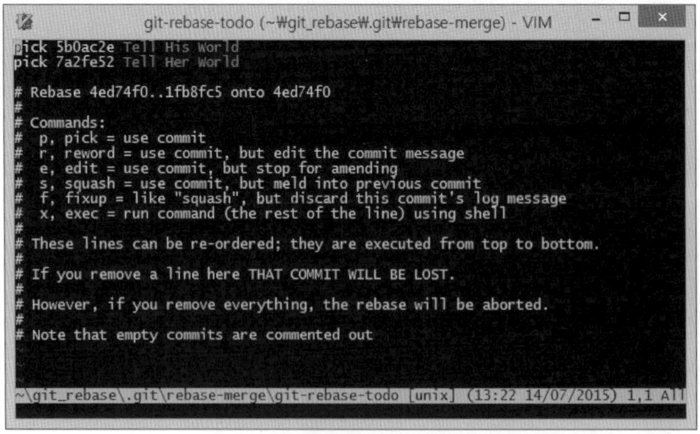

이를 수정하고 저장합니다. 수정할 때는 다음 원칙을 지켜야 합니다.

- 남기는 커밋 메시지 앞에는 접두어로 pick을 붙입니다.
- 없애는 커밋 메시지 앞에는 접두어로 fixup을 붙입니다.
- 커밋 SHA-1 체크섬 값은 꼭 남겨두어야 합니다.
- 기존의 커밋 메시지를 새롭게 수정할 수는 없습니다.

필자의 경우 다음처럼 수정했습니다.

```
pick c7d736a Tell His World
fixup 95ad7fd Tell Her World
```

그림 10-44 커밋 메시지 수정

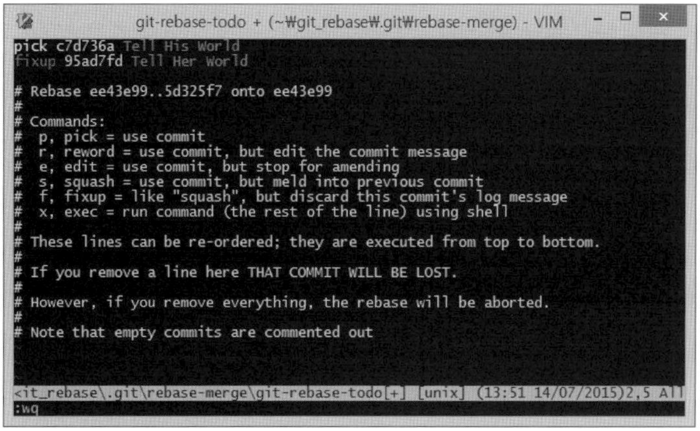

그림 10-45를 확인하면 'Tell Her World'라는 커밋 내역과 그 사이에 있었던 병합 커밋 내역이 모두 'Tell His World' 커밋에 포함된 것을 알 수 있습니다. 또한 커밋 SHA-1 체크섬 값도 새롭게 바뀐 것을 확인할 수 있습니다.

즉, 여러 개 커밋 중에서 필요한 것을 고른 후에 새롭게 커밋하게 되는 것이죠.

그림 10-45 명령 실행 결과 확인

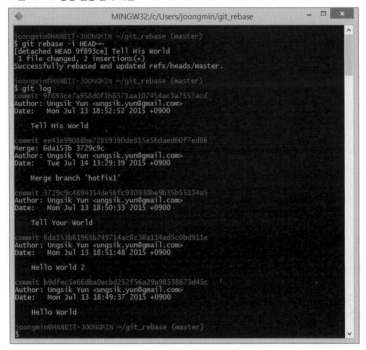

```
joongmin@HANBIT-JOONGMIN ~/git_rebase (master)
$ git rebase -i HEAD~~
[detached HEAD 9f893ce] Tell His World
 1 file changed, 2 insertions(+)
Successfully rebased and updated refs/heads/master.

joongmin@HANBIT-JOONGMIN ~/git_rebase (master)
$ git log
commit 9f893ce7a958d0f1b8571aa107454ac3a7557acd
Author: Ungsik Yun <ungsik.yun@gmail.com>
Date:   Mon Jul 13 18:52:52 2015 +0900

    Tell His World

commit ee43e99088be72859390de815e56daed60f7ed86
Merge: 6da153b 3729c9c
Author: Ungsik Yun <ungsik.yun@gmail.com>
Date:   Tue Jul 14 13:29:39 2015 +0900

    Merge branch 'hotfix1'

commit 3729c9c4894354de56fc930930be9b35b55134a5
Author: Ungsik Yun <ungsik.yun@gmail.com>
Date:   Mon Jul 13 18:50:33 2015 +0900

    Tell Your World

commit 6da153b61965b249714ac8c38a114ad5c0bd911e
Author: Ungsik Yun <ungsik.yun@gmail.com>
Date:   Mon Jul 13 18:51:48 2015 +0900

    Hello World 2

commit b9dfec5e66dba0ecbd252f56a29a98538673d45c
Author: Ungsik Yun <ungsik.yun@gmail.com>
Date:   Mon Jul 13 18:49:37 2015 +0900

    Hello World

joongmin@HANBIT-JOONGMIN ~/git_rebase (master)
$
```

CHAPTER **11**

Git GUI

지금까지는 Git을 커맨드 라인 혹은 IDE 중심으로 다뤄왔습니다. 아니면 GitHub와 같은 웹 사이트에서 다뤄봤습니다. 그러면 한 가지 의문이 남을 수 있습니다.

"Git을 시각적으로 관리할 수 있는 도구는 없는 건가?"

이미 다 아실 것인데 우문을 던진 셈입니다. 당연히 있습니다. 11장에서는 GUI 기반으로 버전 관리하는 도구를 살펴볼 것입니다.

11.1 GUI 도구의 종류

Git을 GUI 환경에서 다루려는 시도는 예전부터 있었습니다. 실제로 2장의 그림 2-12를 살펴보면 Git을 설치한 후 주로 커맨드 라인 명령을 다루기 위해 Git Bash 이외에 Git GUI라는 프로그램을 볼 수 있었을 것입니다. 이는 지금까지 다뤘던 Git의 주요 명령을 메뉴 형식으로 다룰 수 있게 하는 프로그램입니다.

그림 11-1 Git GUI

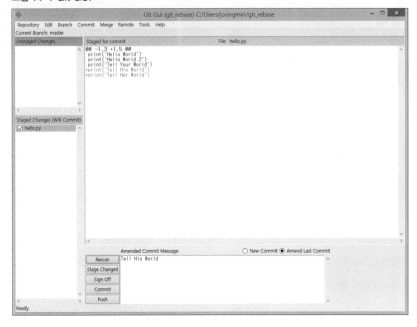

그림 11-2 Shell Integration

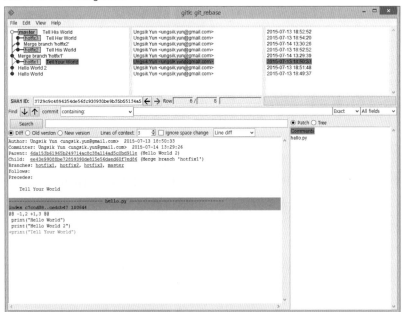

플랫폼별 혹은 유명한 Git GUI 도구는 http://git-scm.com/downloads/guis에서 소개합니다.

그림 11-3 다양한 Git GUI 도구들

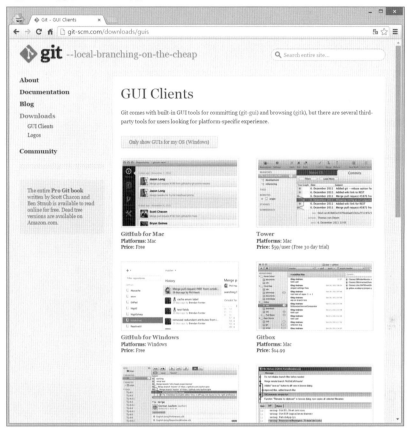

맥용 GUI 도구로는 GitHub를 시각적으로 관리할 수 있게 도와주는 GitHub for Mac, 윈도우용으로는 SmartGit 등을 소개합니다.

이러한 도구 중 11장에서 다룰 것은 SourceTree입니다. 소프트웨어 개발 및 협업 관리 도구인 JIRA의 개발사로 유명한 애틀래시안Atlassian에서 만든, GIt과 머큐리얼을 위한 관리 도구입니다. 윈도우용과 맥용 모두 있고 초보자가 다루기 쉽다는 장점이 있습니다.

그리고 무엇보다도 무료라는 점이 매력이죠.

그림 11-4 SourceTree 웹 사이트

11.2 SourceTree 환경 설정

SourceTree를 설치하는 과정은 간단합니다. http://sourcetreeapp.com/에 접속한 후 가운데 있는 〈Download Source Tree Free〉를 클릭해 다운로드한 후 설치 파일을 실행합니다. 설치할 때 특별히 주의해야 할 것은 없으므로 〈Next〉를 클릭하면서 설치를 완료하면 됩니다.

설치가 끝난 후 SourceTree를 실행하면 그림 11-5와 같은 화면이 나타납니다. 라이선스에 동의한다는 체크 표시를 켜고 〈계속〉을 클릭합니다.

그림 11-5 SourceTree 환경 설정 1

'버전 관리 시스템 다운로드 중'이라는 창이 나타납니다. 프로그래스 바가 다 차면 〈다음〉을 클릭합니다.

그림 11-6 SourceTree 환경 설정 2

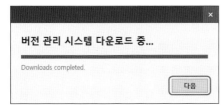

이번에는 'Install global ignore file?' 창이 나타납니다. Git에 전체에 적용되는 .gitignore 파일을 설정하겠느냐는 것입니다. 〈Yes〉를 클릭하면 코드를 컴파일한 결과물인 바이너리 파일 등을 버전 관리에 포함하지 않게 됩니다. 특이 사항이 없다면 〈Yes〉를 클릭합니다.

그림 11-7 SourceTree 환경 설정 3

지금부터는 bitbucket, GitHub, GitLab 등의 서비스에 있는 저장소를 클론하는 과정입니다. 로컬 저장소만 관리하는 분이라면 〈설정 건너뛰기〉를 클릭해 바로 SourceTree를 시작할 수 있습니다. 이 책에서는 GitHub까지 다뤄볼 예정이므로 설정해보겠습니다.

먼저 계정에서 'GitHub'을 선택하고 '사용자명'과 '비밀번호'에 GitHub 사용자 이름과 비밀번호를 입력합니다. 전부 올바르게 입력했으면 〈확인〉을 클릭합니다.

그림 11-8 GitHub 계정 정보 입력

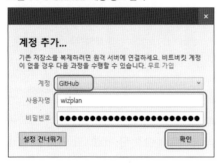

NOTE_ 사용자 이름은 그림 11-9에서 보는 것과 같이 이메일 주소가 아닌 서비스 안에서 보이는 사용자 이름을 적어야 한다는 점에 주의합니다.

그림 11-9 GitHub의 사용자 이름 확인

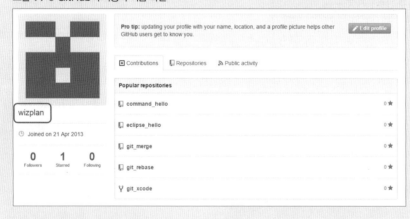

이제 사용자가 공개 중인 저장소를 볼 수 있습니다. 로컬 저장소에 클론하려는 저장소를 선택합니다. 선택을 마치면 〈확인〉을 클릭합니다.

그림 11-10 GitHub 저장소 선택

SSH 키를 불러올 것인지를 묻습니다. 지금까지 특별한 SSH 키를 설정한 적이 없으므로 〈No〉를 클릭합니다.

그림 11-11 SSH 키 선택 확인

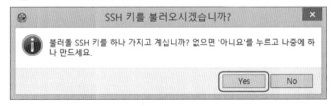

클론이 끝나면 그림 11-12와 같이 SourceTree의 메인 화면이 나타납니다. SourceTree를 이용할 환경 설정이 끝났습니다.

그림 11-12 SourceTree 저장소 화면

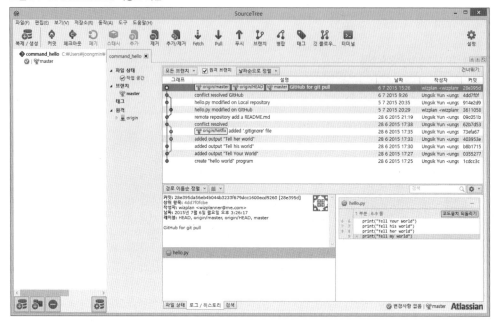

11.3 저장소 관리

이제 SourceTree를 이용해보겠습니다. 이번 절에서는 새로운 저장소의 생성과 추가, 원격 저장
소에서 클론하는 법을 살펴보겠습니다.

11.3.1 원격 저장소 복제

먼저 원격 저장소의 복제입니다. 왼쪽 위 〈복제/생성〉( )을 클릭하거나 왼쪽 아래 저장소 아이
콘( )을 클릭하면 그림 11-13과 같은 화면이 나타납니다. 어려울 것 하나 없는 화면입니다. 복
제하려는 저장소의 HTTPS clone URL 주소를 복사한 뒤 '소스 경로 / URL'란에 입력해준 후 '목
적지 경로' 항목을 선택하면 자동으로 로컬 저장소의 경로가 정해집니다. 이 경로는 사용자가 수정
할 수 있으니, 프로젝트를 따로 모아두는 경로가 있다면 변경해주도록 합니다. 마지막으로 〈클론〉
을 클릭하면 복제가 시작됩니다.

그림 11-13 원격 저장소 복제 설정

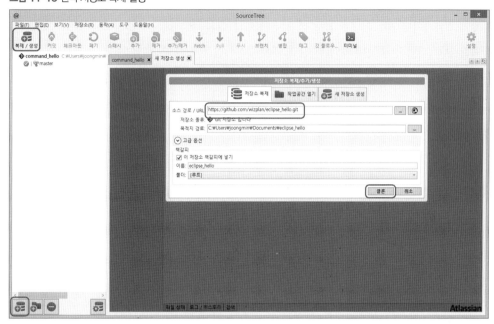

이제 로컬 저장소로의 복제가 완료되었습니다.

그림 11-14 원격 저장소 복제 완료

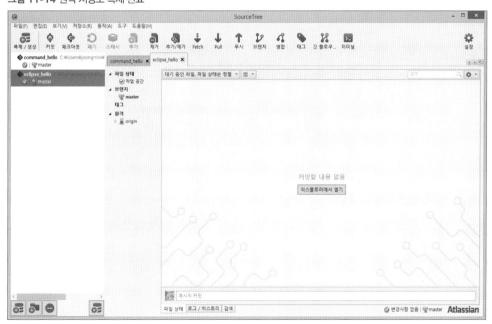

11.3.2 로컬 저장소 추가

복제와 마찬가지로 왼쪽 위 〈복제/생성〉을 클릭해 나타나는 화면에서 가운데 '작업공간 열기' 탭을 선택합니다. '작업 경로' 항목의 입력 칸 오른쪽의 〈…〉을 클릭한 후 탐색기에서 원하는 저장소 경로를 찾아 선택하거나 직접 입력해줍니다.

'작업 경로' 항목 값을 입력하면 '저장소 종류'에서 'Git 저장소'라는 것을 알려줍니다. 〈추가〉를 클릭합니다.

그림 11-15 로컬 저장소 추가

로컬 저장소가 SourceTree에 추가된 것을 확인할 수 있습니다.

그림 11-16 로컬 저장소 추가 완료

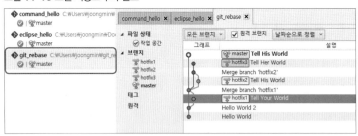

11.3.3 새로운 저장소 생성

왼쪽 위 〈복제/생성〉을 클릭한 후 '저장소 복제/추가/생성' 창에서 '새 저장소 생성' 탭을 선택합니다. '저장소 종류' 항목은 Git이 기본으로 선택되어 있습니다. 그대로 두고 '목적지 경로' 항목에 원하는 경로를 설정해줍니다. 여기서 선택한 경로에 저장소가 생성될 것입니다. 〈생성하기〉를 클릭합니다.

그림 11-17 원격 저장소 생성

NOTE_ 원격 저장소를 생성할 때 주의할 점

윈도우의 경우 새로운 원격 저장소를 생성할 때는 가급적 새로운 폴더를 생성한 후 지정할 것을 권장합니다. Git은 버전 관리 정보를 '.git'이라는 폴더를 생성해 관리하는 데 숨김 폴더로 생성합니다. 기존 폴더를 선택할 경우에 혹시 이 '.git'이라는 폴더가 있었다면 버전 관리 정보가 엉키게 됩니다.

지정한 경로에 새로운 저장소가 생성됩니다.

그림 11-18 새로운 저장소 생성

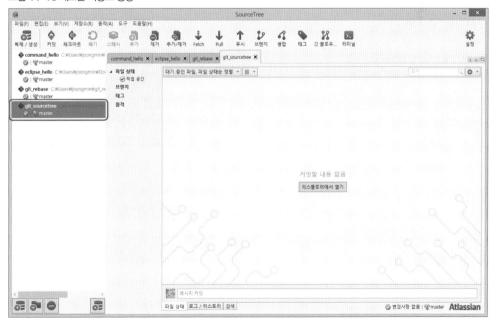

11.4 커밋

11.3.3의 새로운 저장소('git_sourcetree')에서 프로젝트를 관리해볼 차례입니다. 적당한 텍스트 편집기로 'README.md' 파일을 생성해줍니다. 파일 안 내용은 다음과 같이 작성했습니다.

```
# git_sourcetree
This repository is test repository for SourceTree
```

그림 11-19 README.md 파일 생성

이제 SourceTree에서 방금 수정한 파일이 있는 저장소를 선택합니다. '스테이지에 올라가지 않은 파일' 항목에 방금 수정한 README.md가 있습니다. 파일을 선택하면 오른쪽에 파일 수정 내역도 확인할 수 있습니다.

그림 11-20 로컬 저장소 확인

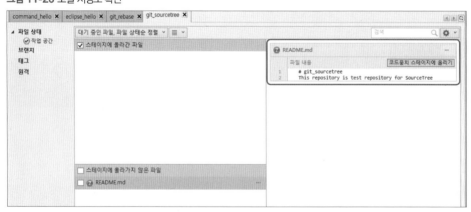

'스테이지에 올라가지 않은 파일' 항목에서 README.md 파일 체크 표시하면 README.md가 '스테이지에 올라간 파일' 항목으로 이동한 것을 볼 수 있습니다. 이것이 바로 git add 명령을 실행한 것입니다. 이제 커밋할 차례입니다. 왼쪽 위의 〈커밋〉(🔧)을 클릭합니다.

그림 11-21 커밋할 파일 추가와 실행

커밋 메시지를 입력(필자의 경우 'First Commit!!')한 후 오른쪽 아래에 있는 〈커밋〉을 클릭하면 완료됩니다.

그림 11-22 커밋

커밋이 완료되면 현재 저장소의 상태를 보여주는 화면으로 돌아옵니다. 아무런 파일도 추가되거나, 변경되지 않았으므로 아무것도 보여주지 않고 있는 화면입니다. 아래에 있는 '로그 / 히스토리' 탭을 클릭하면 커밋 내역을 확인할 수 있습니다.

그림 11-23 로그 / 히스토리 확인

11.5 새로운 브랜치 생성

도구 모음의 〈브랜치〉( )를 클릭하면 화면과 같은 대화 상자가 나타납니다. '새 브랜치' 탭을 선택한 후 '새 브랜치' 항목에 새로 만들 브랜치의 이름을 넣고 '새 브랜치 체크아웃' 항목에 체크합니다. '브랜치생성'을 클릭하면 새로운 브랜치가 생성됩니다.

그림 11-24 브랜치 생성과 체크아웃

새로운 브랜치가 생성된 것을 확인할 수 있습니다.

그림 11-25 브랜치 생성 확인

이제 새로운 브랜치에서 커밋해보겠습니다. 적당한 파일 하나를 텍스트 편집기에서 수정(필자의
경우 '# git_sourcetree' 아래 '## hotfix' 추가)한 후 SourceTree를 종료했다가 다시 실행합니다.
'커밋하지 않은 변경사항'이라는 메시지가 있고 파일의 변경 이력도 확인할 수 있습니다. '스테이지
에 올라가지 않은 파일'에 있는 README.md 파일을 체크해 '스테이지에 올라간 파일' 항목으로
이동시킵니다.

그림 11-26 hotfix 브랜치 커밋 1

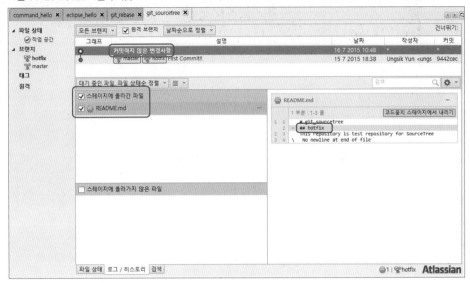

'파일 상태' 탭을 선택한 후 알맞은 커밋 메시지(필자의 경우 'hotfix')를 입력합니다. 〈커밋〉을 클릭합니다.

그림 11-27 hotfix 브랜치 커밋 2

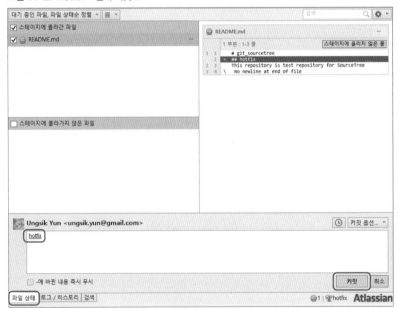

'로그 / 히스토리' 탭을 눌러 새로운 브랜치의 커밋 내역을 확인할 수 있습니다.

그림 11-28 커밋 완료

11.6 병합

새로운 브랜치를 만들었고 커밋도 했으니 결과물을 다시 master 브랜치와 병합해볼 차례입니다. 먼저 도구 모음의 〈체크아웃〉(📥)을 클릭합니다. '체크아웃' 창이 나타나면 '기존 것 체크아웃' 탭을 선택한 후 원하는 브랜치가 있는 커밋을 선택하고 〈확인〉을 클릭하면 됩니다.

그림 11-29 master 브랜치로 체크아웃 1

아니면 저장소의 '로그 / 히스토리' 탭의 '원격 브랜치' 항목에서 원하는 브랜치의 최신 커밋을 더블 클릭하는 방법도 있습니다. 왼쪽에 있는 '브랜치' 항목에서 원하는 브랜치를 더블 클릭해도 체크아웃됩니다.

그림 11-30 master 브랜치로 체크아웃 2

이제 〈병합〉(🔀)을 클릭합니다. 'Pick a commit~' 창이 열리면 병합할 내용이 있는 hotfix 브랜치를 선택합니다. '옵션' 항목에서는 '즉시 커밋 병합(충돌이 없을 시)' 항목이 기본 체크 표시되어 있습니다. 그리고 병합했음을 명시하는 빈 커밋을 하나 만들기 위해 'fast-forward가 가능하더라도 새 커밋을 생성'을 선택해줍니다. 〈확인〉을 클릭하면 병합이 완료됩니다.

그림 11-31 병합 옵션 선택

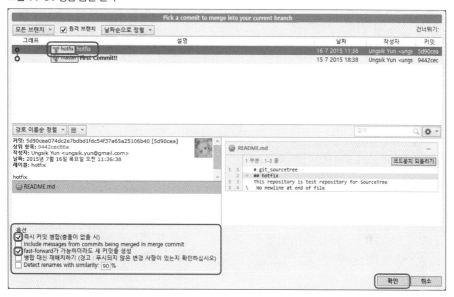

'로그 / 히스토리' 탭을 살펴보면 병합된 것을 확인할 수 있습니다.

그림 11-32 병합 완료

11.7 충돌 해결

병합하다가 충돌이 발생한다면 어떻게 해야 할까요. 여기에서는 그 대처 방법을 알아보겠습니다.
먼저 11.3.3을 참고해서 hotfix-2라는 이름의 브랜치를 만들었습니다.

그림 11-33 hotfix-2 브랜치 생성

이제 11.4절을 참고해서 hotfix, hotfix-2 브랜치 각각의 README.md 파일의 같은 행에 다른
수정 사항(필자의 경우 hotfix 브랜치에 'edit1', hotfix-2 브랜치에 'edit2', 커밋 메시지 동일)을
만들고 커밋합니다.

그림 11-34 각 브랜치를 수정하고 커밋

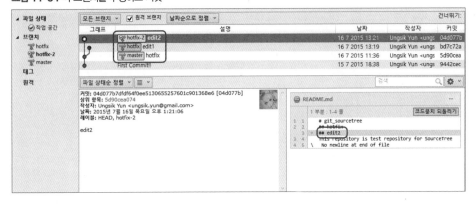

hotfix 브랜치로 체크아웃한 후 hotfix-2 브랜치의 내용을 병합하겠습니다. 11.6절을 참고해서
병합합니다.

그림 11-35 병합 실행

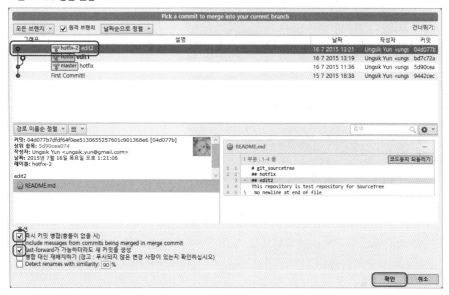

하지만 〈확인〉을 클릭하면, 아까와는 다르게 해결해야 할 병합 충돌이 있다는 '충돌 병합'이라는 창
이 나타납니다. 우선 〈Close〉를 클릭합니다.

그림 11-36 충돌 병합

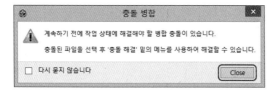

'파일 상태' 탭에서는 충돌이 발생한 파일을 노란색의 느낌표 아이콘으로 표시합니다. SourceTree
는 기본으로 설정된 외부 병합 도구가 없으므로 직접 충돌을 해결해야 합니다. 텍스트 편집기를 열
어서 수정합니다. 여기에서는 'edit1'과 'edit2' 모두를 반영하겠습니다.

그림 11-37 충돌 내용 수정

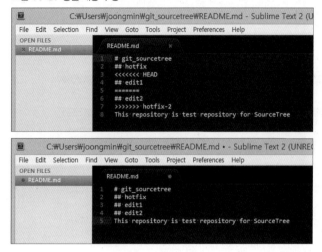

이제 '파일 상태' 탭이나 '로그 / 히스토리' 탭에서 '스테이지에 올라간 파일' 항목에 있는 README.
md 파일을 오른쪽 마우스 버튼으로 클릭해 바로 가기 메뉴에서 **[충돌 해결] → [해결된 것으로 표시]**를
선택합니다.

그림 11-38 [충돌 해결] → [해결된 것으로 표시] 선택

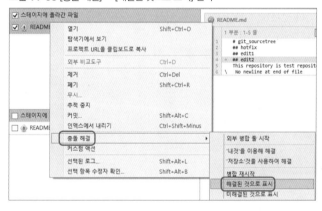

정말로 충돌이 해결되었다고 표시할 것인지 확인하는 '해결된 것으로 표시' 창이 나타납니다.
〈OK〉를 클릭합니다.

그림 11-39 해결 된 것으로 표시 창

'파일 상태' 탭에서 정상적으로 커밋할 수 있게 되었습니다. 병합 충돌이 발생한 후의 커밋은 자동으로 준비된 메시지를 미리 넣어줍니다. 추가로 작성할 메시지가 있다면 작성한 후 〈커밋〉을 클릭합니다.

그림 11-40 병합 커밋

'로그 / 히스토리' 탭을 선택하면 충돌을 해결해 병합된 것을 확인할 수 있습니다.

그림 11-41 충돌 해결

11.8 푸시

우선 4.4절을 참고해서 GitHub 사이트에 빈 원격 저장소를 하나 만들어둡니다(필자의 경우 'git_sourcetree'라고 만들었습니다).

먼저 원격 저장소와 연결하겠습니다. 메뉴에서 **[저장소]** → **[저장소 설정]**을 선택합니다. '저장소 설정' 창이 나타나면 '원격' 탭을 선택한 후 〈추가〉 버튼을 클릭합니다.

그림 11-42 저장소 설정 창

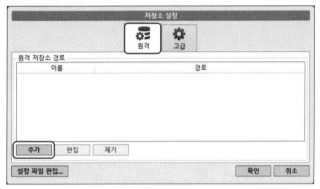

'원격 저장소 정보' 창이 나타나면 '원격 이름' 항목에 알맞은 저장소 이름을 입력하고, 'URL / 경로'에는 앞서 만든 원격 저장소의 HTTPS clone URL 주소를 입력해줍니다. 경로을 입력하면 추가 확'장 통합' 항목의 정보가 자동으로 입력됩니다. 〈확인〉을 클릭합니다.

그림 11-43 원격 저장소 정보 창

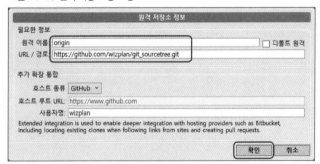

다시 '저장소 설정' 창으로 돌아오면 원격 저장소 경로 정보가 표시됩니다. 〈확인〉을 클릭합니다.

이제 도구 모음에서 〈푸시〉(⬆️)를 클릭하면 그림 11-44와 같은 '푸시: 저장소이름' 창이 나타납니다. 로컬 저장소에서 작업한 모든 브랜치를 푸시해볼 것이므로, '모두선택' 항목에 체크 표시해줍니다. 만약 특정 브랜치만 푸시하고 싶다면, '푸시?' 항목의 체크 박스로 선택할 수 있습니다. 적절하게 선택한 뒤 〈확인〉을 클릭합니다.

그림 11-44 푸시 설정

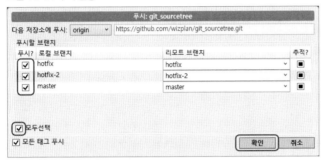

푸시가 처음이라면 GitHub에 로그인하라는 'Authenticate' 창이 나타납니다. 자신의 GitHub 로그인 정보를 입력하고 로그인 정보를 기억해두려면 'Remember password' 항목에 체크 표시합니다. 〈Login〉을 클릭합니다.

그림 11-45 GitHub 로그인

푸시가 진행됩니다. '출력 전부 보기'에 체크 표시해두면 그림 11-46과 같이 푸시 정보가 나타납니다. 확인한 후 〈닫기〉를 클릭합니다.

그림 11-46 SourceTree push 완료

그럼 제대로 푸시되었는지 확인해봅시다. GitHub의 저장소 페이지로 이동합니다. **[Graph]** →
[Network]를 선택하면 로컬에서 작업한 내역이 반영된 것을 확인할 수 있습니다.

그림 11-47 github 네트워크 그래프

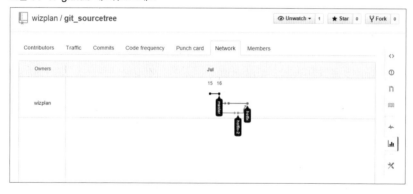

11.9 페치

먼저 5.4절을 참고해 GitHub 사이트의 원격 저장소에서 변경 사항을 하나 만들어둡니다(필자의
경우는 master 브랜치의 README.md 파일 맨 아랫줄에 'edit on GitHub'이라고 수정했습니
다. 커밋 메시지도 동일하게 입력했습니다.).

수정이 끝나면 이제 도구 모음에서 〈Fetch〉(⬇)를 클릭합니다. 'Fetch' 창이 나타나면 우선 '모든 원격에서 가져오기'가 기본으로 설정되어 있습니다. 더 이상 존재하지 않는 브랜치를 추적하지 않고 제거하는 'Prune tracking branches no longer present on remote(s)'까지 선택하고 〈확인〉을 클릭합니다.

그림 11-48 Fetch 창

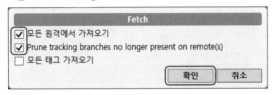

이렇게 GitHub 사이트의 origin/master 브랜치의 정보를 가져올 수 있습니다. SourceTree의 '로그 / 히스토리' 탭을 선택하면 master 브랜치 항목에 '뒤로 1개'라는 표시가 생긴 것을 확인할 수 있습니다.

그림 11-49 페치 후 상태

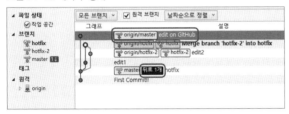

이제 변경 사항을 병합해보겠습니다. 병합 과정은 11.6절을 참고합니다. 로컬 저장소의 브랜치를 병합하는 것이 아니라 로컬 저장소로 가져온 원격 저장소 브랜치의 커밋을 병합한다는 점이 다를 뿐입니다.

도구 모음의 〈병합〉을 클릭합니다. 그리고 '〈origin/master〉 edit on GitHub' 커밋을 선택합니다. 커밋을 선택하면 오른쪽 아래에 master 브랜치와 origin/master 브랜치 사이에 어떤 변경 사항이 있는지를 알 수 있습니다. 〈확인〉을 클릭합니다.

그림 11-50 병합 옵션 선택

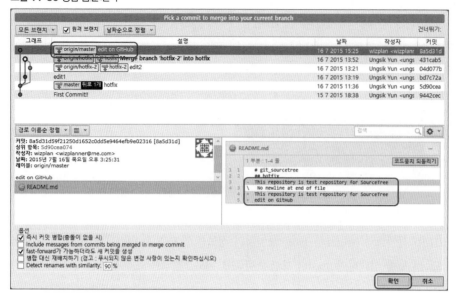

병합이 완료되었습니다. 병합하면서 만든 커밋 때문에 '앞으로 1개'라는 표시가 생긴 것을 볼 수 있습니다.

그림 11-51 병합 후

이렇게 원격 저장소의 변경 내역을 로컬로 가져와 비교하며 병합할 수 있습니다.

11.10 태그

SourceTree에서 태그를 붙이는 방법은 매우 간단합니다. 태그를 붙이기 원하는 커밋을 오른쪽 마우스 버튼으로 클릭한 후 **[태그]**를 선택합니다.

그림 11-52 태그 선택

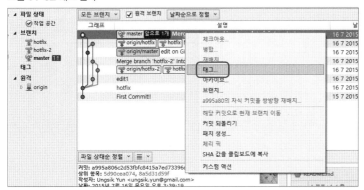

'태그' 창이 나타나면 우선 '태그 추가' 탭을 선택한 후 '태그 이름' 항목에는 알맞은 태그 이름(필자의 경우 'vocaloid 39')을 입력하고 '고급 옵션' 항목의 '메시지' 항목에 메시지를 입력(필자의 경우 'First Sound')한 후 〈태그 추가〉를 클릭합니다.

그림 11-53 태그 창

해당 커밋에 태그가 붙은 것을 확인할 수 있습니다.

그림 11-54 태그 붙임 완료

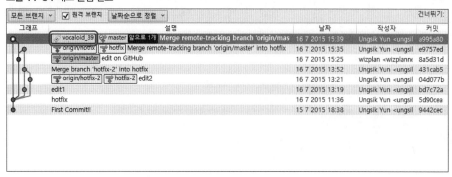

CHAPTER 12

GitHub로 협업하기

12장에서는 좀 더 구체적으로 프로젝트 유형에 따른 Git과 GitHub 활용법을 알아보겠습니다. 지금까지 Git의 기술적인 사용법을 알아보면서 뭔가 좀 추상적인 느낌이었다면 여기에서는 작업 흐름을 함께 생각한다는 차이가 있다고 생각해주시면 좋겠습니다.

앞 장에서는 GitHub를 이용한 Git의 기술적인 사용법을 주로 설명했습니다. 하지만 GitHub는 단순히 원격 저장소만을 제공하는 서비스가 아닙니다. 프로젝트를 진행하는 데 필요한 서비스들도 같이 제공하고 있죠. 따라서 GitHub가 제공하는 여러 가지 기능을 적극적으로 이용한 협업도 다뤄보겠습니다.

12.1 Github의 협업 도구

GitHub는 협업을 위한 다양한 도구를 제공하고 있습니다. 여기서는 GitHub에서 제공하는 도구 중 필수적이라고 할 수 있는 이슈 트래커, 위키, 풀 리퀘스트, 코드 리뷰 기능을 살펴보도록 하겠습니다.

12.1.1 이슈 트래커

12.1.1의 내용은 저자의 저장소인 https://github.com/Quarte1/github_prac를 자신의 저장소에 클론한 후 진행해보기 바랍니다.

이슈 트래커는 쉽게 말하자면 게시판입니다. 버그 보고, 기능 개선 건의, 그 외 프로젝트에 관련된 주제(이슈)를 등록할 수 있는 공간이죠. 물론 일반적인 게시판과는 다른 점이 있습니다.

- **담당자**: 이슈 담당자 지정 가능
- **알림**: @〈name〉 형식으로 특정 그룹이나 특정 사용자에게 알림
- **라벨**: 카테고리 역할의 라벨 지정 가능
- **커밋 레퍼런스**: 커밋 해시를 써두면 자동으로 해당 커밋에 링크
- **마일스톤**: 이슈들을 그룹으로 만드는 표식을 지정

GitHub가 제공하는 이슈 트래커의 기능은 사용하기 단순하면서도 꽤 강력합니다. 예를 들어 jquery 저장소(https://github.com/jquery/jquery)의 이슈 트래커를 살펴보겠습니다.

그림 12-1 jquery 저장소의 각종 이슈

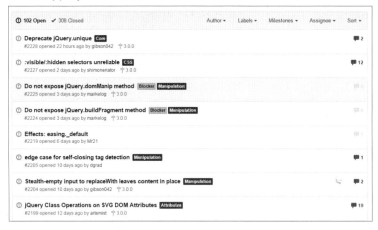

조금 복잡하니 게시물 하나를 골라서 자세히 보겠습니다. 이슈를 작성할 때 라벨과 마일스톤을 지정하면 그림 12-2와 같습니다. 이슈 넘버는 자동으로 1부터 증가하면서 붙습니다.

그림 12-2 이슈 게시물의 구조

이슈 넘버   마일스톤   라벨

이러한 형식을 통해 집안일을 GitHub의 이슈 트래커로 관리하는 사람(부록 E.2절 참고)도 있습니다. 딱히 코드가 없어도 저장소를 생성할 수 있고 이슈 트래커를 사용할 수 있다는 점을 잘 이용한 예입니다.

간략한 설명은 이쯤하고 GitHub의 이슈 트래커 사용법을 알아보겠습니다. 'Issue'는 GitHub 저장소 화면의 오른쪽 메뉴에 있습니다.

그림 12-3 Issue 메뉴

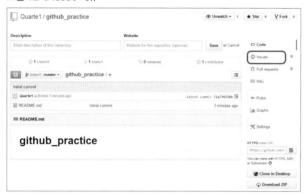

클릭하면 다음과 같은 화면이 나타납니다. 지금은 새롭게 만든 저장소라 아무것도 없습니다.

그림 12-4 이슈 메뉴 시작 화면

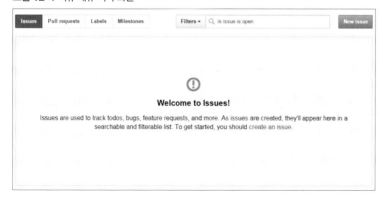

그럼 직접 이슈를 작성해보겠습니다. 그림 12-4 오른쪽 위에 있는 〈New issue〉를 클릭합니다.
굉장히 직관적인 작성 화면입니다. 간단하게 내용을 채워 넣어보겠습니다. 'Title'에는 이슈를 설
명하는 게시물 제목을 입력합니다. 필자의 경우 'Miku on stage'라고 입력했습니다. 'Leave a
comment'에는 이슈 내용을 입력합니다.

그림 12-5 이슈 작성

그런데 이슈는 커밋 내역을 참조할 때 의미가 있으니 커밋 내역을 참조하게 해보죠. 우선 커밋 목
록을 살펴봐야 합니다. 저장소 메인 페이지 왼쪽 위의 '숫자 commit' 항목을 클릭합니다.

그림 12-6 커밋 목록 접속

여기서 커밋 메시지 오른쪽의 클립보드와 화살표 모양이 섞인 아이콘()을 클릭합니다. 커밋 SHA-1 체크섬 값을 클립보드로 복사하는 것입니다.

그림 12-7 커밋 SHA-1 체크섬 값 복사

복사했으면 다시 그림 12-5의 이슈 작성 화면으로 돌아와서 붙여넣습니다. 이슈를 최종 등록했을 때 자동으로 해당 커밋 내역의 링크를 표시하게 됩니다.

그림 12-8 커밋 SHA-1 체크섬 값 붙여넣기

이외에 드래그 & 드롭, 'selecting them' 클릭 후 그림 선택, 복사와 붙여넣기 기능을 이용해 그림을 넣을 수도 있습니다.

이제 이슈 작성 왼쪽 메뉴를 살펴볼 차례입니다. 위에서부터 차례로 라벨 설정, 마일스톤 설정, 담당자 설정입니다. 각 설정의 시작은 오른쪽 톱니바퀴 아이콘(⚙)을 클릭하는 것입니다.

그림 12-9 라벨, 마일스톤, 담당자 지정 메뉴

먼저 라벨을 설정해보겠습니다. GitHub에는 개발상에서 발생할 수 있는 상황들의 키워드로 미리 생성된 라벨이 있습니다. 이를 선택하면 됩니다. 여기에서는 'bug'와 'help wanted' 두 가지를 선택해보겠습니다. 라벨 메뉴 아래 새로운 라벨이 생성됩니다.

그림 12-10 라벨 지정

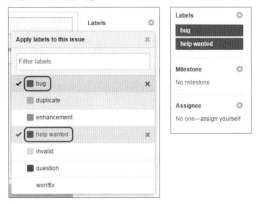

새로운 라벨을 생성하고 싶다면 그림 12-4의 이슈 메인 화면의 'Label' 탭을 선택한 후 오른쪽에 있는 〈New Label〉을 클릭합니다. 바로 아래에 새로운 라벨 이름을 입력하는 항목과 라벨 색상을 지정하는 항목이 등장합니다. 지정한 후 〈Create label〉을 클릭하면 됩니다.

그림 12-11 새로운 라벨 생성

다음은 마일스톤을 지정해보겠습니다. 처음에는 생성된 마일스톤이 없으니 무엇을 입력해도 새로 생성해서 할당할 수밖에 없을 겁니다. 새로 생성해서 할당해봅시다. 다시 'Issues' 탭을 선택해 〈New issue〉를 클릭합니다. 아직 이슈를 등록한 것이 아니므로 입력한 내용이 그대로 있습니다.

'Milestone' 메뉴 옆의 오른쪽 톱니바퀴 아이콘(⚙)을 클릭해 입력 칸에 알맞은 이름(필자의 경우 'First Release')을 입력하면 'Create and assign to new milestone'이라는 항목이 등장합니다. 선택해줍니다.

그림 12-12 마일스톤 지정

한 이슈에는 하나의 마일스톤만 할당됩니다. 마일스톤이 할당되고 나면 그림 12-13처럼 막대가 생깁니다. 같은 마일스톤을 지정한 이슈가 해결될 때마다 막대의 진행률 막대의 표시가 올라갑니다.

그림 12-13 새 마일스톤 할당과 이슈 해결 진행률 막대 표시

마지막으로 이슈를 처리하는 권한이 있는 담당자를 지정해보겠습니다. 'Milestone' 메뉴 옆의 오른쪽 톱니바퀴 아이콘(⚙)을 클릭하면 그림 12-14와 같이 현재 저장소의 공헌자 중 한 명을 선택해서 지정할 수 있습니다. 클릭하면 설정이 완료됩니다.

그림 12-14 이슈 담당자 지정

이제 이슈에서 설정할 수 있는 것들을 다 설정해본 것입니다. 최종 등록 직전의 화면은 다음과 같습니다. 마지막으로 〈Submit new issue〉를 클릭하면 이슈 등록이 완료됩니다.

그림 12-15 이슈 등록

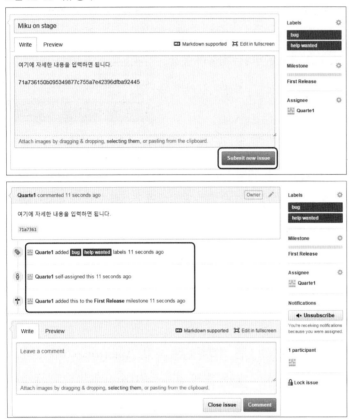

이슈가 등록되면 등록된 이슈에 댓글을 남기거나 이슈가 참조하는 커밋 등을 살펴보면서 이슈를 해결하게 됩니다. 우선 아래를 보면 'Write' 탭과 'Preview' 탭이 있습니다. 'Write' 탭은 댓글을 입력하는 곳인데, 이슈 작성과 마찬가지로 커밋 SHA-1 체크섬 값이나 그림을 넣을 수 있습니다. 'Preview'는 입력한 댓글이 어떻게 보이는 곳인지 확인할 수 있습니다. 넣은 그림이 정상적으로 보이는지 확인할 수 있습니다.

그림 12-16 댓글 등록

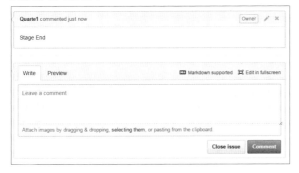

이슈가 해결되었다면 〈Close issue〉를 클릭해 해당 이슈를 닫을 수 있습니다. 댓글이 입력된 상태라면 그림 12-17과 같이 〈Close and comment〉라고 버튼 이름이 바뀝니다.

그림 12-17 이슈 닫기

이슈를 닫으면 그림 12-18과 같이 '사용자이름 closed this a 숫자 minute ago'라고 이슈 진행 목록 안에서 이슈를 닫았다고 표시해줍니다.

그림 12-18 이슈 닫기 메시지 표시

그리고 다시 이슈 메뉴의 시작 화면으로 가보면 열려있는 이슈가 없으니 이슈가 열려 있지 않다는 메시지가 보이게 됩니다. 물론 닫힌 이슈라고 해도 다시 논의할 수 있습니다. '숫자 Closed' 항목을 클릭하면 그림 12-18과 같은 화면이 다시 나타납니다. 여기서 〈Reopen issue〉를 클릭하면 됩니다.

그림 12-19 사라진 이슈 목록

협업이라면 이렇게 이슈를 새로 만들고 댓글을 작성하면서 협업자가 이를 해결하는 방법이 중요합니다. 사용하기 어렵지는 않으니 적극적으로 활용하길 권장합니다.

12.1.2 위키

여기서는 GitHub의 위키 사용법을 살펴봅니다. 아마 위키백과에 대해 한번쯤 들어본 적이 있을 겁니다. GitHub의 위키 역시 위키백과처럼 특정 주제나 단어 등에 대한 정보를 담아둔 개별 페이지를 작성할 수 있게 해줍니다.

저장소 메인 웹 페이지의 오른쪽 메뉴에서 'Wiki'를 클릭하면 그림 12-20과 같은 위키 페이지에 온 것을 환영한다는 메시지와 〈Create the first page〉 버튼이 있습니다. 클릭해서 첫 위키 문서를 만들어보겠습니다.

그림 12-20 위키 시작 페이지

위키에서는 문서를 작성할 때 AsciiDoc, Creole, MediaWiki 등 여러 가지 문법을 사용할 수 있습니다. 자신이 선호하는 마크다운 문법으로 사용하면 됩니다. 도구 모음에 있는 물음표 아이콘(ⓐ)을 클릭하면 각 문법에 대한 설명을 볼 수 있습니다.

그림 12-21 위키 문서 작성 화면

필자는 마크다운(부록 C에서 더 자세히 설명합니다)을 이용하여 간단히 작성해보겠습니다. 다음과 같이 프로젝트나 다른 작업에 도움이 될만한 문서 내용을 작성해보고 'Edit Message' 항목에는 문서를 간략하게 설명하거나 변경 사항이 무엇인지 간단하게 적어둡니다.

GitHub를 이용한 협업 연습 저장소의 위키입니다!

프로젝트

커밋

커밋 시기

커밋은 언제 하는지 적어봅시다.

커밋 메시지 컨벤션

브랜칭

브랜칭은 어떻게 할까요

위키

위키 사용법

위키를 작성할 때 지켜야 할 규칙을 적어두면 좋겠죠.

용어 목록

* 용어1
* 용어2
    * 용어 2-1

문서 링크

[Test1](https://github.com/wizplan/git_test/wiki/Test1)

[테스트 링크](https://github.com/wizplan/git_test)

[미생성된 문서](https://github.com/wizplan/git_test/wiki/미생성된 문서)

그림 12-22 간단한 위키 문서 작성

〈Save Page〉를 클릭하면 그림 12–23과 같은 위키 문서가 발행됩니다. 이제 이 문서는 프로젝트에 참여하는 다른 사람들이 볼 수 있습니다. 문서 링크는 'https://github.com/wizplan/git_test/wiki/문서이름' 형태로 생성됩니다.

그림 12-23 작성된 위키 문서

그런데 지금 만든 문서는 그림 12-23처럼 하이퍼링크가 있습니다. 보통 클릭하면 해당 주소의 웹 페이지로 이동합니다. 그런데 '미생성된 문서'의 링크는 아직 생성하지 않은 위키 문서 주소입니다. 이렇게 생성하지 않은 문서를 하이퍼링크로 만들었다면 빨간색으로 표시됩니다.

그런데 편리한 기능이 있습니다. 내부 위키 문서 주소인 경우 하이퍼링크를 클릭하면 그림 12-24 와 같이 새로운 문서 생성 화면인 'Create new page' 웹 페이지가 열린다는 것입니다.

그림 12-24 새로운 문서를 생성

만약 미리 문서 이름을 정해둔다면 하이퍼링크만 만들어둔 다음 천천히 내용을 채워나갈 수 있습니다. 위키 문서의 전체 구조부터 만들 수 있는 셈입니다(필자의 경우 여기에서는 '만들어 보았습니다.'라는 내용을 입력하고 'Edit Message' 항목에 'Make'라는 문구를 입력하고 〈Save Page〉를 클릭했습니다).

그리고 위와 같이 만들어지지 않은 내부 위키 문서로 하이퍼링크를 걸거나, 이미 있는 내부 위키 문서로 하이퍼링크를 설정할 때는 다른 방법을 사용할 수 있습니다.

```
[미생성된 문서](https://github.com/wizplan/git_test/wiki/미생성된 문서)
```

이 방법은 일반적인 하이퍼링크를 만들 때 사용할 수 있는 방법입니다. 물론 내부 위키 문서로도 하이퍼링크를 설정할 수 있습니다.

```
[[미생성된 문서]]
```

[[]] 대괄호 두 개를 사용해서 표시하면 자동으로 위키 내부의 문서 링크가 만들어집니다. 마찬가지로 클릭했을 때 위키 문서가 존재하면 해당 페이지로, 존재하지 않는다면 새 문서 생성 화면으로 이동하게 됩니다. 그리고 위와 같이 내부 위키 문서 링크를 만들 때 텍스트와 주소를 다르게 하려면 다음과 같이 하면 됩니다.

```
[[여기|https://github.com/wizplan/git_test/wiki/미생성된 문서]]를 클릭하세요.
```

이처럼 간단하게 재빨리 내부 위키 문서를 가리키는 하이퍼링크를 만드는 방법도 알아두면 좋습니다.

이렇게 생성된 문서는 오른쪽 사이드바에서 모두 볼 수 있습니다. 문서 안에서 하이퍼링크가 걸려 있지 않은 항목일 경우 사이드바의 전체 문서 목록에서 접근할 수 있습니다.

그림 12-25 위키 문서 리스트

문서 아래, 사이드바 영역의 아래를 보면 사용자화 콘텐츠를 넣을 수 있는 공간이 있습니다. 각각 커스텀 푸터와 커스텀 사이드바라고 하며 이 부분의 내용 역시 일반적인 문서를 작성하는 것과 동일한 작업으로 추가할 수 있습니다.

그럼 커스텀 푸터와 커스텀 사이드바를 간단하게 작성해보겠습니다. 여기에는 앞에서 언급한 내부 문서 하이퍼링크를 만들어주는 간단한 형식으로만 작성해보겠습니다. 커스텀 푸터와 커스텀 사이드바를 작성하려면 먼저 '+ Add a custom footer'와 '+ Add a custom sidebar'라는 표시된 영역을 각각 클릭합니다.

그림 12-26 커스텀 푸터와 커스텀 사이드바 생성

커스텀 푸터에는 다음과 같은 내용을 입력합니다. 그리고 'Edit Message' 항목에는 'Custom Footer'라고 입력한 후 〈Save Page〉를 클릭합니다.

커스텀 푸터는 모든 문서 하단에 나타나게 됩니다.

[[Home]]

그림 12-27 커스텀 푸터 만들기

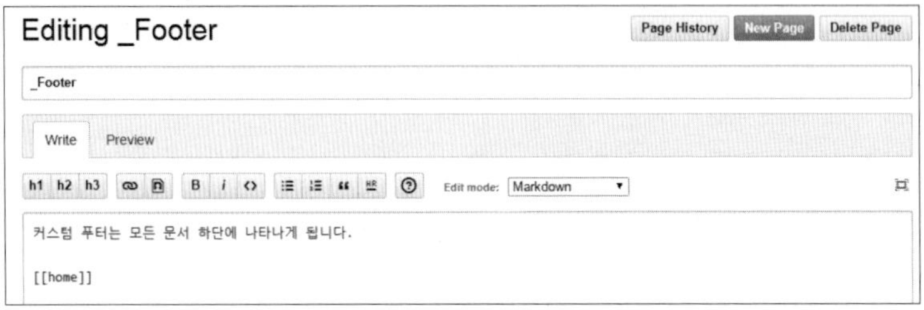

커스텀 사이드바에는 다음과 같은 내용을 입력합니다. 그리고 'Edit Message' 항목에는 'Custom Sidebar'라고 입력한 후 〈Save Page〉를 클릭합니다.

커스텀 사이드바는 사이드바 하단에 나타납니다.

위키의 커스텀 인덱스를 작성하는 용도로 유용합니다.

- [[Home]]
- [[위키]]
- [[프로젝트]]
    - [[커밋]]
    - [[브랜칭]]

그림 12-28 커스텀 사이드바 만들기

아러한 커스텀 푸터와 사이드바는 그림 12-29와 같이 위키의 모든 문서에서 나타납니다. 이제 사용자화 인덱스라든가, 반드시 살펴봐야 할 중요 정보를 공유하는데 사용할 수 있습니다.

그림 12-29 커스텀 푸터와 커스텀 사이드바

이렇게 위키를 이용하여 프로젝트 참여자들 사이에 적극적으로 정보를 공유하면 전체적인 프로젝트의 완성도를 높일 수 있습니다.

12.1.3 풀 리퀘스트

지금까지 하나의 저장소 안에서 변경 내역이나 브랜치 사이의 변경 내역을 합하는 것을 병합이라고 설명했습니다.

그런데 GitHub에서 작업하다 보면 하나의 저장소 안에서 브랜치만으로 협업하는 게 아니라 GitHub의 포크 기능을 이용해 저장소를 복사한 후 작업할 때도 있습니다. 이런 경우에는 저장소와 저장소 사이를 비교한 후 변경 내역을 병합해달라고 요청해야 할 수도 있습니다. 이를 풀 리퀘스트pull request라고 합니다.[1] 기술적으로는 원 저장소의 소유자가 포크한 다른 저장소의 변경 내역을 병합하는 것입니다. 하지만 아무 저장소나 병합할 수는 없으므로 요청이라는 형태로 다른 저장소 소유자가 먼저 보낼 수 있게 하는 것이죠.

이번에는 풀 리퀘스트를 보내는 법과 풀 리퀘스트를 받았을 때 적용하거나 거절하는 방법을 살펴보겠습니다. 마지막으로는 풀 리퀘스트를 이용해 forked 저장소를 최신 상태로 유지하는 법도 알아보겠습니다.

풀 리퀘스트 보내기

시작하기에 앞서 조건이 하나 있습니다. 4.3절을 참고해서 여러분이 사용할 수 있는 GitHub 계정을 하나 더 생성하는 것입니다. 그리고 생성한 계정에 다음과 같은 작업을 해주어야 합니다.

1 4.4절을 참고해서 빈 원격 저장소 만들기(필자의 경우 'github_pull_request_pratice'라는 원격 저장소 생성)
2 'Initialize this repository with a README' 항목에 체크 표시해서 README.md 파일을 생성(파일 안 내용은 원격 저장소 이름인 github_pull_request_pratice가 됩니다).

이제 새롭게 만든 원격 저장소를 지금까지 실습하던 원 저장소에 포크합니다.

---

1 https://help.github.com/articles/using-pull-requests/

그림 12-30 원격 저장소 포크

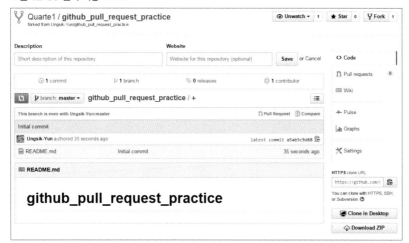

변경 내역을 만들어 이를 커밋합니다(필자의 경우 README.md 파일에 ## Edited on forked repository라는 변경 내역을 만들었습니다. 'Commit changes' 항목의 메시지도 'Edited on forked repository'라고 입력했습니다).

그림 12-31 수정 후 커밋

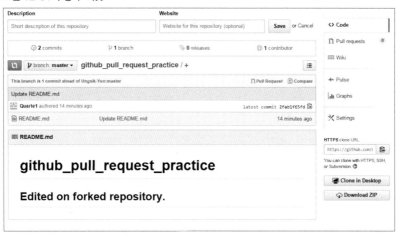

이제 변경 내역을 원 저장소에 반영할 수 있도록 병합 요청을 보내겠습니다. 즉, 풀 리퀘스트를 보내는 겁니다. 저장소 오른쪽 메뉴의 'Pull requests'를 클릭합니다. 아직 풀 리퀘스트를 보낸 적이 없으니 빈 화면이 나타날 겁니다.

그럼 새로운 풀 리퀘스트를 생성해보겠습니다. 〈New pull request〉를 클릭하거나, 메시지 마지막에 있는 'Create a pull request'를 클릭해 풀 리퀘스트를 작성하는 화면으로 이동합니다.

그림 12-32 'Pull requests' 메뉴 시작 화면

그림 12-33 풀 리퀘스트 작성 화면

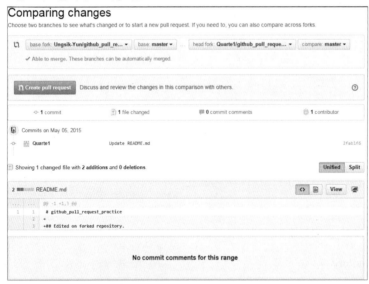

우선 맨 위에 있는 메뉴부터 살펴보겠습니다. 왼쪽이 병합의 기반이 될 저장소와 브랜치를 선택하는 드롭다운 목록입니다. 오른쪽은 병합 대상이 될 저장소와 브랜치를 선택하는 드롭다운 목록입니다. 기술적으로 원 저장소의 주인이 병합하는 것이므로 풀 리퀘스트를 보내는 쪽이 아닌 받는 쪽

의 시점에서 생각해야 이 화면의 저장소 선택 배치를 이해할 수 있습니다. 쉽게 생각하자면 'base for' 항목이 변경 내역이 적용되어야 할 곳입니다. 포크했던 원 저장소로 풀 리퀘스트를 보내는 것이니까요.

그림 12-34 저장소와 브랜치 선택

수정 내역이 있는, 풀 리퀘스트를 보낸 저장소   수정 내역이 없는, 풀 리퀘스트를 받을 원래 저장소

이제 〈Create pull request〉를 클릭하면 그림 12-35의 화면이 나타납니다. 마치 12.1.1에서 댓글을 입력할 때 보았던 화면과 같습니다. 제목(필자의 경우 'Update README.md')과 설명(필자의 경우 '리드미 파일을 업데이트 하였습니다')을 입력한 다음 〈Create pull request〉를 클릭하면 풀 리퀘스트 보내기가 완료됩니다.

그림 12-35 풀 리퀘스트 요약 설명 입력

이것으로 풀 리퀘스트 보내기는 완료입니다. 생성된 풀 리퀘스트 목록은 포크해온 원 저장소 저장소의 'Pull request' 메뉴 화면에서 확인할 수 있습니다. 즉, 자신이 포크해온 저장소에는 해당 요청이 보이지 않습니다. 기본적으로 풀 리퀘스트는 '받은' 요청만을 표시하고 '보낸' 요청은 표시하지 않습니다.

그림 12-36 풀 리퀘스트 목록

원 저장소의 풀 리퀘스트 목록 중 하나를 선택하면 풀 리퀘스트가 어떻게 진행되고 있는지 볼 수 있습니다. 생성된 풀 리퀘스트에 다른 사람들이 댓글 형태로 토론하는 것이죠.

그림 12-37 풀 리퀘스트 개별 정보 화면

이렇게 생성된 풀 리퀘스트는 원 저장소의 관리자가 승인하면 변경 내용이 반영됩니다.

풀 리퀘스트 받기와 거절하기

원 저장소가 풀 리퀘스트를 받으면 저장소 오른쪽 'Pull Requests' 메뉴 옆에 숫자가 표시됩니다.

그림 12-38 원 저장소의 오른쪽 메뉴

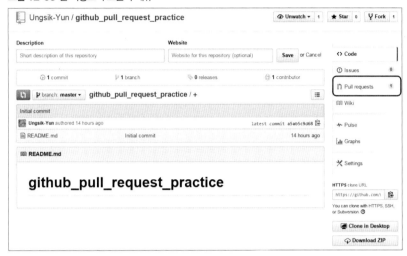

알림 설정에 따라서 이메일로도 알림 메일을 발송하기도 합니다.

그림 12-39 이메일 알림

Pull requests' 목록 화면에서는 그림 12-36과 같은 풀 리퀘스트 목록들을 볼 수 있습니다. 새로 들어온 요청인 'Update README.md'를 클릭해 살펴보겠습니다.

새로 들어온 풀 리퀘스트에서 무엇이 바뀌었나 살펴보려면 'Commits' 탭의 커밋 메시지와 'Files changed' 탭의 파일 변경 내역을 살펴보면 됩니다.

그림 12-40 원 저장소의 풀 리퀘스트 살펴보기

그림 12-41 Commits 탭

그림 12-42 Files changed 탭

기본 선택 탭인 'Conversation'에서는 어떤 커밋이 있었는지, 어떤 파일이 어떻게 변경이 되었는지 확인하고 풀 리퀘스트 내역과 관련한 토론을 진행할 수 있습니다.

그림 12-43 conversation 탭

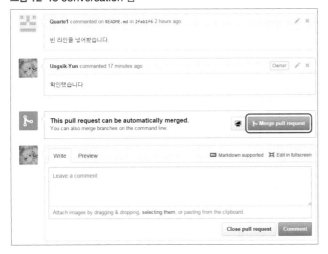

풀 리퀘스트의 최종적으로 코드를 반영하기로 결정했다면 〈Merge pull request〉를 클릭해 병합할 수 있습니다. 반영하지 않기로 했다면 〈Close pull request〉를 클릭하여 요청을 닫을 수 있습니다. 물론 나중에 다시 열어서 요청 과정을 재개할 수도 있습니다.

먼저 풀 리퀘스트를 닫아보겠습니다. 〈Close pull request〉를 클릭합니다. 해당 풀 리퀘스트가 닫힌 상태가 됩니다.

그림 12-44 〈Close pull request〉 클릭 후

여기서 다시 열어서 요청을 반영해보겠습니다. 〈Reopen pull request〉를 클릭합니다. 다시 열었으니 이 요청의 변경 내역을 반영해보겠습니다. 〈Merge pull request〉를 클릭합니다. 대부분의 경우는 충돌이 발생하지 않고 병합이 완료됩니다.

코드를 변경하는 작업이므로 어떤 병합 메시지를 남길 것인지 한 번 더 확인합니다. 알맞은 메시지를 입력(필자의 경우 'pull request를 받아들입니다')하고 〈Confirm merge〉를 클릭합니다.

그림 12-45 풀 리퀘스트 반영 확인

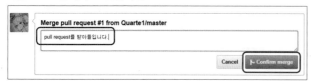

댓글을 입력하는 항목 바로 위에 '사용자이름 merged commit 커밋SHA-1체크섬값 into 풀리퀘스트를보낸저장소사용자이름:브랜치이름 from 원저장소사용자이름:브랜치이름 시간'의 형식으로 풀 리퀘스트를 반영하는 것을 완료할 수 있습니다.

그림 12-46 풀 리퀘스트 내역 병합 완료

저장소 메인 페이지에서 'commits'를 클릭하면 풀 리퀘스트를 통해 반영된 커밋을 확인할 수 있습니다.

그림 12-47 commits

코드를 최신 상태로 유지하기

Git은 기본적으로 커밋 내역을 통해서 최신 상태인지를 확인합니다. 그런데 원 저장소에서 풀 리퀘스트 요청을 받아들인다면 저장소의 내용은 같지만 커밋 내역에는 차이가 발생할 수 있습니다. 또한 내가 아닌 다른 사람의 풀 리퀘스트까지 한꺼번에 처리했다고 생각해보죠. 그래도 커밋 내역에는 차이가 발생할 수 있습니다. 이 때문에 포크한 저장소의 코드도 최신 상태로 유지하려면 다시 풀 리퀘스트를 이용해야 합니다.

풀 리퀘스트를 이용해서 포크한 자신의 저장소를 최신으로 유지하는 법은 간단합니다. 새로운 풀 리퀘스트를 만들어서 자신의 저장소를 원 저장소와 같은 상태로 만들면 되는 것이죠. 풀 리퀘스트의 생성과 수락을 혼자서 다 하는 것이라고 보면 됩니다.

먼저 포크했던 저장소에서 다시 새로운 풀 리퀘스트를 만들겠습니다. 〈New pull request〉를 클릭하거나, 메시지 마지막에 있는 'Create a pull request'를 클릭합니다.

그런데 포크한 저장소는 원 저장소보다 커밋이 뒤처져 있는 상태입니다. 따라서 비교할 것이 아무것도 없다는 메시지와 함께 기준을 바꿔야 한다고 알려줍니다. 'switching the base'를 클릭합니다.

그림 **12-48** switching the base 실행 화면

그림 12-49와 같은 화면이 나타납니다. 'Base fork'가 현재 작업하는 포크한 저장소고 'head fork'는 원 저장소로 설정되어 있습니다. 그리고 뒤처진 커밋만큼 풀 리퀘스트를 할 수 있게 됩니다. 그럼 〈Create pull request〉를 클릭해보겠습니다.

그림 12-49 풀 리퀘스트 설정과 실행

'풀 리퀘스트 보내기'에서 살펴본 일반적인 풀 리퀘스트와 다를 것이 없습니다. 제목(필자의 경우 'Making repository up to date')과 설명(포크했던 저장소를 원 저장소에 맞추는 것이니 이번 에는 별도의 설명을 작성하지 않겠습니다. 작성해도 상관없습니다)을 입력한 다음 〈Create pull request〉를 클릭합니다.

그림 12-50 풀 리퀘스트 설명 메시지 작성

이제 바로 〈Merge pull request〉를 클릭해줍니다.

그림 12-51 〈Merge pull request〉 클릭

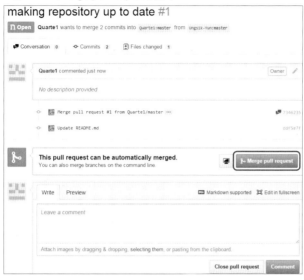

적당한 병합 메시지를 입력(필자의 경우 'Making repository up to date')하고 〈Confirm merge〉를 클릭합니다.

그림 12-52 병합 메시지 작성

그림 12-46과 같은 병합 내역이 나타나면 병합이 완료된 것입니다. 이제 저장소 메인 페이지로 돌아가 보겠습니다.

그림 12-53 병합 완료

원 저장소의 내용들이 제대로 포크한 저장소로 가져왔는지 확인하면 됩니다.

그림 12-54 병합 완료 후 확인

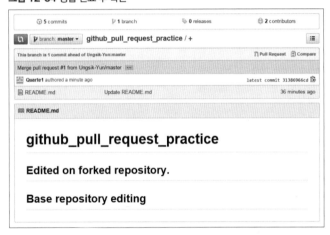

이해가 빠른 분은 '원 저장소를 원격 저장소에 다른 이름으로 추가해서 풀이나 페치를 해도 되지 않나?'라는 의문을 가질지도 모릅니다. 맞습니다. 사실 그렇게 하는 것이 정석이죠. 하지만 여기서는 GitHub 안에서 해결하는 비교적 간단한 방법을 보여드린 것입니다. 누구나 다 커맨드 라인과 친할 수는 없는 법이니까요.

12.1.4 GitHub에서의 코드 리뷰

앞서 12.1.3에서 살펴보았던 것처럼 GitHub는 프로젝트 진행 전 과정에서 댓글 기능을 사용할 수 있게 해두었습니다. 물론 커밋도 예외는 아닙니다. 이를 잘 활용하면 전문적인 코드 리뷰 도구를 사용하지 않아도 GitHub에서 코드를 리뷰할 수 있습니다. 특히 커밋 혹은 병합 작업할 때 프로젝트 팀원들과 코드 리뷰할 때 유용합니다.

먼저 지금까지 진행했던 실습 저장소 중 하나를 선택해 저장소 메인 화면에서 'commits' 항목을 클릭합니다.

그림 12-55 commits 항목 클릭

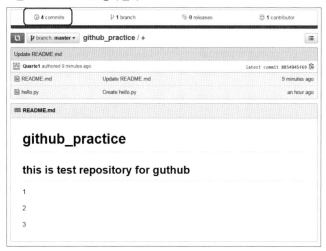

커밋 목록에서 리뷰해볼 커밋 내역을 클릭합니다. 여기서는 제일 최근의 커밋을 선택해보겠습니다.

그림 12-56 커밋 내역 선택

그림 12-57과 같이 커밋 내용 하단에 보이는 댓글 기능으로 커밋 내역 전체에 관한 리뷰 메시지를 작성할 수 있습니다.

그림 12-57 커밋 내역에 대한 댓글 작성

그리고 개별 코드 행마다도 댓글을 작성할 수 있습니다. 커밋의 변경 내역 라인 위에 커서를 올리면 파란색 [+] 기호가 나타납니다. [+] 기호를 클릭하면 해당 라인에 댓글을 작성할 수 있습니다. 이렇게 댓글을 작성하면 코드와 코드 사이에서 댓글이 바로 보이게 됩니다.

그림 12-58 개별 행에 댓글 입력

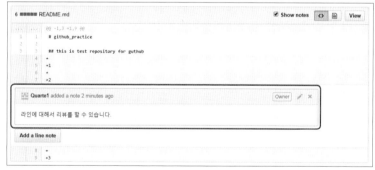

12.2 프로젝트를 위한 협업 준비 규칙

이번 절에서는 각 프로젝트 유형별로 Git과 GitHub를 이용한 작업 흐름을 제시해보겠습니다. 이전까지는 Git과 GitHub라는 도구의 사용법 그 자체를 배웠다면 여기서부터는 Git과 GitHub를 언제 어떻게 사용해야 할지를 알아보는 것입니다.

따라서 내용이 어느 정도 추상적일 수 있습니다. 구체적인 사용법이 아니라 프로젝트 관리나 소프트웨어 공학에 가까운 내용이기 때문이죠. 하지만 어느 IDE나 편집기를 사용하든 Git과 GitHub로 대표되는 원격 저장소를 사용한다는 것에는 변함이 없습니다. 그러니 자신이 사용하는 IDE나 편집기가 앞에서 언급되지 않았다고 해도 걱정할 필요 없습니다. 이 뒤의 작업 흐름 모델은 Git과 GitHub를 사용한다면 전부 활용할 수 있으니까요.

Git을 이용해 프로젝트를 관리하는 방법에는 특별히 정해진 규칙이 없습니다. 언제든지 브랜치를 만들어서 새로운 기능을 시험해볼 수 있고, 원 저장소와는 상관없는 자신만의 로컬 저장소를 만들어서 작업할 수 있는 것이 Git입니다.

하지만 협업한다면 무엇보다도 중요한 것이 있습니다. 바로 브랜칭 규칙입니다. 모두가 다 master 브랜치를 브랜칭해서 자신의 이름을 딴 브랜치에서 작업할 수도 있습니다. 하지만 그것보다 프로젝트 전체를 관리하는 훨씬 더 쉬운 방법이 있습니다.

지금부터 프로젝트를 관리하기 전에 세워야 할 규칙을 알아보겠습니다.

12.2.1 커밋 단위

커밋에 포함될 수 있는 내용이 여러 개로 나누어질 수 있을 만큼 크다면 이를 쪼개서 커밋해야 합니다. 커밋의 내용을 최소 단위^{Atomic}로 유지하는 것이죠. 이를 위해 다음과 같은 규칙을 지키는 것이 좋습니다.

- 커밋 하나는 하나의 의도와 의미만을 가져야 합니다. 한번에 여러 파일을 수정하더라도 그 의도는 단 하나여야 한다는 것입니다. 그것이 버그 수정이든 새로운 기능 추가든 말이죠.
- 파일을 하나만 수정하더라도 두 개 이상의 의도가 있다면 하지 말아야 합니다. 버그 수정과 새 기능 추가를 동시에 하지 않아야 하는 것입니다.

12.2.2 커밋 메시지 작성 규칙

커밋 메시지는 자유롭게 작성할 수 있지만 그렇다고 해서 정말 자유롭게 작성하면 협업에는 방해됩니다. 커밋 메시지 작성에는 수많은 방식[2]이 있겠지만, 처음으로 Git을 작업에 도입하는 팀에 알맞은 간단한 커밋 메시지 작성 규칙을 소개하겠습니다. 다음과 같습니다.

```
[category] - [simple message]

[detailed description]
```

[category]는 커밋의 성격이 무엇인지 한번에 알 수 있는 단어로 작성합니다. 표 12-1은 간단한 예시입니다. 물론 팀 내부의 필요에 따라 유연하게 추가하거나 삭제해가면서 사용하면 될 것입니다. 주의해야 할 점이 있다면 '가능하면 짧고 명확하게'라는 것입니다. 커밋 메시지 그 자체가 길어지면 오히려 본래의 목적인 알기 쉬운 메시지 작성을 달성할 수 없게 되니까요.

표 12-1 [category] 작성 규칙 예시

이름	설명
fix	잘못된 부분 수정
add	기능 추가
mod	코드 수정
rm	기능 삭제

실제로 표를 확인하면 알겠지만 코드나 기능의 생성, 수정, 삭제를 기본으로 카테고리를 나누었습니다.

[message]는 해당 커밋에 대한 간단한 한 줄 설명을 작성하면 됩니다. 이때 영문 기준으로 70자 정도가 되도록 하는 것이 좋습니다. 일반적인 터미널에 보이는 글자 수를 고려한 것입니다.

[detailed description]에 포함될 수 있는 내용은 다양합니다. 커밋의 자세한 내용을 여기에 기술하면 됩니다. 하지만 다음 몇 가지 사항은 꼭 지켜서 작성할 것을 권장합니다.

---

2 https://wiki.openstack.org/wiki/GitCommitMessages, http://qiita.com/itosho/items/9565c6ad2ffc24c09364

- 왜 커밋했는지 설명합니다.
- 버그 수정의 경우 원래 어떤 문제가 있었는지 설명합니다.
- 사용 중인 이슈 트래커가 있다면 해당 이슈의 하이퍼링크를 포함해야 합니다.

위 간단한 규칙을 염두에 두면서 커밋 메시지를 작성하면 작성된 커밋만 보고도 많은 정보를 얻을 수 있습니다. 또한 새로 협업에 참가하는 사람이 이전의 커밋 로그만을 보고도 전체적인 프로젝트 흐름을 이해하고 현재 작업에 참여하는 것이 더 쉬워질 것입니다.

다음 절을 설명하기 전에 좋은 커밋 메시지와 나쁜 커밋 메시지의 예를 볼 수 있는 'Git Commit Good Practice(https://wiki.openstack.org/wiki/GitCommitMessages)'를 소개하겠습니다. 앞서 언급한 좋은 커밋과 좋은 커밋 메시지에 대한 예시와 왜 그게 좋은 것인지 설명합니다. 물론 반대로 나쁜 커밋과 나쁜 커밋 메시지에 대한 예시와 그 이유도 같이 설명하기도 합니다.

이 예시들은 영어로 되어 있지만 반드시 읽어볼 것을 추천합니다.

12.2.3 브랜치 이름 작성 규칙

12.3절에서 설명할 작업 흐름의 내용과 매우 긴밀하게 연결되는 것이 '브랜치 이름 작성 규칙[3]'입니다. 새로운 브랜치를 만들 때 어떻게 이름을 지을지를 협업자들 사이에 공유한다면, 브랜치 이름만을 보고서 어떤 목적으로 브랜치를 만들었는지를 바로 알 수 있게 됩니다.

자세한 설명이 없이도 사람들이 바로 알아볼 수 있어야 한다는 점에서 브랜치 네이밍 작성 규칙은 커밋 메시지 작성 규칙과 닮은 곳이 있습니다. 하지만 브랜치인만큼 영향을 끼치는 범위가 프로젝트 전체가 되는 것입니다.

먼저 이름 짓는 방법을 이야기해보죠. 브랜치 또한 커밋 메시지와 마찬가지로 몇 가지 카테고리를 만들어서 분류하는 것이 좋습니다. 물론 앞서 커밋 메시지에서 언급한 것처럼 짧으면서 쉽게 구별할 수 있고 협업 흐름에서 권장하는 브랜칭 방식에 따라서 이름을 짓는 것이 좋겠죠. 간단한 예를 들어보겠습니다.

---

3 http://stackoverflow.com/questions/273695/git-branch-naming-best-practices

표 12-2 브랜치 이름 작성 규칙의 예

이름	설명
new	새 기능 추가가 목적인 브랜치
test	무언가를 테스트하는 브랜치(새 라이브러리, 배포 환경, 실험 등)
bug	버그 수정이 목적인 브랜치

어디까지나 예인 만큼 간단하게 이런 식으로 분류한다고 가정해보겠습니다. 이런 카테고리 이름을 접두어로 사용하면서, 그 뒤에 브랜치 이름을 붙입니다. 이때 구분자로는 슬래시(/) 기호를 사용하는 걸 권장합니다. 이런 규칙으로 다음과 같은 브랜치 이름을 만들 수 있습니다.

```
new/feat-foo
new/feat-bar
bug/critical-thing
test/awesome-new-library
```

이렇게 해 두었으면 git branch -list 명령을 실행해 특정 카테고리 브랜치만 찾아보기 쉬워집니다. 커맨드 라인에서 명령을 실행하면 그림 12-59와 같이 카테고리를 골라서 볼 수 있습니다.

그림 12-59 git branch -list 명령 실행 예

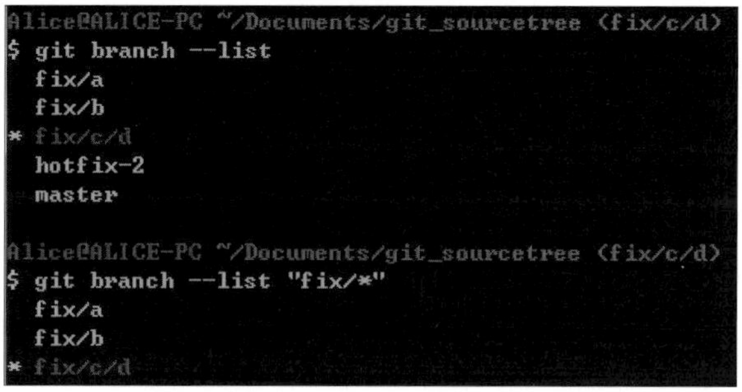

SourceTree를 이용할 때도 왼쪽에 'Branches' 항목에서 보는 것처럼 브랜치를 폴더처럼 관리할 수 있게 됩니다.

그림 12-60 SourceTree 화면

또한 브랜치 이름을 지을 때 하지 말아야 할 것이 몇 가지 있습니다. 다음과 같습니다.

- 사람이 한 번에 알아볼 수 없는 이름(예: 숫자로만 된 이름)
- 너무 긴 설명조의 이름

간결하고 한 번에 알아볼 수 있는 카테고리와 이름을 짓는 것이 중요합니다.

12.2.4 태그와 버전 이름 작성 규칙

프로젝트를 진행하다 보면 자연스레 버전 이름을 붙이게 될 것입니다. 이러한 버전 이름은 '유의적 버전(http://semver.org/lang/ko/)' 웹 페이지를 참고해 버전 이름을 커밋에 올바르게 태깅하는 것만으로도 많은 정보를 제공할 수 있습니다.

간단하게 버전 x.y.z에 대해 유의적 버전을 설명하자면 다음과 같습니다.

- x는 기존과 호환이 되지 않는 변경이 발생할 때 증가시킵니다.
- y는 기존과 호환이 되며, 새로운 기능이 추가될 때 증가시킵니다.
- z는 기존과 호환이 되며, 버그 수정 등이 될 때 증가시킵니다.

이 세 가지 규칙을 기억하고 필요에 따라 버전 이름 뒤에 간단한 라벨을 붙여서 부가 설명을 하면 됩니다.

12.3 프로젝트 유형별 협업 흐름

Git을 이용한 협업은, 다르게 말하면 브랜칭 생성 규칙을 공유하는 것으로 말할 수 있습니다. Git의 장점인 '자유롭고 무제한 브랜칭'에 규칙을 정하는 것으로 협업의 틀이 완성되는 것이죠.

어떤 브랜칭 생성 규칙을 선택할 것인가는 표 12-3을 고려해 결정할 수 있습니다.

표 12-3 브랜칭 생성 규칙 예

요소/플랫폼	데스크톱 애플리케이션	웹	모바일 앱
특징	배포 후에 유지보수가 힘듦	배포와 개발의 구분이 없음. 언제나 배포 가능	배포 이후 지속적인 업데이트 가능
프로젝트 마감	최초 배포 시	해당 없음	버전마다
배포 단위	최초 한 번 업데이트는 패치 등으로 제공됨	해당 없음 무결절성(seamless)[3]	버전마다
배포 시기 조절 가능 여부[4]	가능	해당 없음	불가능[5]
추천 Flow	git-flow	github-flow	gitlab-flow

물론 표 12-3의 기준을 따라 기계적으로 결정할 수는 없지만 프로젝트가 어떤 특징이냐에 따라 어울리는 협업 흐름이 있다는 것을 알아두면 좋습니다.

이번 절에서는 추천 플로의 세 가지인 git-flow, github-flow, gitlab-flow를 살펴보겠습니다.

12.3.1 git-flow: 게임이나 SI 개발 환경에 권장

데스크톱 애플리케이션은 한번 배포된 후에는 유지보수가 쉽지 않습니다. 사용 환경이 오프라인일 경우, 도중에 실행을 중단할 수 없는 경우, 사용자가 유지보수에 관심을 가지지 않을 경우 등 다양한 이유로 유지보수가 쉽지 않기 때문입니다. 이런 애플리케이션은 매우 견고하게 만들어져야 하며, 견고함을 유지하기 위해 프로젝트 작업 흐름 또한 여러 가지 결함을 최소화하고 결함이 있다고 해도 빠른 시간 안에 감지해 수정할 수 있는 모델이어야 합니다.

---

4 http://goo.gl/8Uf8sl
5 배포 시기를 개발하는 쪽에서 완전하게 가져갈 수 있는지를 뜻합니다.
6 대부분은 앱 스토어나 마켓 등을 통해서 승인되어야 배포되므로 배포 시기를 조절하는 것이 불가능하다고 볼 수 있습니다.

이런 조건을 만족하는 것으로 빈센트 드라이센^{Vincent Driessen}이 제안한 작업 흐름 모델인 'A successful Git branching model'이 있습니다.[7] 이 작업 흐름 모델은 브랜치 그룹에 역할을 부여하고 각 브랜치의 상호작용을 엄격하게 제한합니다.

이 작업 모델은 브랜치를 다섯 가지의 역할로 나눕니다.

- develop 브랜치
- feature 브랜치
- release 브랜치
- master 브랜치
- hotfix 브랜치

차례로 살펴보겠습니다.

develop 브랜치

develop 브랜치는 하나만 존재합니다. 여기에서 모든 개발이 시작됩니다. 하지만 절대로 develop 브랜치에 곧바로 커밋하지 않습니다. 이 브랜치에 병합되는 것은 feature 브랜치와 release나 hotfix의 버그 수정입니다. 이 브랜치는 오직 병합 커밋만 할 수 있습니다.

feature 브랜치

feature 브랜치는 여러 개가 존재할 수 있습니다. 여기에 속하는 브랜치는 develop 브랜치를 기반에 두고 브랜치되어 새로운 기능 개발이나 버그 수정을 담당합니다. 그리고 각각의 브랜치는 하나의 기능(의도)만을 맡습니다. 따라서 브랜치의 이름을 제대로 짓는 것이 중요합니다.

그래프를 그려보면 그림 12-61과 같은 모양이 될 것입니다.

---

7 http://nvie.com/posts/a-successful-git-branching-model/

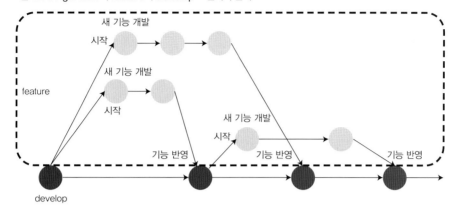

그림 12-61 git-flow의 feature와 develop 브랜치의 관계

feature 브랜치들은 오직 develop 브랜치에 병합될 때만 관계성이 생깁니다. 갈라져 나오는 것도 다시 병합하는 것도 오직 develop 브랜치와만 합니다.

release 브랜치

release 브랜치는 develop 브랜치에서 갈라져 나와서 배포 준비를 하는 브랜치입니다. 이 브랜치는 새로운 기능 추가는 더 하지 않고 오로지 버그 수정만 합니다. 즉 배포본의 완성도를 높이는 브랜치입니다.

당연히 수정된 버그는 develop 브랜치로 병합되어야 합니다.

그림 12-62 git-flow의 feature, develop, release 브랜치의 관계

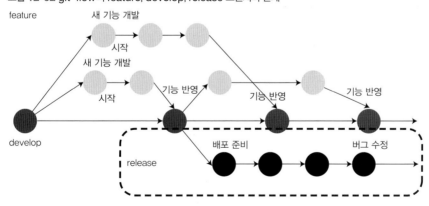

master 브랜치

master 브랜치는 실제 배포되는 버전이 있는 브랜치입니다. 이 브랜치는 오직 release와 hotfix 브랜치하고만 관계를 맺습니다.

그림 12-63 git-flow의 develop, release, master 브랜치의 관계

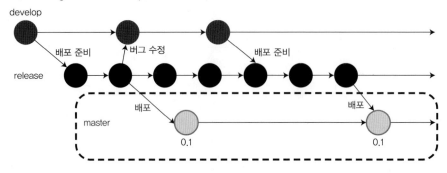

그리고 develop 브랜치와 마찬가지로 오직 병합 커밋만 할 수 있습니다.

hotfix 브랜치

hotfix 브랜치는 master 브랜치, 즉 현재 배포 중인 코드에 버그가 있어 급히 수정할 때만 사용하는 브랜치입니다. hotfix 브랜치로 수정한 내용은 master와 develop 브랜치에만 반영합니다.

그림 12-64 git-flow의 develop, master, hotfix 브랜치의 관계

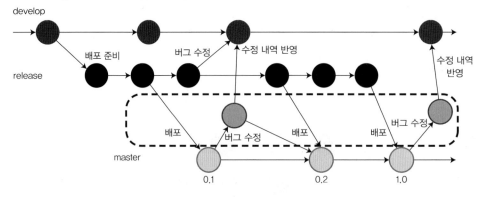

정리

develop 브랜치를 중심으로 feature 브랜치들을 통해 기능을 추가하고, release 브랜치를 통해 배포 준비와 코드의 버그를 수정하며, master로 배포하고, hotfix로 배포된 버전의 버그를 수정해 master와 develop 브랜치에 반영하는 것을 반복하는 것이 git-flow 작업 흐름입니다. 순서를 매겨서 나열해보면 이렇게 되겠지요.

1   develop 브랜치를 기반에 두고 feature 브랜치 생성
2   feature 브랜치에서 기능 개발 시작
3   기능 개발이 완료되면 develop 브랜치로 풀 리퀘스트 혹은 병합
4   배포 시기가 되면 develop 브랜치를 기반에 두고 release 브랜치 생성
5   release 브랜치에서 이미 알려진 버그 수정에 주력. 수정된 버그는 develop 브랜치에 반영
6   배포 시기가 되면 release 브랜치를 기반에 두고 master 브랜치를 생성하여 배포
7   master 브랜치에서(=배포된 버전에서) 버그가 발견되면 hotfix 브랜치를 생성
8   hotfix 브랜치에서 버그 수정이 끝나면 develop 브랜치와 master 브랜치에 반영

하지만 이 작업 흐름은 주기적으로 작업 결과를 배포하는 프로젝트의 경우에 적합한 방식입니다. 즉, 매우 견고한 코드를 생산하면서 배포 간격이 충분히 긴 프로그램이나 솔루션을 다루는 프로젝트에 적합합니다. 빠른 개발과 배포에는 알맞지 않습니다. 예를 들어 하루에도 몇 번씩 작업 결과를 배포해야 하는 웹 서비스 등에는 알맞지 않습니다.

12.3.2 github-flow: 웹 애플리케이션

이번에는 12.3.1에서 설명한 git-flow의 단점을 해결하고자 GitHub에서 사용하는 github-flow[8]를 소개합니다. 이름에서 알 수 있듯이 이 작업 흐름은 GitHub에서 사용 중인 작업 흐름입니다.

이 작업 흐름에서는 다음 두 종류의 브랜치만이 존재합니다.

- master 브랜치
- feature 브랜치

----

8   https://guides.github.com/introduction/flow/index.html

앞서 언급한 git-flow와 비교하면 매우 가벼운 프로젝트 작업 흐름 모델입니다. 따라서 빠른 기능 추가와 수정이 필요한 분야에 적합합니다. 대표적으로 하루에도 몇 번씩 배포될 수 있는 웹 애플리케이션 등이 이 작업 흐름을 적용하기에 적합합니다.

master 브랜치

master 브랜치는 언제나 배포할 수 있는 상태로 유지되는 브랜치입니다. master 브랜치가 곧 배포 브랜치가 되는 셈이죠. 보통은 하나만 존재합니다. 오직 병합 커밋만 할 수 있습니다.

feature 브랜치

feature 브랜치는 여러 개가 존재할 수 있습니다. master 브랜치에서 갈라져서 새 기능을 추가하거나, 버그를 수정하거나, 그 외의 모든 코드 수정을 담당하는 브랜치 그룹입니다. 다른 작업 흐름과 마찬가지로 한 번에 하나의 의도만을 구현하는 브랜치 그룹이며 그에 따라 이름 짓기가 중요한 브랜치 그룹이기도 합니다.

그림 12-65 github-flow의 master, feature 브랜치의 관계

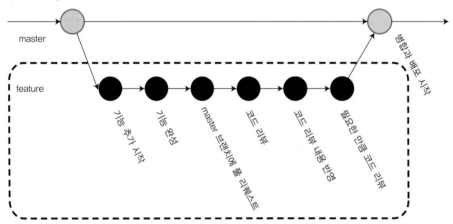

이 작업 흐름을 이용해서 작업한다면 다음 차례로 진행됩니다.

1 master 브랜치를 기반에 두고 feature 브랜치 생성

2 feature 브랜치에서 기능 개발 시작

3 기능이 완성되면 master 브랜치에 풀 리퀘스트

4 feature 브랜치에서 받는 풀 리퀘스트는 협업자들의 코드 리뷰 진행

5 코드 리뷰를 반영해 feature 브랜치에서 작업 진행

6 3~5를 필요한 만큼 반복

7 feature 브랜치가 master 브랜치에 병합됨으로서 새 기능 배포 완료

git-flow와 비교하면 상당히 간단하고 기능의 추가 완료와 배포가 바로 연동되는 가볍고 빠른 작업 흐름입니다. 앞서 git-flow에서 언급한 것처럼 하루에도 몇 번씩 배포가 되는 웹 애플리케이션에 이 작업 흐름이 적합합니다.

12.3.3 gitlab-flow: 모바일 앱과 게임

앞서 소개한 두 가지 작업 흐름인 git-flow와 github-flow는 Git을 이용한 작업 흐름 방식의 양 극단에 있는 작업 흐름입니다. git-flow는 복잡하거나 견고하고 브랜치 사이의 엄격한 상호작용 규칙에 따라야 하는 작업 흐름입니다. 그만큼 전체적인 개발-배포 주기가 긴 프로젝트에 어울리지요.

반면 github-flow는 개발과 배포에 필요한 최소한의 브랜치 그룹만 유지해 언제나 배포할 수 있고, 여러 가지 요구나 상황 변화에 민첩하게 대응할 수 있는 작업 흐름입니다.

이 두 가지의 중간에 gitlab-flow가 있습니다. 'GitLab Flow'[9]라는 웹 문서에서 github-flow를 기본으로 여러 가지 변형 형태를 gitlab-flow라는 이름으로 소개합니다. 앞으로 소개할 작업 흐름들은 github-flow를 따르지만 배포 과정을 GitLab에서 개선한 작업 흐름이라고 생각하면 좋습니다. 기본적으로 github-flow의 부족한 점인 안정성과 배포 시기 조절 가능성을 추가 브랜치를 두어 보강하는 전략입니다.

---

9 https://about.gitlab.com/2014/09/29/gitlab-flow/

Github-flow with Production

production 브랜치는 배포 코드가 있는 브랜치입니다. 주요 흐름은 그림 12-66과 같습니다.

그림 12-66 gitlab-flow production

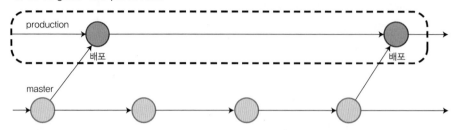

feature 브랜치의 작업 결과가 master 브랜치로 병합되고, 배포 준비가 되면 master 브랜치에서 production 브랜치로 병합합니다. 즉, 앞서 살펴본 git-flow에서 release 브랜치와 비슷한 역할을 수행하는 것이죠. 다만 gitlab-flow에서의 production 브랜치는 오직 배포만을 담당합니다.

이 작업 흐름은 사용자의 의도대로 배포할 수 없는 환경일 때 적절합니다. 앱 스토어나 구글 플레이 마켓 등으로 배포하는 모바일 앱 개발에 어울리는 흐름이죠. 개발 속도가 충분히 빠르더라도 배포 시기를 정할 수 없으니까요. 모바일 개발이라면 production 브랜치로 배포하고 외부에서 배포 승인을 기다리는 것으로 생각하면 됩니다. 혹은 배포 시점을 일정하게 통제하고 싶을 때 사용할 수도 있습니다.

또한 이 작업 흐름 모델은 github-flow의 특징인 잦은 배포에 대한 부담을 줄이는 방법이기도 합니다. 한 번의 배포가 매우 큰 일이라면 이 작업 흐름을 적용할 수 있습니다.

Github-flow with Pre-production and Production

바로 위에서 다루었던 Github-flow with Production 작업 흐름에 pre-production 브랜치를 추가한 작업 모델입니다. 주요 흐름은 그림 12-67과 같습니다.

그림 12-67 gitlab-flow pre-production

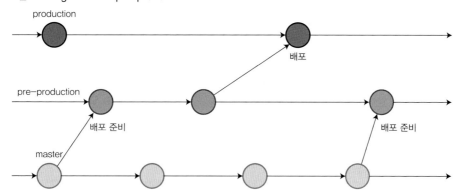

pre-production 브랜치는 테스트 브랜치입니다. 개발 환경에서 바로 배포하지 않고 사용 환경과 동일한 테스트 환경에서 코드를 테스트하는 것입니다.

모바일 앱 개발 시 각종 하드웨어에서 제대로 실행되는지 테스트할 필요가 있다면, production 브랜치로 결과를 넘기기 전에 이 pre-production 브랜치에서 테스트하는 방식과 같은 예로 활용할 수 있습니다.

물론 웹 개발에서도 활용할 수 있습니다. 로컬 저장소에서 기능 개발을 한 다음, 테스트 서버에서 시험하는 것을 pre-production 브랜치를 만드는 것으로 생각할 수 있습니다. 그리고 실제 서비스로 배포하는 것을 production 브랜치에 병합하는 것으로 생각하는 것이죠.

위에서 언급한 방식 외에도 프로젝트 특성상 두 단계에 걸쳐 테스트와 배포를 진행해야 할 필요가 있다면 사용할 수 있는 작업 흐름이기도 합니다.

Git 명령어 목록

Git은 다양한 명령어를 지원합니다.[1] 구글에서 'git cheat sheet' 등의 검색어로 검색하면 많이 찾을 수 있죠.[2] 부록 A에서는 Git의 꼭 필요한 명령어를 요약해 정리해보겠습니다. 정리하기에 앞서 다음 개념을 알아두면 좋습니다. Git은 파일을 세 가지 작업 영역으로 관리합니다. 이러한 가상의 공간 구분을 염두에 두고 살펴보면 몇몇 명령어들의 의미가 더욱 명확해집니다.

- **Working Directory**: 저장소가 추적 중인 파일들이 위치하는 영역입니다.
- **Staging Area**: 커밋할 준비가 된(staged) 파일들이 위치하는 영역입니다.
- **Repository**: 커밋되어 버전을 관리하는 파일들이 위치하는 영역입니다. 이 영역의 파일이 수정되면 Working Directory 영역으로 이동하게 됩니다.

그림 A-1 Git의 작업 영역 구분

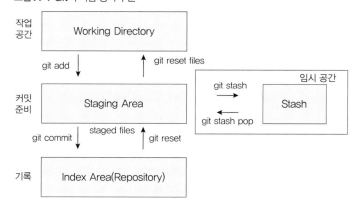

---

1 https://git-scm.com/docs
2 https://training.github.com/kit/downloads/github-git-cheat-sheet.pdf

이러한 작업 영역에 관한 개념을 염두에 두고 다음을 읽으면 이해가 한결 쉬울 것입니다.

A.1 설정하기

표 A-1 설정하기

명령어	설명
git config --global user.name "이름"	Git에서 커밋할 때 기록할 이름을 설정합니다.
git config --global user.email "이메일"	Git에서 커밋할 때 기록하는 이메일을 설정합니다.

A.2 저장소 생성

표 A-2 저장소 생성

명령어	설명
git init 저장소이름	명령을 실행한 위치에 〈저장소 이름〉으로 저장소를 만듭니다.
git clone 저장소주소	〈저장소 주소〉의 원격 저장소를 클론합니다.

A.3 변경 내역 다루기

표 A-3 변경 내역 다루기

명령어	설명
git status	저장소의 상태를 확인합니다. 추적하지 않는 파일, 추적 중이지만 변경되어 커밋해야 하는 파일 등을 보여줍니다.
git diff	마지막 커밋과 현재 변경된 내용을 비교해 보여줍니다.
git add 파일이름	버전 관리를 하기 위한 파일 추적을 시작합니다. stage에 add를 하는것입니다.
git reset 파일이름	변경 내역이 생겨서 git add 명령을 실행해 커밋할 준비가 된 파일을 Staging 영역에서 제거합니다. 파일의 변경 내역은 보존됩니다.
git commit -m "커밋설명메시지"	git add 명령을 실행해 커밋할 준비가 된(staged 상태인) 파일을 로컬 저장소에 〈커밋설명메시지〉로 설명을 입력해 커밋합니다.

A.4 브랜칭

표 A-4 브랜칭

명령어	설명
git branch	저장소에 있는 브랜치 목록을 보여줍니다.
git branch 이름	〈이름〉으로 브랜치를 만듭니다.
git checkout 브랜치이름	〈브랜치 이름〉으로 현재 작업 중인 브랜치를 변경합니다.
git merge 브랜치이름	현재 작업 중인 브랜치에 〈브랜치 이름〉 브랜치를 가져와 병합합니다.
git branch -d 브랜치이름	〈브랜치 이름〉 브랜치를 삭제합니다.

A.5 추적 중인 파일 삭제와 변경

표 A-5 추적 중인 파일 삭제와 변경

명령어	설명
git rm 파일이름	저장소에서 버전 관리 중인 파일을 삭제합니다. 그와 더불어 실제 로컬 파일도 삭제합니다. 삭제 기록이 저장소에 남습니다.
git rm --cached 파일이름	저장소에서 버전 관리 중인 파일만 삭제합니다. 로컬 파일은 그대로 남습니다.
git mv 파일이름 변경될파일이름	저장소에서 버전 관리 중인 파일의 이름(혹은 경로)을 변경합니다. 변경 기록이 저장소에 남습니다.

A.6 커밋하지 않은 상태로 임시 보관

표 A-6 커밋하지 않은 상태로 임시 보관

명령어	설명
git stash	Staged 상태에 있는 커밋되지 않는 변경 내역을 stash라는 임시 공간에 저장합니다.
git stash pop	stash에 마지막으로 저장된 변경 내역을 현재 브랜치에 적용합니다.
git stash list	stash에 저장된 변경 내역의 목록을 출력합니다.
git stash drop	마지막으로 저장된 변경 내역을 삭제합니다.

A.7 내역 살펴보기

표 A-7 내역 살펴보기

명령어	설명
git log	현재 브랜치의 버전 내역을 출력합니다.
git log --follow 파일이름	파일의 변경 내역들을 출력합니다. 파일 이름의 변경까지 포함한 내역을 출력합니다.
git diff 브랜치 … 다른브랜치	대상이 되는 두 브랜치 사이의 파일들을 비교해 다른 점을 출력합니다.
git show 커밋	대상 커밋의 메타데이터와 변경 내역을 출력합니다.

A.8 커밋 취소하기

표 A-8 커밋 취소하기

명령어	설명
git reset 커밋	대상 커밋 이후에 생긴 모든 커밋을 취소합니다. 하지만 커밋과 함께 변경된 내역은 로컬 저장소에 남겨둡니다.
git reset --hard 커밋	대상 커밋 이후에 생긴 모든 커밋과 변경 내역을 대상 커밋 시점으로 되돌립니다.

A.9 원격 저장소와 동기화

표 A-9 원격 저장소와 동기화

명령어	설명
git fetch 원격저장소이름	원격 저장소의 모든 변경 내역을 로컬 저장소에 다운로드합니다.
git merge 원격저장소이름/브랜치이름	원격 저장소의 대상 브랜치를 현재 작업 중인 브랜치에 병합합니다.
git push 원격저장소이름 브랜치이름	로컬 브랜치의 모든 커밋을 원격 저장소의 대상 브랜치에 업로드합니다.
git pull 원격저장소이름	git fetch와 git merge 명령을 차례로 실행하는 것과 같은 명령입니다. 즉, git fetch 원격저장소이름 명령과 git merge 원격저장소이름/현재브랜치 명령을 실행한 결과와 같습니다.

GitLab

팀 프로젝트를 언제나 GitHub에서만 진행할 수는 없는 법입니다. 모든 프로젝트 소스를 공개할 수는 없으니까요. 물론 돈을 내고 비공개 저장소를 만드는 방법도 있습니다만 Git 자체는 오픈 소스 프로젝트이므로 비공개 저장소를 제공하는 서비스들이 여럿 있습니다.

그런 서비스 중 대표적인 것이 GitLab(https://gitlab.com/)입니다. GitHub와 비슷하지만 비공개 저장소를 생성하는 데 전혀 돈이 들지 않습니다. 또한 사용 방법은 GitHub와 비슷합니다. 가입하고, 저장소를 만들고, 공개/비공개를 설정하고, 로컬 저장소에 클론하는 등의 작업을 할 수 있죠.

부록 B에서는 GitLab의 가입 방법과 GitHub와 다른 점이 무엇인가 살펴보겠습니다.

B.1 가입과 새로운 프로젝트 만들기

먼저 https://gitlab.com/에 접속합니다. 처음 접속하면 로그인 계정이 없으므로 위와 같이 GitLab 소개 화면으로 이동합니다. 오른쪽 아래에 있는 〈Sign Up〉을 클릭합니다.

그림 B-1 GitLab 시작 웹 페이지

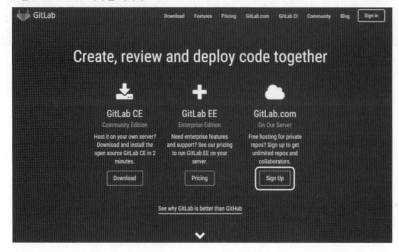

로그인 혹은 회원 가입을 할 수 있는 웹 페이지로 이동합니다. 구글, 트위터, GitHub 사용자 이름이 있다면 자신이 사용하고 있는 서비스의 계정으로 로그인해서, 다른 계정을 연결할 수도 있으니 별다른 걱정은 필요 없습니다. 'Sign in with ~' 항목의 아이콘을 클릭해서 로그인합니다. 새로 회원 가입할 분이라면 'New User? Create an account' 항목을 차례로 입력한 후 〈Sign Up〉을 클릭하면 회원 가입할 수 있습니다.

그림 B-2 GitLab 로그인과 회원 가입 화면

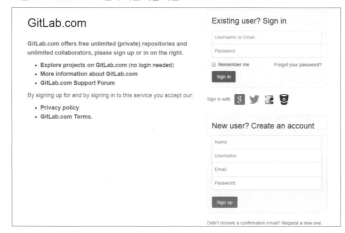

로그인을 마치면 그림 B-3과 같은 대시보드가 나타납니다. 여기에서는 새로운 비공개 프로젝트를 생성해보겠습니다. 〈New project〉를 클릭합니다.

그림 B-3 GitLab 대시 보드

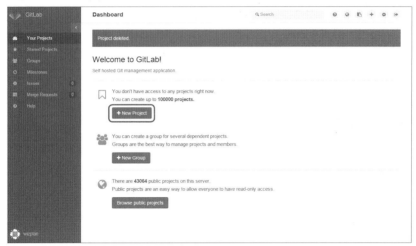

간단하게 프로젝트의 세부 사항을 설정합니다. 설정 항목은 다음과 같습니다.

- **Project path**: 프로젝트 이름을 입력합니다. 저장소 이름을 입력하는 것과 같은 개념입니다.
- **Import project from**: 버전 관리 시스템의 프로젝트를 가져올 수 있습니다. 오른쪽 목록에 있는 버전 관리 시스템이 필요하다면 선택합니다.
- **Description**: 저장소의 설명을 입력합니다.
- **Visibility Level**: 비공개(Private), 내부(Internal, 프로젝트의 사용자만 복제할 수 있음), 공개(Public)라는 세 가지 저장소 공개 유형을 설정합니다.

〈Create Project〉를 클릭하면 새 프로젝트가 생성됩니다.

그림 **B-4** GitLab 새 프로젝트 생성

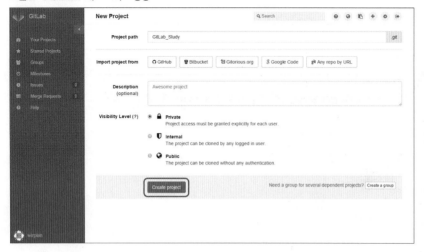

프로젝트가 성공적으로 생성되면 로컬 저장소에서 어떤 명령어를 사용해서 Git을 설정하고 저장소를 초기화하는지 안내해줍니다.

그림 **B-5** GitLab 프로젝트 생성 후

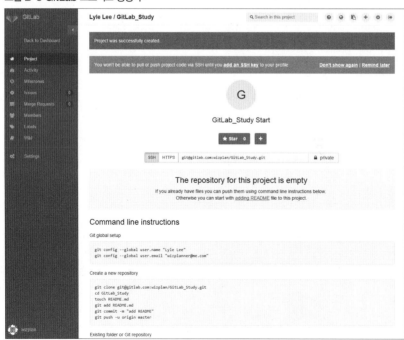

이제 이 원격 저장소를 이용하여 GitHub와 동일하게 작업하면 됩니다.

B.2 GitHub vs GitLab

GitHub와 GitLab은 메뉴의 구성이 다를 뿐이지 기능적인 측면에서는 거의 동일하다고 생각하면 편합니다. 하지만 결정적으로 다른 점이 있다면 가격이라고 할 수 있습니다.

먼저 Github의 가격 정책(https://github.com/pricing)을 한번 살펴보겠습니다. 그림 B-6과 같습니다.

그림 **B-6** GitHub 가격 정책

Personal plans

Display estimated prices in KRW

For individuals looking to share their own projects and collaborate with others.

	Free $0/month	Micro $7/month	Small $12/month	Medium $22/month	Large $50/month
Collaborators	Unlimited	Unlimited	Unlimited	Unlimited	Unlimited
Public repositories	Unlimited	Unlimited	Unlimited	Unlimited	Unlimited
Private repositories	0	5	10	20	50

Organization plans

Organizations are best suited for businesses managing teams and varying permissions.

	Free $0/month	Bronze $25/month	Silver $50/month	Gold $100/month	Platinum $200/month
Members	Unlimited	Unlimited	Unlimited	Unlimited	Unlimited
Public repositories	Unlimited	Unlimited	Unlimited	Unlimited	Unlimited
Private repositories	0	10	20	50	125

GitHub에서 비공개 저장소 다섯 개를 이용하는 데 드는 비용은 최소 '$7/월'입니다. 하지만 GitLab은 비공개 저장소를 gitlab.com에서 이용하는데 아무런 비용이 들지 않습니다.

GitHub과 GitLab 모두 보유 중인 서버에 직접 GitHub나 GitLab을 설치해서 사용할 수 있는 제품을 제공합니다. GitLab은 한 발짝 더 나아가 무료로 설치해서 사용할 수 있는 커뮤니티 제품을 제공(https://about.gitlab.com/features/)합니다.

그림 B-7 GitLab 커뮤니티 에디션 다운로드 페이지

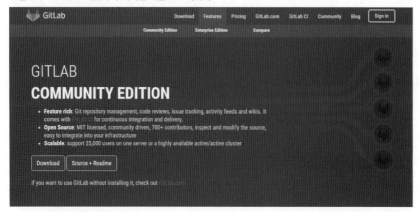

또한 비용 지불 후 GitLab 서버를 이용해 설치 과정 없이 기업용으로 이용할 수 있는 엔터프라이즈 에디션을 제공하기도 합니다.

그림 B-8 GitLab 엔터프라이즈 에디션 웹 페이지

결론적으로 기능적인 측면에서는 GitHub와 GitLab의 차이가 없다고 이야기할 수 있습니다. 취향과 비용에 따라 원하는 플랫폼을 선택하면 될 것으로 생각합니다.

APPENDIX C

마크다운 작성 규칙

부록 C에서는 GitHub의 문서 작성의 표준이라고 할 수 있는 마크다운 작성 규칙을 소개하겠습니다.

C.1 문단 구분을 위한 강제 개행

일반적인 문단 작성은 그냥 텍스트를 입력하면 됩니다. 문단을 구별하려면 한 개 이상의 빈 줄을 문단 사이에 삽입하거나 줄의 마지막에 [Space Bar]를 두 번 이상 눌러 띄어쓰기하면 됩니다.

작성 예는 다음과 같습니다.

문단을 작성하면 됩니다.
빈 줄이 없으면 자동으로 앞의 문장 뒤에 붙습니다.□□ ─ 공백 두 칸
위 문장에서 두 칸의 공백을 두어 강제 개행할 수 있습니다.

다음과 같이 표현됩니다.

그림 C-1 문단 구분을 위한 강제 개행

> 문단을 작성하면 됩니다. 빈 줄이 없으면 자동으로 앞의 문장 뒤에 붙습니다.
> 위 문장에서 두 칸의 공백을 두어 강제 개행할 수 있습니다.

C.2 헤더

'# 헤더 이름' 식으로 작성하면 됩니다. #을 1개부터 6개까지 총 6단계로 쓸 수 있습니다.

작성 예는 다음과 같습니다.

```
# 헤더 이름
## 헤더 이름
### 헤더 이름
#### 헤더 이름
##### 헤더 이름
###### 헤더 이름
```

다음과 같이 표현됩니다.

그림 C-2 헤더 작성

헤더 이름

헤더 이름

헤더 이름

헤더 이름

헤더 이름
헤더 이름

C.3 인용 상자

> 내용 형식으로 인용 상자를 작성할 수 있습니다. 빈 줄이 나오기 전까지의 내용이 인용 상자 안에 포함됩니다.

작성 예는 다음과 같습니다.

> 여기에 인용할 내용을 채워 넣으면 됩니다.

빈 줄이 없으면 자동으로 인용 상자에 포함이 됩니다.□□　　　┌─ 공백 두 칸

위 문장에서 음영으로 표현된 2칸의 공백으로 강제 개행을 할 수 있습니다.

인용이 끝났습니다.

다음과 같이 표현됩니다.

그림 C-3 인용 상자 작성

> 여기에 인용할 내용을 입력하면 됩니다. 빈 줄이 없으면 자동으로 인용 상자에 포함이 됩니다.
> 위 문장에서 두 칸의 공백을 두어 강제 개행할 수 있습니다.
>
> 인용이 끝났습니다.

C.4 목록

기본적인 리스트 작성 방법은 다음과 같습니다. 무순서 목록을 만드는 것입니다. 세 가지 중 어떤 방법을 사용하든 상관없습니다.

```
* 목록이름
- 목록이름
+ 목록이름
```

순서가 있는 목록을 만들려면 다음과 같은 방식으로 작성합니다.

```
숫자. 목록이름
```

이때 사용하는 숫자는 한 자리 숫자면 어떤 숫자든 상관없습니다. 하나의 목록 아래에 위치하는 목록을 만들 때는 최소 공백 두 칸을 둡니다. 하위 항목을 둘 때마다 일정한 칸 수로 지정해주어야 합니다. 다음과 같습니다.

- 상위목록이름
- 하위목록이름

작성 예는 다음과 같습니다.

- 아이템 1
+ 아이템 2
  - 1단계 하위 아이템
    * 2단계 하위 아이템
* 아이템 3

1. 아이템 1
3. 아이템 2
   9. 1단계 하위 아이템
      3. 2단계 하위 아이템
9. 아이템 3

다음과 같이 표현됩니다.

그림 C-4 목록 작성 방법

- 아이템 1
- 아이템 2
  - 1단계 하위 아이템
    - 2단계 하위 아이템
- 아이템 3

1. 아이템 1
2. 아이템 2
   i. 1단계 하위 아이템
      a. 2단계 하위 아이템
3. 아이템 3

C.5 코드 블록

코드 블록을 표현하는 방법은 두 가지가 있습니다만 여기서는 명확하게 표현되는 방법을 소개하겠습니다.

```
```프로그래밍언어이름
코드내용
```
```

위와 같이 첫 행에서 세 개의 역 따옴표를 입력한 후 '프로그래밍 언어 이름'을 입력하고 두 번째 행에는 '코드 내용'을 적은 다음 세 번째 행에서 다시 세 개의 역 따옴표로 닫으면 해당 프로그래밍 언어의 구문 구별 표시를 적용한 코드를 볼 수 있습니다.

작성 예는 다음과 같습니다.

```
```python
def func():
print "Hatsune"
print "Miku"
pass
```

```javascript
var diva = new hatsune_miku();
diva.sing();
```
```

다음과 같이 표현됩니다.

그림 C-5 코드 블록 작성

```
def func():
print "Hatsune"
print "Miku"
pass


var diva = new hatsune_miku();
diva.sing();
```

C.6 가로선

화면 전체를 가로지르는 가로선은 다음과 같이 표현할 수 있습니다. 문자의 개수는 3개 이상이기만 하면 됩니다.

```
---
***
---
```

작성 예는 다음과 같습니다.

```
---
****
-----------
```

다음과 같이 표현됩니다.

그림 C-6 가로선 작성

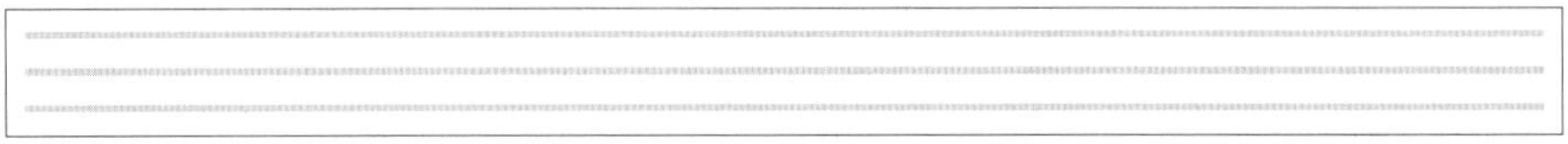

C.7 인라인 요소

인라인 요소는 말 그대로 본문 안에 필요한 형식을 넣는 요소들입니다. 하이퍼링크, 강조, 코드, 이미지 등이 있습니다.

C.7.1 하이퍼링크

문단의 중간에 다음과 같은 형식을 통해 하이퍼링크를 삽입할 수 있습니다.

```
[링크텍스트](링크URL "설명문구")
```

작성 예와 실제 표현은 다음과 같습니다.

```
[GitHub](https://github.com/ "깃허브")
```

그림 C-7 일반 GitHub 편집기에서의 하이퍼링크 표현

그런데 위키의 경우 [[문서 이름]] 형식을 통해 비어 있는 위키 문서를 생성하는 하이퍼링크를 만들 수도 있습니다. 만약 하이퍼링크의 보이는 이름과 실제 작성할 위키 문서 이름을 다르게 만들려면 [[링크에서보이는이름|위키문서이름]] 형식으로 작성할 수 있습니다.

위키 문서에서의 하이퍼링크 작성 예는 다음과 같습니다.

```
[[위키 문서]]

[[텍스트가 다른 문서|위키 문서 2]]
```

다음과 같이 표현됩니다.

그림 C-8 위키 문서에서의 링크

```
위키 문서

텍스트가 다른 문서
```

C.7.2 강조

텍스트를 강조하는 방법에는 두 가지가 있습니다. 굵게 표시하는 방법과 기울여 표시하는 방법이죠.

굵게 표시하려면 **텍스트**나 __텍스트__ 라고 작성하면 됩니다.

기울여 표시하려면 *텍스트*나 _텍스트_라고 작성하면 됩니다.

이 둘을 조합해서 굵게 기울여 표시할 수도 있습니다. **_텍스트_**, __*텍스트*__, *__텍스트__*, _**텍스트**_의 네 가지 경우로 표시 가능합니다.

작성 예는 다음과 같습니다.

__두 개 연속으로 쓰면 굵게 표시__입니다. **이것 역시 굵게 표시됩니다.**

_하나만 쓰면 기울여 표시_입니다. *이 역시 기울여 표시*죠.

텍스트

__*텍스트*__

__텍스트__

**텍스트**

다음과 같이 표현됩니다.

그림 C-9 강조 표시 작성

두 개 연속으로 쓰면 굵게 표시입니다. 이것 역시 굵게 표시됩니다.

하나만 쓰면 기울여 표시입니다. 이 역시 기울여 표시죠.

텍스트

텍스트

텍스트

텍스트

C.7.3 인라인 코드

문단 작성 중간에 코드를 삽입해야 할 때가 있습니다. 정확히는 고정 폭 폰트를 표시해야 할 때죠. 코드 내용처럼 역 따옴표로 감싸면 감싸인 내용은 고정 폭 폰트로 표시됩니다.

작성 예는 다음과 같습니다.

문단 중간에 `Code`를 넣을 수 있습니다.

예를 들어 `var digital_diva = new vocaloid('HatsuneMiku')`처럼 말이죠

다음과 같이 표현됩니다.

그림 C-10 인라인 코드 작성

문단 중간에 `Code` 를 넣을 수 있습니다.

예를 들어 `var digital_diva = new vocaloid('HatsuneMiku')` 처럼 말이죠

C.7.4 이미지 넣기

이미지를 표시하는 법은 매우 간단합니다. 링크 문법 앞에 느낌표(!)만 붙이면 뒤에 입력한 인터넷 주소의 이미지를 표시합니다.

작성 예는 다음과 같습니다.

    ![트와일라잇](https://github.com/unicorn.png "twilight")

다음과 같이 표현됩니다.

그림 C-11 이미지 삽입

아쉽게도 이미지 크기를 조절하는 마크다운 기능은 없습니다. 따라서 이미지를 표시하기 전 이미지 크기를 미리 조절할 것을 권장합니다.

C.8 자동 링크

주소를 별도의 '링크 텍스트'에 연결하지 않고 주소를 그대로 보여주면서 링크를 만들려면 주소를 <와 >로 감싸면 됩니다.

```
<https://github.com/>
```

이때 'http://'와 같은 프로토콜 표시를 반드시 작성해주어야 합니다.

그림 C-12 자동 링크 작성

https://github.com

C.9 탈출 문자

마크다운 문법을 나타내는 데는 일정한 기호를 사용합니다. 그런데 이 기호를 기호 그대로 표시하고 싶다면 탈출 문자를 이용해야 합니다.

기본적으로는 그대로 표시하고 싶은 문자 앞에 역 슬래시(\)를 붙이면 됩니다.

작성 예는 다음과 같습니다.

```
__\*\*Hatshune\*\*__

_\_Miku\__
```

다음과 같이 표현됩니다.

그림 C-13 탈출 문자 작성

Hatshune

Miku

서브라임 텍스트

서브라임 텍스트Sublime Text는 이 책에서 소개한 IDE와 비교했을 때는 특별한 기능이 없다고 말할 수 있는 텍스트 편집기입니다. 하지만 부가적으로 사용할 수 있는 플러그인이 많으므로 이를 잘 활용하면 어지간한 IDE가 부럽지 않게 작업할 수 있습니다. 그리고 당연히 Git 또한 서브라임 텍스트에서 사용할 수 있습니다.

D.1 기본 사용법

부록 D에서는 윈도우용 서브라임 텍스트 2와 로컬 저장소에서의 작업을 기준으로 서브라임 텍스트에서의 Git 사용법을 간략히 살펴보겠습니다.

D.1.1 설치

서브라임 텍스트에서 Git을 사용하기 전에 필수 플러그인인 'Package Control'을 설치하는 것부터 시작하겠습니다. 먼저 Package Control의 웹 사이트(https://sublime.wbond.net/)에 접속합니다. 접속하면 그림 D-1과 같은 화면이 나타납니다. 〈Install Now〉를 클릭합니다.

그림 D-1 Package Control 웹 사이트

그림 D-2와 같은 설치 방법 안내 페이지가 나타납니다. 간단한 설치 방법(Simple)과 수동 설치
방법(Manual)이 있습니다. 여기에서는 Simple을 따르겠습니다. 우선 중간쯤 있는 'SUBLIME
TEXT 2' 탭을 선택한 후 해당 부분의 코드를 복사합니다. 간단한 영어로 되어 있으니 어렵지 않게
설치 방법을 알 수 있습니다.

그림 D-2 Package Control 설치 페이지

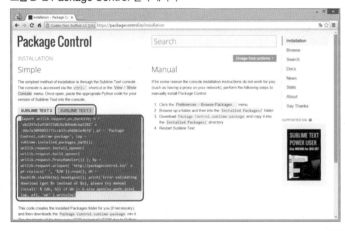

서브라임 텍스트에서 [Ctrl] + [`](역 따옴표)를 누르면 콘솔 창이 열립니다. 콘솔 창의 입력 부분에 방금 복사한 코드를 붙여넣고 [Enter] 키를 누르면 설치를 시작합니다.

그림 D-3 콘솔 창에 코드 입력

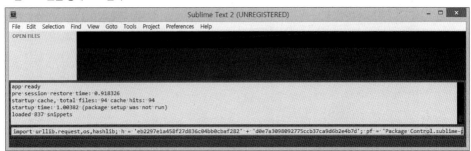

이제 서브라임 텍스트를 재실행해주면 Package Control 설치가 끝납니다.

그림 D-4 Package Control 설치 완료

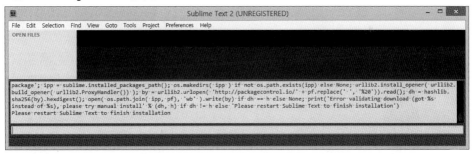

이제 서브라임에서 Package Control을 사용할 수 있습니다. [Ctrl] + [Shift] + [P]를 누르면 실행되는 '커맨드 팔레트'에서 'pac'까지만 입력하면 Package Control이 지원하는 기능을 볼 수 있습니다.

그림 D-5 Package Control 기능 목록

이제 'install'을 입력해서 그림 D-6과 같이 Package Control의 'Install Package'를 선택합니다.

그림 D-6 Install Package 선택

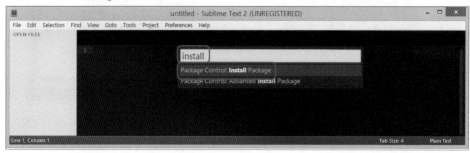

잠시 기다리면 패키지 컨트롤이 서버에서 설치할 수 있는 패키지의 리스트를 가지고 옵니다. 여기서 'Git'을 입력한 후 [Enter] 키를 누르면 설치할 수 있습니다. 참고로 Git을 위한 도구가 몇 가지 있지만 'Git' 하나면 서브라임 텍스트에서 Git을 이용할 수 있습니다.

그림 **D-7** Git 패키지 설치

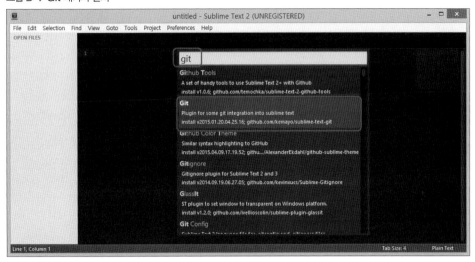

D.1.2 Git 경로 설정

이제 본격적으로 Git을 사용하기 전에 Git 경로 설정을 해주어야 합니다. 메뉴의 **[Preferences]** →
[Package Settings] → **[Git]** → **[Settings - User]**를 선택해 설정 파일을 열어줍니다.

그림 **D-8** [Preferences] → [Package Settings] → [Git] → [Settings – User] 선택

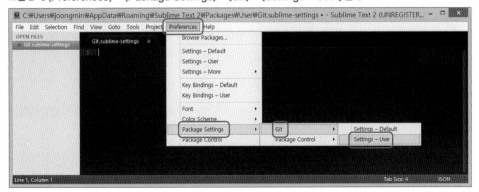

'git_command' 설정값을 git.exe의 경로로 지정해주고 저장합니다. 다음 설정값을 입력합니다.

```
{
    "git_command": "C:/Progra~2/Git/bin/git.exe"
}
```

최초 Git을 윈도우에 설치할 때 별도의 경로로 변경하지 않았다면 위 설정값과 동일한 경로(C:₩ Program Files (x86)₩Git)에 설치되어 있을 것입니다. 혹시 설치 경로가 다르다면 원하는 설치 경로를 지정해줍니다. 설정값을 입력하고 저장하면 서브라임 텍스트에서 Git을 사용할 준비는 끝 난 것입니다.

그림 D-9 Git 경로 설정 입력

D.1.3 로컬 저장소 생성

이제 적당한 프로젝트 폴더를 하나 만들어서 열어보겠습니다. 원하는 경로에 'git_sublime'이라는 폴더를 하나 생성합니다(필자의 경우 'C:₩사용자₩사용자이름₩git_sublime'에 폴더와 파일을 생성했습니다).

이제 [Ctrl] + [Shift] + [P]를 눌러 커맨드 팔레트를 연후 git init 명령을 선택해서 실행합니다.

그림 D-10 git init 명령 실행

'.git' 폴더를 어느 경로에 생성할지 설정할 수 있는 입력 창이 나타납니다. 아마 별다른 일이 없다면 현재 설정한 경로가 표시될 것입니다. 확인한 후 [Enter] 키를 누릅니다. 화면에 큰 변화는 생기지 않지만 상태 표시줄에 저장소 초기화가 완료되었다고 메시지가 출력됩니다.

그림 D-11 로컬 저장소 경로 설정

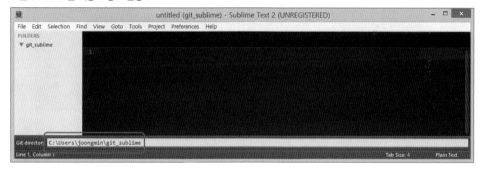

D.1.4 커밋

이제 로컬 저장소에 hello.py라는 파일을 생성한 후 print("Hello World")라는 코드를 입력합니다. 그리고 커맨드 팔레트에서 'git add'를 검색하면 그림 D-12와 같은 옵션들이 나타납니다. 조금 전 수정한 파일을 커밋할 수 있도록 추가하려는 것이니 'Git: Add Current File'을 선택해 실행합니다.

그림 D-12 git add 명령 실행

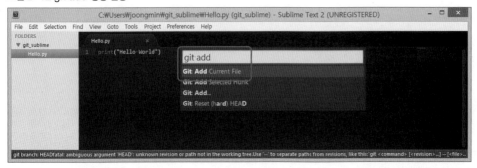

이제 커밋해볼 차례입니다. 커맨드 팔레트를 열고 'Git: Commit'을 입력한 후 선택해 실행합니다.

그림 D-13 git commit 명령 실행

그림 D-14와 같은 커밋 메시지 입력 창이 새로 나타납니다. 알맞은 메시지를 작성(필자의 경우 "Hello World" added)하고 저장하지 않은 상태에서 편집기 창을 닫습니다.

그림 D-14 커밋 메시지 작성

그림 D-15와 같이 커밋이 완료되었습니다. 그리고 3장과 같은 형식의 커밋 내역을 확인할 수 있습니다.

그림 D-15 커밋 완료

D.1.5 브랜치 생성

브랜칭도 역시 커맨드 팔레트에서 시작합니다. 커맨드 팔레트를 열고 'Git: New Branch'를 입력해 선택해서 실행합니다.

그림 D-16 새로운 브랜치 생성

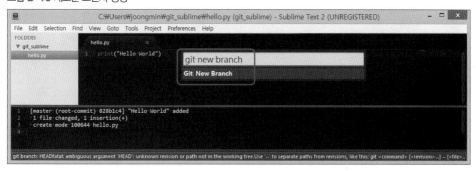

새로운 브랜치 이름을 입력할 수 있는 입력 창이 열립니다. 알맞은 이름(필자의 경우 'hotfix')을
입력한 후 [Enter] 키를 누릅니다.

그림 D-17 생성할 브랜치 이름 입력

그림 D-18과 같은 Switched to a new branch 'hotfix' 메시지가 출력되면서 새로운 브랜치가
생성됨과 동시에 체크아웃했습니다. 상태 표시줄을 보면 'git branch: hotfix~'라고 표시되어 현
재 작업 중인 브랜치가 어떤 브랜치인지 표시하고 있습니다.

그림 D-18 브랜치 생성과 체크아웃

이제 print("World of Warcraft")라는 출력 코드를 입력해 변경 사항을 하나 만듭니다. 그리
고 커밋하기 전에 변경 사항을 저장소에 추가하기 위해 그림 D-12를 참고해 'Git: Add Current
File'을 선택해 실행합니다.

그림 D-19 커밋 전 git add 명령 실행

커밋합니다. 커맨드 팔레트를 열고 'Git: Commit'을 입력한 후 선택해 실행합니다. 그리고 커밋 메시지 입력 창에서 알맞은 커밋 메시지(필자의 경우 'Hello World of Warcraft')를 입력한 후 커밋 메시지창을 닫습니다.

그림 D-20 커밋 실행

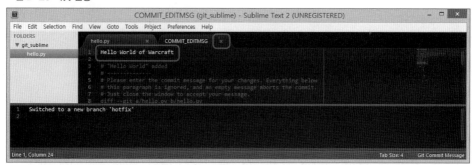

D.1.6 병합

병합을 해볼 차례입니다. 이제 hotfix에서 할 수정은 끝났습니다. master 브랜치에 수정 사항을 반영해 봅시다. 우선 커맨드 팔레트에서 'Git: Change Branch'를 선택한 후 실행해 다시 master 브랜치로 이동합니다.

그림 D-21 브랜치 이동 1

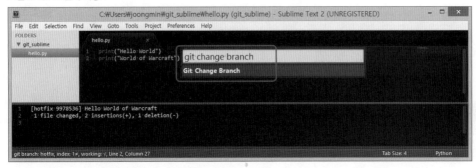

그림 D-22 브랜치 이동 2

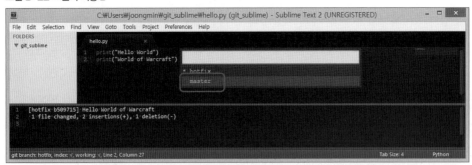

그림 D-23 브랜치 이동 3

커맨드 팔레트에서 'Git: Merge Branch'를 선택해 실행합니다.

그림 D-24 병합 명령 실행

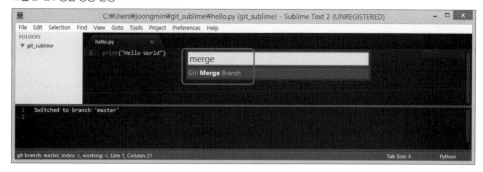

병합할 브랜치를 선택할 수 있는 입력 창이 나타나면 hotfix를 선택하고 실행합니다.

그림 D-25 병합할 내용이 있는 브랜치 선택

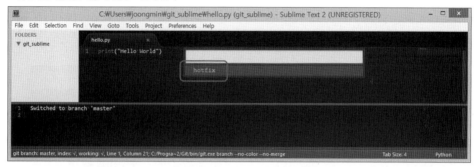

아래에 있는 결과 메시지창에 성공을 알리는 메시지가 출력되며 병합이 끝납니다.

그림 D-26 병합 완료

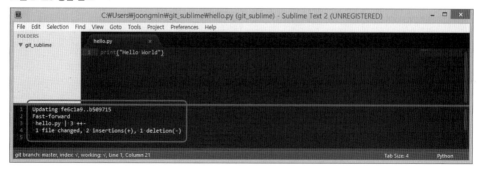

D.2 불필요한 파일 및 폴더 무시하기와 충돌 해결

서브라임 텍스트를 사용해보신 분들은 이미 충분히 느끼는 것이겠지만, 서브라임 텍스트는 GUI의 탈을 쓴 커맨드 라인 인터페이스에 가깝습니다. 따라서 이전에 했던 실습도 커맨드 라인과 대동소이한 작업 흐름이었지요. 따라서 불필요한 파일을 무시하기와 충돌 해결도 같은 개념에서 진행할 수 있습니다.

D.2.1 불필요한 파일과 폴더 무시하기

가장 먼저 할 것은 .gitignore 파일을 만들고 저장소에 적용하는 것입니다. 저장소에 .gitignore 파일을 만들어줍니다. 3.9절과 마찬가지로 텅 빈 파일 안 내용을 채워 어떤 파일이나 폴더를 저장소가 무시해야 할지 알려줄 수 있습니다.

그림 D-27 .gitignore 파일 생성

이제 gitignore.io(https://www.gitignore.io/)라는 웹 사이트에 접속합니다. 검색 창에 현재 사용 중인 운영체제와 텍스트 편집기 이름인 'Sublime Text', 현재 작업 중인 프로그래밍 언어를 입력합니다. 여기에서는 'Windows', 'SublimeText', 'Python'을 입력합니다. 〈Generate〉를 클릭합니다.

그림 D-28 gitignore.io에서 프로젝트 개발 환경 입력

그림 그림 D-29와 같이 입력한 조건에 알맞은 .gitignore 파일 내용을 생성해줍니다. 전체를 선택 후 복사합니다.

그림 D-29 .gitignore 파일 내용 생성

서브라임 텍스트에서 만든 .gitignore 파일의 편집기 안에 복사한 내용을 붙여넣고 저장합니다.

그림 D-30 .gitignore 파일 내용 붙여넣기

이제 파일을 추가하고 커밋하는 것만이 남았습니다. 커맨드 팔레트에서 'Git: Add Current File'
을 선택해 .gitignore 파일을 저장소에 추가합니다.

그림 D-31 .gitignore 파일 추가

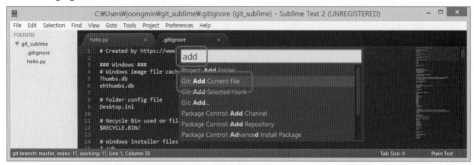

그리고 'Git: Commit'을 선택하고 실행한 후 알맞은 커밋 메시지(필자의 경우 'added .gitignore
file')를 작성하고 커밋 메시지 입력 창을 닫습니다.

그림 D-32 .gitignore 파일 커밋

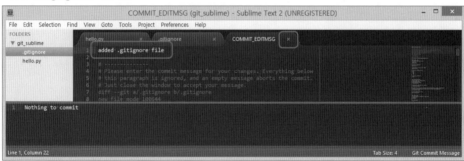

결과 메시지창에서 커밋이 정상적으로 완료되었다는 메시지를 확인할 수 있습니다.

그림 D-33 커밋 완료

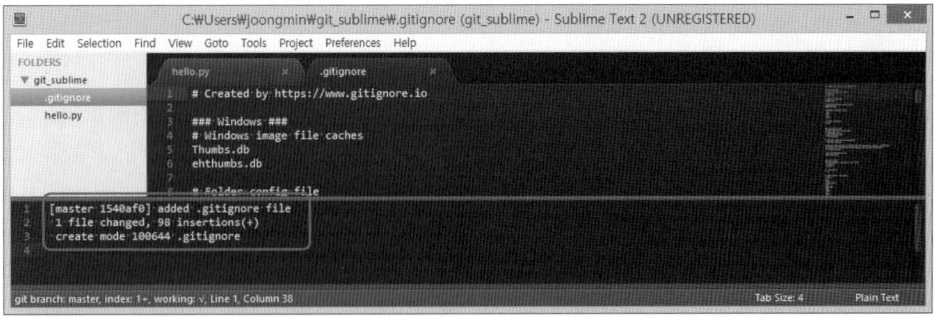

D.2.2 충돌 해결

이제 병합할 때 충돌이 발생했을 경우 충돌을 해결하는 법을 살펴보겠습니다. master와 hotfix 브랜치를 서로 병합하면서 충돌시켜보겠습니다.

먼저 hello.py 파일을 선택합니다. 그리고 현재 브랜치가 master 브랜치인지 확인해봅니다. 아래 상태 표시줄을 살펴보면 어떤 브랜치인지 확인할 수 있습니다.

그림 D-34 master 브랜치 확인

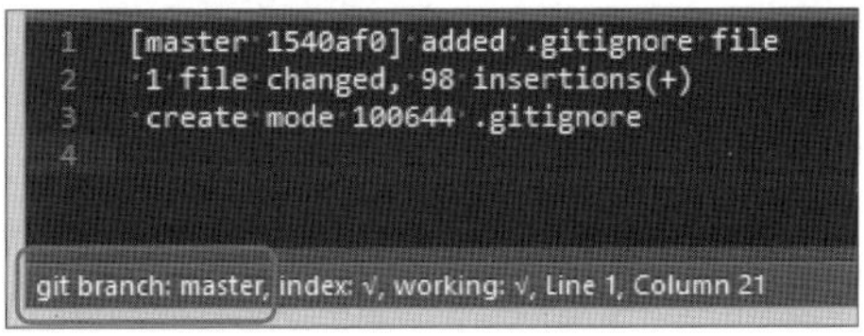

master 브랜치의 hello.py의 첫 번째 행의 내용을 print("Hello World master")라고 수정했습니다. 이제 'Git: Add Current File'을 실행해 파일을 추가합니다.

그림 D-35 master 브랜치 내용의 수정과 파일 추가

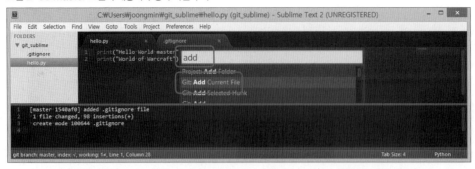

커밋할 차례입니다. 'Git: Commit'을 실행해 커밋 메시지 입력 창을 연 후 알맞은 커밋 메시지를 입력(필자의 경우 'modified master line 1')하고 커밋 메시지 입력 창을 닫아 커밋했습니다.

그림 D-36 master 브랜치 커밋 완료

이제 'Git: Change Branch'를 실행해 hotfix 브랜치로 체크아웃합니다. 그리고 master 브랜치와 동일하게 첫 번째 행을 print("Hello World hotfix")라고 수정합니다.

그림 D-37 hotfix 브랜치의 파일 수정

'Git: Add Current File'을 실행해 파일을 추가하고 'Git: Commit'을 실행해 커밋합니다. master 브랜치와 비슷한 커밋 메시지를 입력(필자의 경우 'modified hotfix line 1')한 후 커밋 메시지 입력 창을 닫습니다.

그림 D-38 hotfix 브랜치 커밋

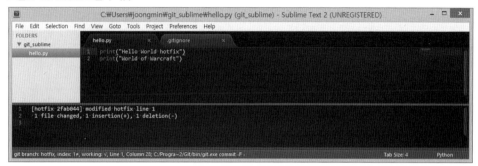

이제 'Git: Change Branch'를 선택해 다시 master 브랜치로 체크아웃합니다. 그리고 'Git: Merge Branch'를 선택해 hotfix 브랜치를 master 브랜치에 병합해보겠습니다.

그림 D-39 hotfix 브랜치의 내용을 병합

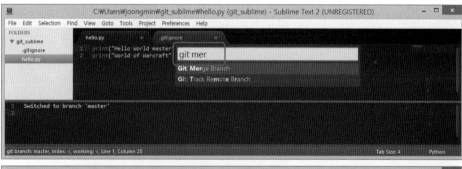

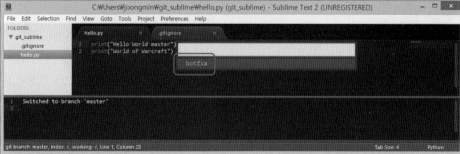

3.10절에서 보았던 충돌 발생 메시지를 아래 결과 메시지창에서 볼 수 있습니다. 메뉴에서 **[File]** → **[Open File]**을 선택해 충돌이 발생한 hello.py 파일을 다시 불러오면 그림 D-40과 같이 어떤 부분에서 충돌이 발생했는지 알 수 있습니다.

그림 D-40 충돌이 발생한 파일 상태

서브라임 텍스트는 기본적으로 텍스트 편집기라서 다른 IDE처럼 충돌 해결 도구를 제공해주지 않습니다. 사용자가 직접 충돌을 수정해주어야 하죠. 다행히 편집기에서 바로 충돌 표시를 해준 가이드 문자열들을 지우고 수정할 수 있습니다. 여기에서는 master와 hotfix 브랜치의 변경 내역을 모두 적용하고 새로운 코드를 추가했습니다.

그림 D-41 충돌 해결

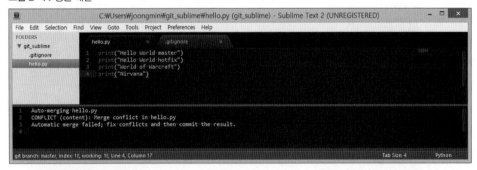

충돌을 해결했다면 이를 저장소에 커밋해보겠습니다. 먼저 'Git: Add Current File'을 실행해 파일을 저장소에 추가합니다. 그리고 'Git: Commit'을 실행한 후 알맞은 커밋 메시지(필자의 경우 'merged hotfix into master')를 입력한 후 커밋 메시지창을 닫아 커밋을 완료합니다.

그림 D-42 충돌 해결 후 커밋 완료

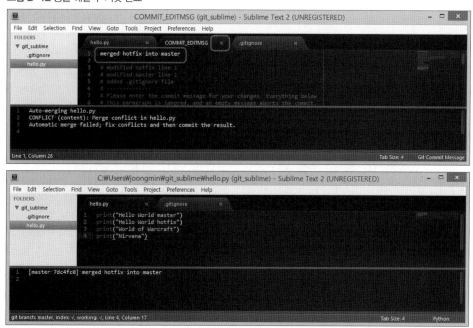

이렇게 충돌을 해결하고 커밋했습니다. 사실상 커맨드 라인과 크게 다를 것이 없습니다.

D.2.3 커밋 내역 확인

마지막으로 커밋 내역들을 서브라임 텍스트에서 살펴보는 방법을 알아보겠습니다. 커맨드 팔레트에서 'Git: Graph All'을 실행합니다.

그림 D-43 Git: Graph All 실행

그림 D-44와 같이 커맨드 라인에서 출력되던 커밋 내역 그래프를 새 탭에서 확인할 수 있습니다.

그림 D-44 커밋 내역 그래프 확인

Not Only Development! GitHub의 다양한 활용법

GitHub를 활용할 수 있는 방법은 비단 개발뿐만이 아닙니다. GitHub가 저장소에서 제공하는 위키나 이슈 트래커를 사용할 수도 있고, 마크다운 파일을 자동으로 컴파일해서 보여주는 것을 이용해 저장소를 홈페이지처럼 사용할 수 있으며, 아예 GitHub에서 제공하는 홈페이지 제작 기능을 이용해 블로그를 만들어볼 수도 있습니다.

여기서는 GitHub가 제공하는 기능을 활용하는 법을 간단히 설명하고, 도움이 될만한 자료를 소개해보겠습니다.

E.1 위키

12.1.2에서도 소개한 적 있는 GitHub의 위키는 다른 위키 서비스에 뒤지지 않는 강력한 서비스입니다. 이를 뒷받침하는 특징 중 하나는 위키 문서 자체를 Git을 이용하는 것처럼 로컬 저장소에 클론해 사용하는 것입니다.

각 저장소 'Wiki' 페이지를 살펴보면 오른쪽 아래 그림 E-1과 같은 'Clone this wiki locally' 항목이 있고 그 아래에는 인터넷 주소가 있습니다.

그림 E-1 'Clone this wiki locally'

이 주소를 통해서 클론하면 위키를 별도의 로컬 저장소로 관리할 수 있습니다. 즉, 로컬 저장소에서 모든 위키 문서를 관리할 수 있죠. 로컬 저장소에서 위키 문서를 편집하고 바로 업데이트를 준비할 수 있다는 점은 장애 발생이나 협업에서 큰 편리함으로 다가옵니다.

E.2 이슈 트래커

프로젝트 코드를 원격 저장소에 올리지 않고 빈 저장소의 이슈 트래커만 사용하는 방법도 있습니다. 즉, 개발 프로젝트에 국한된 이슈 트래커가 아닌 프로젝트 전반적인 이슈를 관리하는 데 사용할 수도 있죠. 아니면 좀 더 공개/비공개 ToDo 리스트와 같은 용도로 개인적으로 사용할 수도 있습니다.

이러한 예의 하나로는 프랜시스 어빙Francis Irving이라는 사람이 운영하는 https://github.com/frabcus/house가 있습니다. 집안일에 관련된 모든 사항을 이슈 트래커로 관리하는 것을 엿볼 수 있습니다. 정말 기상천외한 사용 방법입니다.

그림 E-2 프랜시스 어빙의 집안일 이슈 관리

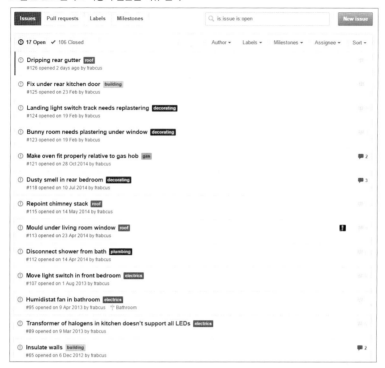

그림 E-2를 보면 알 수 있겠지만 집안일에 관련된 여러 이슈 사항들을 적어두고 이를 분류해 확인하고 있습니다. 물론 집안일뿐만이 아니라 다른 모든 분야에서도 이런 식의 이슈 트래커 활용은 유용할 거라는 건 두말할 필요가 없습니다.

E.3 정적 홈페이지 만들기

GitHub의 저장소가 '.md' 파일, 즉 마크다운 파일을 자동으로 컴파일해서 보여주는 것에 착안한 활용 방법입니다. 국내에서는 전문 웹툰 서비스로 유명한 레진코믹스(http://www.lezhin.com/)가 이런 방식의 채용 웹 사이트(https://github.com/lezhin/apply)를 꾸미고 있죠.

그림 E-3 레진 코믹스의 채용 웹 사이트

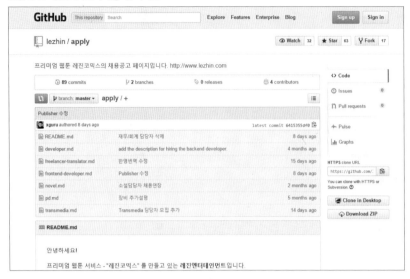

채용 웹 사이트를 소개하는 화면을 README.md 파일로 지정하고, 페이지 안에 각각 다른 웹 페이지('.md' 파일)로 이동할 수 있는 하이퍼링크를 설정해서 정적인 웹 사이트처럼 사용합니다.

그림 E-4 REAME.md 파일을 활용한 채용 웹 사이트 소개

이처럼 내용이 변할 일이 없는 웹 사이트라면 GitHub 원격 저장소의 기능을 이용해서 대체할 수 있습니다. 게다가 웹 사이트 내용에 대한 버전 관리는 덤으로 따라 오는 유용함입니다.

E.4 공동 저작하기

GitHub 저장소에 문서를 공개한 후 다른 사람들의 참여를 유도해 문서 내용을 보완할 수 있는 용도로도 활용할 수 있습니다. 이런 좋은 예로 현재 레진 코믹스 CTO이며 다양한 개발 정보를 잘 알려주는 분으로 유명한 권정혁 님의 '대학생을 위한 웹 개발 공부용 체크리스트(https://github.com/xguru/WebDevTutorial)'가 있습니다.

그림 E-5 대학생을 위한 웹 개발 공부용 체크리스트 GitHub 저장소

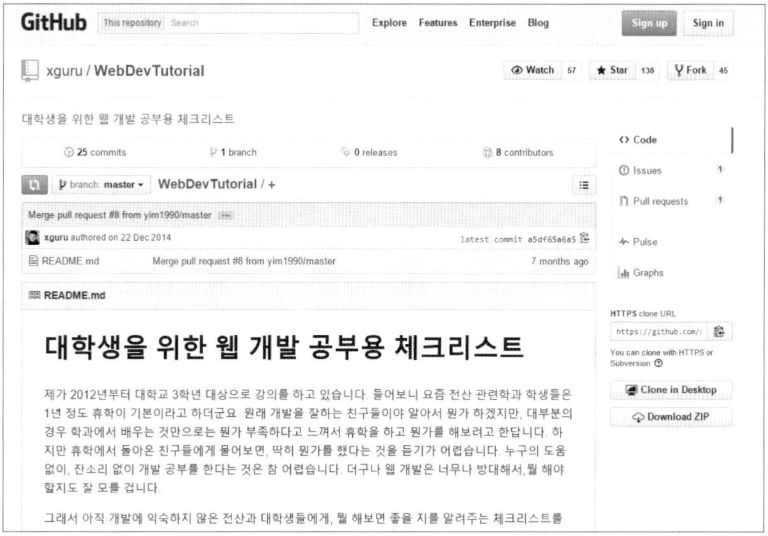

다른 사람들의 참여를 유도한 후 내용을 제안해서 풀 리퀘스트를 보내면 그걸 해당 저장소의 '.md' 파일에 반영하는 방식으로 운영되고 있습니다.

이런 경우에는 웹 사이트라기보다 공동 저작에 더 가까운 활용입니다. 이러한 공동 저작에 어울리는 활용의 좋은 예로는 2014년 애플에서 발표한 'Swift 언어 개발 문서'의 한국어판 저장소 (https://github.com/lean-tra/Swift-Korean)가 있습니다.

그림 E-6 Swift 언어 개발 문서'의 한국어판 저장소

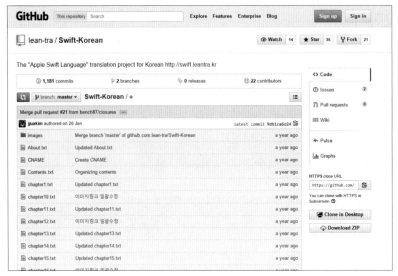

이 경우에는 문서의 저장 대신 커밋을 사용해서 한 번에 여러 이용자가 동시에 문서를 번역하거나 편집한 후 결과물을 풀 리퀘스트하면 프로젝트 관리자가 확인하고 병합하는 방식입니다.

E.5 프로젝트 홈페이지와 블로그 만들기

GitHub의 활용 중에 난이도가 높은 것이 있다면 GitHub를 이용한 프로젝트 홈페이지와 블로그 제작일 것입니다. 이에 대해서는 'GitHub Pages(https://pages.github.com/)'에 잘 설명되어 있습니다. 따라서 여기서는 간략하게 활용 가능성에 관해서 이야기하도록 하겠습니다.

그림 **E-7** GitHub Pages

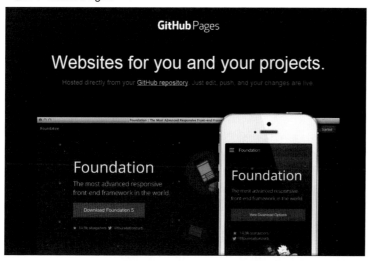

먼저 GitHub는 저장소마다 저장소만의 웹 사이트, 즉 프로젝트 홈페이지를 만드는 방법을 제공합니다. 그림 E-8에서 확인할 수 있는 'Custom and Jekyll-based sites' 항목의 도움말을 확인해보면 'gh-pages'라는 이름의 orphan-branch를 만들면 해당 브랜치에 있는 마크다운 파일들이 홈페이지로서 기능하게 되는 것입니다.

더욱 간단하게는 GitHub 저장소의 설정 항목 중 'GitHub Page' 설정에서 그림 E-8과 같은 자동 웹 페이지 생성기를 사용할 수도 있습니다. 프로젝트를 간단하게 소개할 수 있는 홈페이지가 생깁니다. 별도의 도메인을 연결할 수도 있지요. 이 방법 역시 앞서 소개한 'GitHub Page'에서 더 자세한 방법을 확인할 수 있습니다.

그림 **E-8** 자동 웹 페이지 생성기

또한 GitHub Page 기능을 이용하면 블로그를 만들 수도 있습니다. Github Page는 내부에서 'Jekyll'이라는 정적 사이트 도구를 이용해서 생성되기 때문에, 이를 응용하면 블로그를 만들 수도 있는 것입니다.

http://jekyllrb-ko.github.io/를 방문하면 'Jekyll'에 대해 더 자세하게 알 수 있습니다. 또한 GitHub Page를 이용한 블로그 제작도 자세하게 설명하고 있습니다.

그림 E-9 Jekyll 한국어판 웹 사이트

직접 CMS를 운영하는 것보다는 비교적 간단하다고 하나 본격적으로 운영할 때는 꽤 손이 가는 작업이기도 합니다. 하지만 운영하다 보면 의외로 강력한 블로깅 도구가 된다는 점에 깜짝 놀랄 것입니다.

INDEX